Hedi Rautenberg-Aufschläger

SPLITTER

Eine Berliner Kindheit
im Schatten der Diktaturen

Hedi Rautenberg-Aufschläger

SPLITTER

Eine Berliner Kindheit
im Schatten der Diktaturen

TRIGA\VERLAG

Die Deutsche Bibliothek – CIP-Einheitsaufnahme
Rautenberg-Aufschläger, Hedi:
Splitter: Eine Berliner Kindheit im Schatten der Diktaturen /
Hedi Rautenberg-Aufschläger. –
Gelnhausen: TRIGA\VERLAG, 2000
ISBN 3-89774-075-3

Personennamen wurden teilweise verändert oder weggelassen.

1. Auflage 2000
© Copyright Hedi Rautenberg-Aufschläger
Herstellung: TRIGA\VERLAG,
Herzbachweg 2, D-63571 Gelnhausen
Alle Rechte vorbehalten
Umschlaggestaltung/Satz: Beate Hautsch, Göttingen
Druck: Digital-Druck GmbH, Frensdorf
Printed in Germany
ISBN 3-89774-075-3

Für
Andreas
und
Alexander

Inhalt

Als Sitz der Regierung und als führende Industriestadt
war Berlin während des Krieges das bevorzugte Ziel alli-
ierter Luftangriffe gewesen, obwohl die Stadt an der
Grenze der Reichweite der in England startenden Bomber
lag und sich sehr oft unter einer Wolkendecke verbarg,
so dass nur »blinde« Flächenbombardements möglich waren.
Berlin war die meistbombardierte Stadt Deutschlands –
die Luftstreitkräfte der USA und Großbritanniens warfen
in 450 Angriffen rund 45.000 Tonnen Bomben und Luftmi-
nen über dem Stadtgebiet ab. Die Häufigkeit und die Grö-
ßenordnung der Angriffe hatten sich stetig gesteigert,
und von Mitte Februar 1945 an wurde Berlin dreißig Tage
und Nächte hindurch angegriffen. Die Schäden warem am
größten im Zentrum der Stadt, im Bezirk Mitte wurden 70
Prozent und im Bezirk Tiergarten 48 Prozent vernichtet.
Dreiviertel dieser Schäden waren durch Brände entstanden, sie wären aber noch größer gewesen, hätten nicht
die für Berlin charakteristischen breiten Straßen Flä-
chenbrände wie in anderen Städten verhindert.

–

Am 16. April '45 beginnt die letzte große Schlacht des
Zweiten Weltkrieges: Mit 7.000 Kampfflugzeugen, 6.000 Pan-
zern und über 40.000 Geschützen und Minenwerfern rückt
die Rote Armee an. Drei Millionen Soldaten rüsten sich
auf beiden Seiten zum Kampf um Hilters letzte Bastion:
Berlin.

–

Die Einwohnerzahl des Berlins der Vorkriegszeit betrug
etwa 4,3 Millionen. Sie hatte sich infolge umfangreicher
Evakuierungen von Bombengeschädigten und der Auslage-
rung von Industrieunternehmen und deren Arbeitskräften,
trotz der zahlreichen Flüchtlinge aus dem Osten, auf 2,25
Millionen verringert. Allein durch die Bombenangriffe
der Alliierten waren ungefähr 50.000 Berliner getötet
worden, aber es ist sehr bezeichnend, dass dadurch der
Mut der Überlebenden nicht gebrochen worden war.
Infolge der sich steigernden Angriffe war ein Zustand
der Gewöhnung eingetreten. Unempfindlichkeit gegenüber
dem eigenen Leiden war zur Voraussetzung des Überlebens
in der Stadt geworden.

–

Seit 50 Jahren muss ich immer wieder hören, was für
schlechte Menschen meine Eltern und Großeltern waren.
Wenn es so leicht wäre, sich gegen eine Diktatur zu
wehren, dann stellt sich die Frage: Warum gibt es auf
der Welt immer noch Diktaturen?

Presse 1995

Ein Kind beobachtet voll neugierigen Staunens die Erwach-
senenwelt im pulsierenden Glanz der heimatlichen Metro-
pole Berlin.
Fast übergangslos vollziehen sich Vorbereitung und Beginn
des gnadenlosen Kriegstreibens mit den menschenverach-
tenden Begleiterscheinungen.
Die Evakuierung aus dem Bombenterror bringt der Her-
anwachsenden unerwartet glückliche Emanzipation mit
Erweiterung der persönlichen Perspektiven.
Später, im armseligen Nachkriegs-Berlin, als die Moral der
Menschen dem Überlebenskampf unterlegen ist, findet sie
trotz suchenden Bemühens keinen inneren Zugang zu den
verehrten und bewunderten Eltern und kommt zu der in
ihrem Sinne optimistischen Erkenntnis für ihre Vergan-
genheit, Gegenwart und Zukunft:
Jeder lebt für sich allein und muss die Kraft aus sich selbst
schöpfen!

Hedi Rautenberg-Aufschläger

I

November

AUFRECHT stand er da am Rande des breiten Bürgersteigs, und ein warmes, gutes Gefühl der Sicherheit erfüllte sie, wie er ihre kindliche fest mit seiner großen, kräftigen Hand umschloss.

Er drückte sie fester, fester, und irritiert schaute sie zu dem stattlichen Mann auf, der seine blütenreine Arbeitskleidung mit Stolz trug – die schneeweiße Konditorenjacke mit Stehkragen und doppelter Knopfreihe, die schwarze Hose ohne jedes Mehlstäubchen. Wenn sie doch endlich mehr als diese dummen sieben Jahre zählen würde, endlich eine erwachsene Frau sein würde, die auch reden dürfte, wenn sie nichts gefragt worden wäre, – dann würde sie ihm alles sagen können, was sie fühlte.

Sie würde ihm sagen, wie sehr sie ihn liebte, und dass sie nichts mehr wünschte, als seine Hand niemals mehr loslassen zu müssen!

Aber warum zerdrückte er nun fast ihre Gelenke, dass es anfing wehzutun? Fragend suchte sie seinen Blick, – aber er achtete nicht auf sie, sondern schaute nur unverwandt und regungslos auf die andere Straßenseite.

Ohne den kurzen Schnurrbart, den er sich seinen Töchtern zuliebe wegen der Kratzerei beim Küssen abgenommen hatte, sah er viel weniger streng aus.

Sie löste sich von den guten, dunklen Augen unter den buschigen Brauen und folgte seiner Blickrichtung schräg über den Fahrdamm, über die mit schönen alten Linden gesäumte Promenade, die dahinterliegende Fahrbahn bis zum anschließenden Bürgersteig, auf dem sie nun ein tobendes Menschenknäuel wahrnahm. Böses Schreien und Gebrüll wurden stärker. Das waren nicht die Jungs, die dort sonst mit ihren Käppis auf dem Hinterkopf Fußball spielten und schon mal in eine kleine Rauferei gerieten! Das waren Erwachsene, manche hatten eine Uniform an – war sie gelb oder sah sie mehr nach Mostrich aus? Was war dort los? Der Vater schien gelähmt! Außer ihm und dem Knäuel dort vor diesem Haus sah sie keine Leute auf der langen Straße, die in ihren vierzig Häusern mindestens fünfundzwanzig Geschäfte beherbergte. Wo waren am hellen Vormittag nur all die Menschen?

Das war unheimlich, und zaghaft versuchte sie, ihn fortzuziehen; da splitterten dort drüben Scheiben, und mit ohrenbetäubendem Lärm brach das große Schaufenster unter den Schlägen der Rowdies heraus auf den im Sonnenschein liegenden Bürgersteig, Brote flogen hinterher, Brötchen durch die Luft. Schreie, Klirren, lautes Weinen mischte sich mit grölenden Kampfgesängen. Immer wieder erkannte sie das Wort »Jude« mit gemeinsten Attributen.

Es war der »Judenbäcker«, das wusste sie. Den Laden hatte sie zwar noch nie betreten, denn eine Bäckerei hatten ja die Eltern selbst; aber andere Kinder hatte sie schon hier und da »Matze« rufend dort am Schaufenster gesehen, ohne dabei so Grausiges zu empfinden, denn schließlich hatte sie mit ihren Spielkameraden ebenso »Bäckerbeen« in die Fenster von Vaters Backstube hineingeneckt, um den einen oder anderen Gesellen in seiner weißen Pracht zu einer wilden Verfolgungsjagd herauszulocken. Entsetzen schien ihr aber nun den Hals zuzudrücken. Das Geschehen da drüben ging über in ein Dröhnen in ihrem kleinen Kopf, war so unbegreiflich, erschien unwirklich, konnte doch gar nicht sein!

Sie zerrte an des Vaters Hand, ihn zu warnen, dass vor ihrem Geschäft das Gleiche bevorstand wegen »Bäckerbeen« – da kam die nächste unheimliche Entdeckung ihres jungen Lebens: Vater hatte Tränen in den Augen, die ihm über die Wangen liefen und die er verstohlen mit der linken Hand fortwischte. Ein Mann, ein Vater konnte weinen. Sie schauderte, konnte nicht fassen, was da alles durcheinander geriet: Tränen, Brot – zertrampelt von Wahnsinnigen.

Drüben fuhr ein schwerer Brauereiwagen aus der Prenzlauer Allee kommend, von vier geschmückten Pferden angezogen, knirschend über die Backwaren. Die Kutscher in der prächtigen Landsknechtstracht trieben die Pferde zur Eile an. Nur schnell vorbei!

Wo blieben die Schutzmänner, die doch sonst stets für Ordnung sorgten, die bei ihren Streifengängen durch die Straßen sofort bei der Mutter im Geschäft standen, um zornig zu bemängeln, wenn die Kinder einen kleinen Blaubasaltstein vom Bürgersteig entfernt hatten, um ein Loch zum Murmelspielen zu schaffen. Heute waren sie nicht zu sehen!

Da rief auch schon die Mutter mit versagender Stimme hinter ihnen: »Gustel, Gustel, komm rein, bitte, schnell!«

»Mein Kind«, sagte er leise, ihr über den Kopf streichend, und ging mit ihr in sein Geschäft zurück, übergab sie mit einem kleinen Klaps auf die Schulter dem Kindermädchen und begann erregt mit der Mutter zu flüstern.

Dieses Flüstern, die verdeckte Unruhe, vor den Kindern hastig geschlossene Türen, Hin- und Hergelaufe, dies alles hörte an diesem Tage überhaupt nicht mehr auf! Zu fragen hatte ein Kind nicht, jedenfalls hätte es keine rechte Antwort bekommen; umso geschulter wurde das Gehör, um durch Türen aufgeregtes Telefonieren oder beim Vorbeihuschen an flüsternden Erwachsenen einiges aufzuschnappen. Mit Hilfe dieser Fertigkeit erfuhr sie am nächsten Morgen, dass noch spät am Abend zuvor die jüdische Bäckerfamilie körbeweise nasse Wäsche herübergebracht hatte, die heimlich in der »arischen« Backstube getrocknet worden war; dass die so grauenvoll angegriffene Familie während des Terrors auf ihre Geschäftsräume sich hinter dem Backofen versteckt gehalten hatte und ohne Zögern einen Tag später die Flucht aus Berlin antreten wolle.

In den Blicken, die sich die Erwachsenen mit gerunzelter Stirn zuwarfen, stand immer noch dieses Entsetzen, das seit dem unheimlichen Novembertag nicht mehr weichen wollte.

Blitzende Sonne ließ die allerletzten Blätter an den Bäumen der Promenade und in den Vorgärten der Prenzlauer Allee aufleuchten, die Straßenbahn klapperte dort an ihnen vorbei, der sie wehmütig hinterherschaute, denn eigentlich wäre sie da viel lieber mitgefahren; aber der Vater ging stumm, Monika links und sie rechts an der Hand, die er immer wieder loslassen musste, um den Hut zum Gruß zu heben, wenn jemand entgegenkam. Sie schaute sich um. Ob Mutter ihnen nachsah, so wie sie dem Vater so gern vom Fenster nachschaute, wenn er mit federndem Gang vom Haus rechts zur Straßenbahn oder links hinunter zur U-Bahnstation Senefelder Platz ging; besonders wenn er zu einer Beerdigung musste. Dann nämlich war es sein schöner schwarzer Zylinder, den er ziehen musste.

Das war ihr Vater – und sie war mächtig stolz auf ihn. Auch wenn er wie selbstverständlich kein Auto besaß, ja, nicht einmal fahren konnte. Es gab so unendlich viele Taxen in Berlin mit den schwarzweiß karierten Banderolen auf schwarzem Grund, und eins wusste sie schon jetzt: Wo auch immer der Vater heute mit ihnen hin spazieren mochte, die Rückfahrt werde ganz sicher per Taxe erfolgen!

Sie bogen also rechts in die Prenzlauer Allee ein. Auf dieser Seite gab es keine Geschäfte mehr, hier hörten auch die gepflegten Vorgärten – mit oft großen Bäumen beschenkt – auf, die bis hierher auf beiden Seiten vor den endlosen Häuserreihen angelegt waren. Da kam das riesige Gelände der Brauerei, das von der Allee hügelan parkähnlich gestaltet war. In fast allen sie umgebenden Straßen ging es mal auf, mal ab, denn hier erhob sich früher der Windmühlenberg, und diese Gegend hatte erst während der Gründerjahre nach dem deutsch-französischen Krieg seine schnurgeraden breiten Straßen erhalten.

Ihr Viertel nannte der Vater »französische Schwindelschweiz« wegen der entsprechenden Straßennamen: Metzer, Saarbrücker, Straßburger, Weißenburger, Colmarer, Mühlhauser, Belforter.

Jetzt erreichten sie das Prenzlauer Tor – ohne Tor. Gegenüber lag der riesige Friedhof, auf dem Hitlers Freund Horst Wessel begraben liegen sollte; das wusste jedes Kind.

Nun wurde aus der breiten Allee die schmale Prenzlauer Straße. Sie kannte den Weg von ungezählten Spaziergängen mit dem Kindermädchen zum Bummel am Alexanderplatz, mit der Mutter zum eiligen Schuhekauf –

unvergessen das aufregende Röntgen der Füße zur Feststellung der richtigen Größe –, zu Ausstellungen, ermüdenden Museumsbesuchen oder gar Besichtigungen mit dem Vater oder mit der gesamten Familie zum Weihnachtsmarkt im Lustgarten vor dem Schloss. Beim Gang über den Weihnachtsmarkt war ihr nie sonderlich behaglich zumute, wenn da im künstlichen Lichterglanz aus all diesen Hütten und Buden mit Schreien und Getöse die weihnachtlichen Waren angeboten wurden.

Zu großes Mitleid hatte sie bei dem Gedanken, dass die Budenbesitzer die Besucher so darum anbetteln mussten, ihnen etwas abzukaufen, und diese dennoch mit flüchtigem, gleichgültigem Blick weitergingen. Noch schlimmer empfand sie die Demütigungen, die in den kleinen Wohnhäuschen den Liliputanern zugefügt wurden, wenn man für ein paar Pfennige die Erlaubnis erkaufen konnte, durch die Fensterchen diesen kleinwüchsigen Menschen bei ihrem Tagesablauf, beim Bügeln, beim Kochen und beim Essen zuzuschauen. Dann jammerte sie beizeiten, nicht mehr laufen zu können, – und konnte fest damit rechnen, dass die Eltern bald eine Taxe herbeiwinkten.

Jäh wurde sie durch Vaters: »Pass doch auf, Mädel!« vor einem wild fluchenden Radfahrer ins Jetzt gerettet. In der Prenzlauer Straße befand sich in jedem Haus mindestens ein Geschäft, meist kleine, bescheiden wirkende, aber mit liebevoll gestalteten Schaufenstern, die gute, wertvolle Stoffe oder funkelnde Juwelen darboten. Mit der Mutter, einer wahren Modekünstlerin, waren sie schon manchmal in einem solchen Geschäft bei exzellenter Beratung fündig geworden – ein Beispiel war das feine Tuch, das die Kinder heute trugen. Immer hatte sie aber das Gefühl gehabt, dass es da drinnen an Licht

16

und Geräumigkeit gefehlt hatte. Heute jedoch war kein Einkaufen möglich. Keiner der stets dunkel gekleideten Geschäftsinhaber, die ihr mit ihren mehr oder weniger langen schwarzen Bärten immer ein bisschen Furcht eingeflößt hatten, stand da einladend vor seiner Ladentür. Nein, das war doch nicht dieselbe Straße, die sie kannte! Hier waren alle Läden mit Brettern vernagelt. Hinter manchem kleinen Fenster neben den Schaufenstern wurde ein wenig die Gardine zur Seite geschoben, dahinter sah sie ein bleiches, ängstliches Gesicht.

Sonst waren am Straßenrand Obst- und Gemüsestände dicht nebeneinander aufgereiht, und der Straßenlärm wurde fröhlich untermalt mit den Rufen »Tomaten, schnittfeste Tomaten!« Diese Melodie fehlte an diesem Tag.

Langsamer wurde Vaters Gang. Die Lippen hatte er zusammengepresst, als versuchte er das, was sie sagen wollten, nicht hinauszulassen. Ihr Herz klopfte, sie konnte zu den Häuserfassaden nicht mehr hinschauen, ihr gesenkter Blick nahm nun das feine Glitzern wahr, das in den Fugen der Gehsteigpflasterung durch winzige Glassplitter hervorgerufen wurde.

»Vati, guck mal, wie schön das blitzt«, rief sie. Ein schweres Stöhnen war die ganze Antwort.

Weiter ging es gen Alexanderplatz; wieder schnell, zu schnell. »Vati, ich kann nicht so schnell«, half diesmal nicht. Monika heulte bereits seit fünf Minuten. Ein kurzer Blick auf die gewaltige Erdkugel, die auf dem Dach des prächtigen Kaufhauses zur Rechten sich drehte. Wie gerne hätte sie sich verzaubern lassen von dem betörenden Lichterglanz des riesigen Einkaufstempels, in dem vom teuersten Luxusartikel bis zum einfachsten Kinderspielzeug alles in mächtigen, spiegelnden Regalen und auf großen Tischen dargeboten wurde. Aber es war bekannt, dass Vater etwas gegen die großen Kaufhäuser hatte, da er der Meinung war, dass sie die kleinen Geschäfte kaputtmachen würden. Ebenso bekannt war ihr aber, dass die Mutter in den »weißen Wochen« heimlich zur Straßenbahn eilte, die zwei Stationen zum »Alex« fuhr, um dort zu günstigen Preisen reichlich Tisch- und Bettwäschestoffe zur Weiterverarbeitung zu kaufen. Ob Vater wusste, wie besonders märchenhaft dort die Weihnachtsausstellungen waren, die sie vor Staunen regelmäßig fast das Atmen hatten vergessen lassen, wenn sie mit Magda dagewesen waren?

Schon hatten sie die Königstraße erreicht. Die Bedrückung wurde allmählich abgelenkt, denn hier brauste das Leben wie eh und je. Hier war nur ab und an ein Schaufenster durch Bretter oder Pappe ersetzt. Genauer schaute sie, und da sie schon im zweiten Schuljahr war, buchstabierte sie neugierig die mit schwarzer und weißer Farbe angeschmierte Schrift neben den Weihnachtssternen und Hakenkreuzen: »J U D E«.

»Vati, was heißt das – Jude?«

»Ach, Kind, so nennt man die Leute, denen diese Geschäfte gehören, und böse Menschen haben ihnen die Scheiben zerschlagen.« Sah es deshalb in der Prenzlauer Straße so aus? Zusammenhänge traten aus dem Dunkel.

»Ist Bäcker Landau auch so einer?«

»Ja, aber es wird schon alles wieder gut!« Damit eilte er weiter, die Kinder wie Dackel mitziehend, was sonst überhaupt nicht seine Art war.

Monika war in ein permanentes Winseln übergegangen, denn ein Schritt des Vaters entsprach etwa dreimal Trippeln für die beiden Mädchen in ihren tannengrünen Mänteln und passenden Glockenhütchen, erstanden unter Mutters unermüdlichen Händen. Kein Mensch wusste, wann sie für all die Zeugen ihrer Kunst die Zeit fand. Es hieß einfach »die Frau Meister« oder je nach Position des Beurteilenden »die Meestern ist eben ein Wunder«.

Plötzlich blieb der Vater wie versteinert stehen und starrte auf die linke Straßenseite. Dort wuchs ein mächtiges Kaufhaus weit über die danebenliegenden Dächer hinaus, Schaufenster verbrettert und aus den darüberliegenden Fenstern drangen durch einige zerbrochene Scheiben feine Rauchschwaden. An der Fassadenecke waren senkrecht riesengroße Buchstaben bis weithin zu lesen: I S R A E L, ein Wort aus dem Religionsunterricht.

»Vati, waren in dem großen Haus lauter Juden?«

»Ach wo, die Familie, der das Kaufhaus gehört, heißt Israel, und das ist ein jüdischer Name.« Eine weitere Erklärung blieb aus. Sie wusste auch nicht, was sie noch fragen sollte, denn alle diese Antworten verstand sie nicht. Sie konnte gerade noch verwundert feststellen, dass alle Fußgänger kurz vor diesem Haus auf die rechte Straßenseite wechselten und hastig weitergingen, da hatten sie und ihre kleine Schwester es mal wieder geschafft. Sie saßen in der Taxe. Daheim hörte sie, wie der Vater zur Mutter sagte: »Es war furchtbar«, doch für sie ging der Tag wie gewohnt zu Ende.

Aber irgendetwas hatte sich verändert. Die Großen schienen Geheimnisse zu verbergen. Da kamen einige Zeit später diese beiden hübschen jungen Mädchen, bezahlten die Miete für die Wohnung, die sie im Seitenflügel mit ihren Eltern bewohnten. Daran war nichts Ungewöhnliches; aber dann verabschiedeten sie sich, und Mutter umarmte sie und küsste sie zärtlich auf die Stirn, und alle weinten; dabei hatten sie doch nur erzählt, dass sie nach Neuseeland gehen. Wie sie die beneidete! Erstens waren sie genau in dem Alter, das ihr so verheißungsvoll erschien, und zweitens fuhren sie nun in ein Land, das so einen wunderschönen Namen hatte, unter dem man sich alle Seligkeit der Erde vorstellen konnte. Drittens war Mutter so zärtlich zu ihnen gewesen, wie sie zu ihr nie war. Für sie gab es einen Gutenmorgenkuss – dabei wurde die zum Kleid passende große Seidenschleife, Propeller genannt, im Haar gerade gerückt – und abends nach dem Vaterunser einen Gutenachtkuss. Es blieb einfach nicht genug Zeit für die Kinder übrig bei dem brausenden Geschäftstrubel, den die Mutter mit überaus fleißigem, gescheitem Geschick leitete. Jede freie Minute füllte sie mit Stricken, Häkeln und Nähen für die beiden Mädel und den sechs Jahre älteren Kronprinzen.

Sie hatte als junges Mädchen in einem noblen Modesalon am Potsdamer Platz gearbeitet und prominente Kundinnen wie Fritzi Massari wollten einzig von der »Schli« – ihr Mädchenname war Sliwinski – mit den langen goldenen Locken bedient werden. Deshalb war ihr keine gekaufte Kleidung gut genug, und so schuf sie wunderschöne Unikate, die überall Bewunderung auslösten.

Aufsicht und Pflege der Kinder waren seit sechs Jahren – mit Monikas Erscheinen auf dieser schönen Welt – der Allroundhilfe Magda überlassen, die wahrlich einen Vierundzwanzigstundentag versah. Dass sie dabei nicht immer geduldigstes Verständnis für die Fragen und Probleme der Kinder hatte, konnte sich jeder vorstellen. Zärtlichkeiten waren da nicht viele zu erwarten. Die konzentrierte Magda daher ausschließlich auf das total verzogene Nesthäkchen, das sie als Baby in die Arme gelegt bekommen hatte. Den Ärger, den ihr die süße Puppe mit den Lachgrübchen, den großen blauen Augen und dem blonden Lockenkopf oft genug bereitete, lud sie dann praktischerweise durch Ohrfeigen oder Schläge mit dem nassen Lappen ins Gesicht der Großen ab, die meist schüchtern und stumm irgendwo daneben stand. Die wusste genau, wie »Kodder« riecht und schmeckt, und obgleich die meisten Tränen über diese ewigen Ungerechtigkeiten nach innen gingen, strömten noch genug aus den Augen, die dann gerötet waren, während die blasse Gesichtshaut fleckig aussah. War dann in Kürze Mittag- oder Abendessen in Sicht, zog Magda sie ins Kinderzimmer, kühlte ihr Gesicht mit einem weichen feuchten Tuch und schob ihr Schokolade in den Mund, damit am Tisch niemand etwas von dem Kummer merkte. Da sie keiner so genau ansah, klappte das auch immer.

Wenn sie abends lange wach lag, Monika längst schlief, und die Geräusche aus dem unteren Teil der Wohnung nur undeutlich bis zu ihr drangen, dann wünschte sie sich, dass die Abreibung, die sie eben wieder bekommen hatte, weil ihre Schwester mit lautem Getöse über die weißen Gitter von ihrem Bett in das dahinterstehende der Großen gesprungen war, dass diese unverdienten Schläge doch bitte einmal tödlich verlaufen mögen, damit die Familie von ihrem kindlichen Leid erfahren würde.

Dann hörte sie manchmal, dass unten die Wohnungstür geöffnet und geschlossen wurde, und stellte sich vor, dass sie nun endgültig genug von ihren Mädeln hatten und alle für immer weggegangen waren und sie mit der kleinen Schwester zurückgelassen hatten. Jetzt war sie für beide verantwortlich; aber wie sollte sie das können? Woher wussten eigentlich die Erwachsenen, wie man das alles so machen muss? Wann und wo erfährt man das? Verzweifelt knabberte sie die weiße Farbe ab, mit der die Kinderstühle und Betten lackiert waren. Die qualvollen unbeantworteten Fragen wiegten sie allmählich in einen festen Kinderschlaf; und am Morgen war alles wieder in Ordnung und vergessen.

Es waren also mindestens drei Dinge, um die sie die jungen Mädchen aus dem Hinterhaus jetzt glühend beneidete. Deshalb lauschte sie an jenem seltsamen Verabschiedungstag, als die Familie wie immer vollzählig am Abendbrottisch versammelt war, um so gespannter Mutters sehr lebhafter Erzählung über die Familie Kohane. Bei diesem Namen warfen sich die Geschwister zuerst mal lange Blicke zu und unterdrückten ein Losprusten, denn Kohane war für alle Gören aus den umliegenden Häusern stets Ziel von ziemlich ungezogenen Späßen. Sobald sie den kleinen, in seinen schwarzen bodenlangen Mantel gekleideten Mann mit dem zu großen schwarzen Schlapphut vor dem Haus sahen, liefen sie ihm im Rudel nach und riefen »Kochane, Kochane«. Das war auch ein bisschen dessen eigene Schuld, denn genauso rief er immer auf dem Hof hinauf zu seiner Wohnung im dritten Stockwerk, woraufhin am Fenster stets seine korpulente Frau erschien, und er ihr in einer fremden Sprache eine Mitteilung machte. Frau und Töchter bekam man kaum zu Gesicht. Auf das dumme Kindergeschrei reagierte er nur mit abwehrender Handbewegung, ohne den tiefgesenkten Blick auch nur einen Zentimeter zu heben.

Nachdem Mutter die Kinder missbilligend angeschaut hatte, berichtete sie, dass der kleine Mann jeden Morgen um neun Uhr ins Geschäft gekommen war, um sich fünf Mark zu borgen. Damit machte er tagsüber irgendwelche Geschäfte, vielleicht Handel mit Schnürsenkeln und Kurzwaren auf der Straße und brachte am Abend kurz vor Geschäftsschluss das Geliehene zurück. Großes Rätselraten nun über das Reisegeld nach Neuseeland für dessen Töchter. »Die Eltern gehen auch weg«, schloss Mutter und wischte sich, Vater vielsagend anschauend, Tränen von den Augen.

Betreten schwiegen alle, und ihr Interesse an dem verheißungsvollen Land wich wieder dieser nicht zu erklärenden Angst.

Vorwort – Rückblende

»Das war also 1938/39. Siehst du, Mutter, es geht doch! Genau darum bitte ich dich nun schon seit Jahrzehnten: Nur mal so erzählen, was du in jenen Jahren erlebt hast; wie du es aus der Kinderperspektive ansehen musstest«, sagt Konstantin und verstrahlt sein jungenhaftes Sieger-lächeln, das ihm schon von klein an alle Herzen und Türen öffnet.

Sie bittet ihn, sich zu setzen, – wie sie es schon seit seinem sechzehnten Lebensjahr praktiziert, wenn sie ernsthaft mit ihm zu reden hat, denn der Größenunterschied zu dem fast zwei Meter Langen ist einfach zu respektlos.
Sie schnippt an seinen dichten braunen, schon leicht mit silbernen Fäden durchzogenen Locken: »Du sprachst immer von einem Buch. Das werde ich niemals schreiben! Obgleich es schon auch mein Wunsch gewesen wäre, in einem stillen Kämmerlein, beglückende Musik mitsin-gend, zu studieren oder zu schreiben. Jedoch hätte ich da wohl vor ein paar hundert Jahren leben müssen – und draußen die ›geschäft'ge Welt‹ nicht wahrnehmen dürfen, die mich immer wieder in ihren Bann zog oder auch zur Pflicht rief, vom Buch wegholte und zum Mit-machen zwang.
So zerstoben alle Schreibgedanken wie Seifenblasen, wenn der Alltag sich energisch meldete.
Und all die Großen der Weltliteratur, die ich ehrfurchts-voll kennenlernen durfte mit oft fassungsloser Bewunde-rung; selbst mancher kleine Artikel in einer Illustrierten machte mir klar, dass mein Schreiben mangels entspre-

chender Studien immer einem Schulmädchenaufsatz gleichen wird, der keinerlei Interesse hervorrufen kann! Wenn ich dann noch Buchbesprechungen verfolge, werde ich kleiner als jene winzigen Universallebewesen, die wir so abfällig ›fiese Ameisen‹ nennen und tröste mich schließlich damit, dass diese auch ihre wichtigen Pflichten zu erledigen haben und ebenfalls nicht ständig auf Tiger und Elefanten schauen dürfen.

Ich habe also meine Schreibwünsche mit anderen unerfüllten Jugendträumen dem Vergessen geweiht.

Dazu kommt, dass die vergehende Zeit unablässig die Sicht auf das Erlebte verändert. Was ich heute schreibe, sehe ich ganz sicher später in einem völlig anderen Licht.«

»Ja, verstanden! Dann lass jede Stellungnahme einfach weg; es bleibt ein Tatsachenbericht, und jeder, der sich interessiert für die den meisten jungen Menschen unbekannte Zeit, kann sich seine eigene Meinung bilden.

Vor allem Alexias und meine Kinder werden ihren Nachkommen Erklärungen ebenso wie Wert- und Moralvorstellungen einer vergangenen Epoche weitergeben können, die du uns bei unseren leider viel zu seltenen Familientreffen gar nicht in dieser Ausführlichkeit vermitteln kannst. Da du mit den schrecklichen Ereignissen jener Novembertage begonnen hast, ist das vermutlich das Erste, an das du dich rückbesinnen kannst?«

»Na, so ganz stimmt das nicht! Es gibt schon noch kleine Momentaufnahmen – Splitter –, die davor liegen, aber eben ohne größeren Zusammenhang. Doch je mehr ich in der Vergangenheit grabe, um so mehr öffnet sich das Tor, das ich schon längst hinter mir geschlossen glaubte!

So muss es Mitte der dreißiger Jahre noch irgendeine Wahl gegeben haben, denn ich könnte malen, wie mein großer Bruder für sich und mich aus unserer nächstgelegenen Eckkneipe – an jeder Straßenecke konntest du eine finden –, die wohl als Wahllokal diente, einen Karamellutscher mitbrachte, der als großer Taler mit Hakenkreuz drauf auf einem Holzspießchen steckte. Unschuldig lutschten wir beide voller Begeisterung an der versteckten Propaganda, obgleich wir daheim einen Laden voll köstlichster Süßigkeiten besaßen.

Etwa zur gleichen Zeit durfte ich ausnahmsweise vor unserem Geschäft ›Hopse‹ spielen mit einer Freundin aus dem Hause. Dafür eigneten sich die großen Gehweggranitplatten, die den breiten, mit kleineren Steinchen gepflasterten Bürgersteig unterbrachen, besonders gut. Kettchen werfen und die Felder mit den Kreidezahlen eins bis sechs mal auf einem, mal auf beiden Beinen hopsend erreichen. Sieger war, wer das Himmelreich, den Halbkreis mit der sieben, schaffte – und zurück. Glaub mir, das war äußerst schwierig und aufregend, und darum war ich um so überraschter, als ich plötzlich zwei riesige junge Männer wahrnahm, die sich in einer fremden Sprache an unserer Hopserei belustigten. Das Blut gerann mir fast, als ich an ihnen die gleiche Hautfarbe entdeckte, die mein geliebtes Sarottimohrchen hatte, das doch nur wegen der Schokoladenfarbe so aussah; aber dies waren hochgewachsene Männer, die elegante, hellgraue Anzüge trugen. Da – nun drehten sie sich auch schon weg von unserem Spielfeld und betraten geradewegs unseren Laden, gefolgt von einem Kind, das einem Wunder nachging.

Die jungen Leute baten um ein Glas Wasser, bekamen es und schlenderten freundlich grinsend davon. ›Das sind amerikanische Sportler von der Olympiade, die kein deutsches Geld haben‹, erklärte Mutter lachend; aber ich konnte weder das schwere Wort wiederholen, noch konnte ich mir erklären, warum sie nicht aus Afrika kamen.

Es war, wie ich schon sagte, durchaus nicht sehr oft der Fall, dass ich in dem Alter auf der Straße spielen durfte, denn das entsprach nicht Mutters Wünschen. Vielmehr wurden wir jeden Vormittag von Magda in den Friedrichshain geführt. In den ersten Jahren Monika noch im Kinderwagen, ich auf einem Brettchen vorn drauf, später trippelte ich neben dem Sportwagen her und konzentrierte mich auf dieses wundervolle Klickklackgeräusch, das Magdas hohe Pumpsabsätze auf den glatten Gehstegplatten machten. Ich liebte es inbrünstig! Klick-klack-klick-klack. Ach, wenn ich doch schon groß wäre und solche schicken, schmalen Schuhe tragen dürfte, und alle hören könnten, dass ich angeklickert komme, dachte ich. Magda verstand, sich schick und elegant zu kleiden, dazu ihr dunkler Bubikopf, die großen braunen Augen, – und viele Herren sahen sich nach ihr um, zumal die zwei kleinen Mädchen im immer gleichgekleideten Doppelpack von einer entzückenden Mutterliebe zu künden schienen, die sie in helle, flockige, spitzen- und rüschenverzierte Kleidchen steckte. Mein am meisten bewundertes Vorbild war aber die Persil-Dame, die in ihrem wehenden, schneeweißen Kleid, den ebenso weißen Hut kokett festhaltend, auf dunkelgrünem Hintergrund so manchen vierstöckigen Häusergiebel schmückte.

So lenkte ich mich mit meinen regen Gedanken ab von diesem für ein Kind endlosen Weg: Metzer Straße bis zur Prenzlauer Allee, die rechts bis zum Ende, dann links den langen Prenzlauer Berg hinunter über die Greifswalder und zum Friedrichshain. Ja, der Märchenbrunnen dort war einmalig, die zauberhaften steinernen Figuren, die ihn umrandeten, waren uns vertraut durch Magdas liebevolle Vorlesungen; aber man durfte nicht auf den gepflegten Rasen, Balancieren auf den eisernen Einfassungen war nur so lange erlaubt, bis der strenge Wärter in Sicht war, auf den Kinderspielplatz wollte Magda nicht so gern, weil es da manchmal staubte; ach, und dann der weite Rückweg! Das war eigentlich mehr eine Strafe, und deshalb beneidete ich alle anderen Kinder, die schon ohne Aufsicht auf der Straße oder der Promenade toben durften.

So war ich also stets selig, wenn Magda manchmal die Gelegenheit ergriff, ihre attraktive Erscheinung auch einer größeren Öffentlichkeit zu gönnen. Dann schob sie die kleinen Schutzbefohlenen in die Straßenbahn, um in der Glitzerwelt der Stadtmitte ein nobles Café oder eine Hotelhalle anzusteuern, in deren dicken Teppichen die kleinen Lackschühchen versanken, und wo die heiße Schokolade tausendmal besser schmeckte als zu Hause.

Gerade sechs Jahre alt geworden, musste ich mich mit zugeschnürter Kehle innerhalb eines riesigen verklinkerten Schulgebäudes, das in der Länge einen ganzen Straßenzug einnahm, zur Bank in der ersten Reihe führen lassen, auf der mit Knete ein Zettelchen mit meinem Namen befestigt war. Neben mich wurde ein ebenso schüchternes Mädchen platziert, das um einiges intensiver schielte als ich. Man hatte mir erzählt, dass das erst in meinem zweiten Lebensjahr durch eine Muskeldehnung aufgetreten wäre, nur bei Ermüdung sichtbar würde und später einmal durch eine Operation gerichtet werden könne. Obgleich unsere Nachnamen mit dem gleichen Buchstaben anfingen, war es doch keine sehr reife Leistung der Klassenlehrerin, zwei solche zu stillen Mädchen nebeneinander zu setzen.

Zu ihrer Entlastung muss allerdings gesagt werden, dass sie bar jeder Einfühlsamkeit zu sein schien. So fiel ihr jedenfalls nicht auf, dass in den ersten Monaten das gesamte Schulgeschehen an mir völlig wirkungslos vorbeiglitt. Restlose Bewunderung empfand ich für die Mädchen, die munter auf die Fragen der Lehrerin zu antworten wussten.

Durch das reichlich strenge Regiment von Magda war ich an widerspruchslosen Gehorsam gewöhnt, und da war es nur dessen erweiterte Form, wenn wir uns in der Pause zum Gang auf den Schulhof in Zweierreihen aufstellen mussten, mit einer Hand die Kameradin anfassen und den Zeigefinger der anderen Hand auf den geschlossenen Mund legen mussten, damit Reden und Lärmen ausgeschlossen war. Wir wanderten in dem großen ungepflasterten Hof unter alten Bäumen immer im Kreis herum, durften dann den Finger vom Mund nehmen, um in das Frühstücksbrot, das wir dem umgehängten Frühstückstäschchen entnahmen, beißen zu können.

Zu gern hätte ich ein einziges Mal Ilses Pumpernickel gekostet, da ich stets und ewig wusste, wie meine immer gleiche Butterschrippe schmeckte. Durch eine Bitte daheim eine Änderung des Schulbrötchens herbeizuführen, kam mir noch nicht einmal in den Sinn; ich hätte mich vor allem niemals getraut, nur für mich allein irgendetwas am Weltgefüge ändern zu lassen.

Auch wenn ich vor dem Gang zur Schule mit dem Vater am morgendlichen Frühstückstisch saß – Mutter erschien gern erst gegen neun Uhr –, wäre mir ein Herzenswunsch in Erfüllung gegangen, wenn ich mein Schokoladentörtchen gegen eines seiner Schinken- oder Käsebrötchen hätte tauschen dürfen, die er hinter seiner riesigen Zeitung so genüsslich verzehrte.

Aber so war das damals: Ich dachte, nur Männer bekommen zum Frühstück etwas Herzhaftes, – und mein Törtchen blieb angebissen liegen, was niemanden weiter verwunderte, denn alle wussten, dass ich ein ‚schlechter Esser‹ war. Man forschte nicht großartig warum. Es war gar nicht so lange her, dass Magda mich mit Erbsensuppe zwangsgefüttert hatte, während Mutter mir meine beiden Arme auf dem Rücken festhielt wie einem Baby, das nicht in den Spinatbrei patschen sollte.

Weil ich lediglich zu faul sei zum Essen, taten sie Bauchschmerzen als dumme Ausreden ab.

Selbst das Unfassbare, dass ich einmal nach der langen U-Bahnfahrt zum Savignyplatz in Charlottenburg vor Mutters Freundin zur Begrüßung lediglich einen stummen Knicks bieten konnte, da ich den Mund noch voll nicht geschluckten Essens hatte, wurde für ungezogene Verstocktheit gehalten. Mutter hatte also während der Fahrt nicht einen Satz mit mir gewechselt!

Unsichtbare Schmerzen von Kindern kümmerten keinen. Offene Wunden wurden verbunden; aber wenn ich mich zum Beispiel in der Schule vor Schmerzen krümmte, etwas von Bauchschmerzen hauchte, schickte die kinderlose Lehrerin dieses seltsame Kind nach Hause, statt es auf einer Bank zu lagern. Gebückt wie eine kleine Hexe quälte ich mich gehorsam Meter für Meter voran, bis ich endlich unsere Promenade sah. Dort erreichte ich selig gerade noch eine Bank und weinte vor mich hin, bis Magda mich zufällig entdeckte und angerannt kam, um mich zu holen. Sie verabreichte mir den verhassten Pfefferminztee und ab ging's ins Bett. Durch das Liegen auf dem Rücken rutschte sich alles wieder zurecht, und am nächsten Tag fragte keiner mehr, was los war.

Kindliches Empfinden und Denken wurde gedankenlos so weitgehend zurückgedrängt, dass es manchmal absurde Blüten trieb. Eines Tages saß Mutter bei den Schularbeiten neben mir, um mittels einer Rasierklinge geschickt einen meiner Schreibfehler zu beseitigen. Ich spielte indessen verträumt mit meinem feinen braunen Ledermäppchen, das an der Innenseite auch ein kleines Geldtäschchen hatte. ›Das ist ja eigentlich überflüssig‹, sagte Mutter, als sie merkte, dass ich den Druckknopf immer auf und zu knipste. ›Du brauchst doch in der Schule kein Geld.‹ ›Ich nicht‹, antwortete ich fröhlich, weil ich mich freute, dass ich so preiswert war. ›Die anderen Mädchen müssen oft Geld mitbringen, weil ihre Väter arbeiten gehen. Meiner geht nicht arbeiten, und deshalb gehöre ich zu denen, die befreit sind.‹ Großes Gelächter und Erleichterung gab es dann bei der Lehrerin, als Mutter für eineinhalb Jahre die Beiträge nachzahlte für die Auslandsdeutschen, die Winterhilfe und wie die Sammelvereine sich alle nannten, für die selbst in den Schulen kassiert wurde. Sie schlug theatralisch die Hände zusammen und rief: ›Ich hab mich immer gewundert, wie es wohl die Eltern dieser Schülerin schaffen würden, sie so hübsch auszustatten mit bestem Ledertornister, guten Schuhen, Dirndl, Samtkleidern und weißen Voileschürzchen mit Hohlsaum oder kunstvoll bestickt, obgleich der Vater arbeitslos ist. Aber das Kind hatte ja recht;

der Vater geht schließlich nicht zur Arbeit, er hat die Erwerbsquelle daheim.‹ Sie hatte also alles genau registriert, aber mit einem Kind reden, war einfach nicht üblich!

Dieses Fräulein hatte ihre Jugendzeit schon weit hinter sich gelassen, die leicht angegrauten Haare zu einem beachtlichen Dutt zusammengerafft und schwebte mit wehendem, immer gleichen blauen Chiffonkleid durchs Schulhaus. Ihre einzige große Liebe schien der ›Führer‹ zu sein, für den wir morgens beten mussten, sobald sie die Klasse betreten hatte, und wir bei ›Heil Hitler, Fräulein Maiwald!‹ stramm neben unseren Bänken standen:

Einer ist da, der alle führt;
Einer, dem aller Dank gebührt;
Einer, zu dem wir täglich schauen,
voller Liebe und voll Vertrauen ...

Da ich im Unbewussten spürte, dass dieses Gebet nichts mit dem Vaterunser zu tun hatte, beschloss ich, zu Hause nichts davon zu erzählen.

Ansonsten wurden diese ersten bitteren Schuljahre gemildert durch bunt geschmückte Straßen und manches ungewöhnliche Ereignis, denn die Reichshauptstadt feierte ihr Siebenhundertjahrfest.

Onkel Richard und Tante Mariechen, die sonst nur pünktlich zur Grünen Woche mit viel Fröhlichkeit und herrlichen Glas- und Kristallgeschenken zum ›Verteelen‹ und ›für die Aussteuer der Mädel‹ aus Weißwasser angereist kamen, wollten sich das Spektakel nicht entgehen lassen, und so konnte mein Vater sein liebstes Steckenpferd reiten, unsere Heimat von den schönsten Seiten vorzuführen. Dazu gehörte natürlich das lichtvolle Schloss Charlottenburg – leider mit längerer Anfahrt verbunden

– ebenso wie das wegen der Nähe oft besuchte, etwas düstere Berliner Stadtschloss, bei dem mir hauptsächlich in Erinnerung blieb, dass man mit den großen Filzlatschen so herrlich über den Marmorboden schlittern konnte, und dass die Toilette des Kaisers lückenlos mit dunkelrotem Samt ausgeschlagen war, was in mir ziemlich unangenehme Vorstellungen auslöste; denn ich konnte mir bei bestem Willen nicht vorstellen, wie unsere hilfreichen Geister diese kuschelige Kabine unter die daheim üblichen Reinigungssturmfluten setzen würden!

Auf Betteln der Verwandten hin wurde ich zu einer ganz neuen grandiosen Veranstaltung mitgenommen; das war eine eklatante Ausnahme, denn grundsätzlich durfte ich nichts ohne meine kleine Schwester tun. Das Ereignis hieß ›Menschen, Tiere, Sensationen‹ und fand auf dem Reiterfeld des Olympiageländes statt. Atemlos und sicherlich mit offenem Mund sah ich ›Camilla Maier III‹ in weißer Kapitänsuniform auf den himmelhohen schwankenden Mast klettern und dem jubelnden Publikum zuwinken.

Zwei Tage danach erfuhren wir erschüttert, dass sie bei ihrer nächsten Vorführung tödlich verunglückt war.«

Wie aus weiter Ferne kommt Konstantins Stimme:
»Das war eine lange verträumte Reise in die Vergangenheit, bei der die Nacht wie ein Wind verweht ist. Doch jetzt lass uns eine Pause und einen Spaziergang in die Gegenwart machen, Mutter, denn ich sehe, wie sehr dich all diese Kindheitserinnerungen aufregen.
Was hältst du von einem schicken Essen in unserem gemütlichen Bistro?«
»Ach ja! Super! Nichts dagegen einzuwenden«, willigt

sie ein und setzt hinzu: »Aber dies waren ja eigentlich nur lauter kleine Bildchen; also gut: ein Schulmädchen- report!«

II

Vorkrieg

Die viereckigen Mützen, welche die Bahnsoldaten trugen, die mit der Mutter in einem der Bahnsteighäuschen verschwanden, waren es, die ihr dieses dumpfe Gefühl einer schweren Krankheit gaben. Wie schon so oft waren sie beruhigt worden: »Bleibt schön artig hier im Abteil sitzen, Mädels. Ich komme gleich wieder zurück!« Sonst war wenigstens noch Ehrhardt dabeigewesen, aber diesmal hielt sie allein Monika in ihrem Arm, die laut heulte und versuchte, sich von ihr loszureißen, um der Mutter zu folgen. Sie klammerte fester und redete weinend auf die Kleine ein. Sie wusste ganz sicher, Mutter würde nie wiederkommen, und dann hätte sie für diese schreiende Sechsjährige zu sorgen. In panischer Angst bemerkte sie die verwunderten Blicke der Fahrgäste, die vom Gang aus in ihr Abteil schauten.

Ob da noch einer ihre Sprache verstehen würde, wenn sie Hilfe suchte? Als sie beide erschöpft mit geschlossenen Augen in hoffnungsloses Schluchzen versunken waren, hörten sie die munteren Worte: »Aber da bin ich doch schon wieder. Ich habe euch gesagt, ich muss nur unsere Papiere stempeln lassen, wenn wir aus Deutschland aus- und in Polen einreisen wollen. Nun hört mal ganz schnell auf zu weinen! So große Mädel und solche Angsthasen! Jetzt erzähle ich euch mal eine lustige Geschichte, damit ihr euch freut und wieder hübscher ausseht; was sollen denn die Busia und der Wuja sagen!

Als der Ehrhardt sechs Jahre alt war, bin ich mit ihm auch mit diesem schwarzen Zug gefahren und habe ihm gesagt, dass er gut auf das Gepäck aufpassen müsste und besonders auf das Bündel, und er hat nicht geweint, als ich hier an der Grenze aussteigen musste. In Posen kam der Wuja in unser Abteil, um uns in Empfang zu nehmen. Nachdem wir uns umarmt hatten und vor Wiedersehensfreude in Tränen aufgelöst waren, sammelte er unser Gepäck und wollte damit das Abteil verlassen. Da habe ich auf das Gepäcknetz gezeigt: ›Da liegt doch noch ein Bündel; das gehört uns auch noch.‹ Er hob es herunter und fiel wie vom Blitz getroffen auf die Bank. ›Marinja, was hast du uns verheimlicht?‹ ›Tja, sie ist zwei Monate alt und sollte eigentlich wie unsere Königin Jadwiga heißen; aber das war in Deutschland nicht erlaubt.‹
Seht ihr, und das war unsere Große, die jetzt so geweint hat. Der Wuja war damals über meine Überraschung so selig, dass er fast das andere Gepäck, Ehrhardt und mich vergessen hatte. Wie die Busla sich dann gefreut hat, könnt ihr euch ja vorstellen! Ach ja, denkt ihr auch an die Handküsschen?«
Bei dieser Erzählung, die sie gewiss nicht zum ersten Mal gehört hatten, war alle Angst von den Kindern gewichen, und nun übten sie eifrig den richtigen Handkuss für die Großmutter.
Wie immer stand der Onkel am Bahnsteig, verfrachtete sie freudig in die Straßenbahn, die direkt vor dem Haus hielt, in dem er mit seiner Mutter wohnte. Das vertraute Geruchsgemisch von Gas und gutem Kaffee ließ sie sofort wieder einkuscheln in diese vornehme Gemütlichkeit, die die weitläufige Etagenwohnung ausstrahlte. Hier wurden sie so zärtlich verwöhnt; die zierliche Oma konnte backen

und kochen wie keine sonst, der Wuja pfiff unablässig fröhliche Lieder vor sich hin, polnische, die sie ihr Leben lang nicht vergessen sollte, zumal damit noch das Wunder verbunden war, von dem immer wieder gesprochen wurde: Die ältere Schwester, Gula, hatte als junge Mutter eine so schwere Krankheit gehabt, dass bereits alle Familienmitglieder sich mit dem ewigen Abschied von ihr abgefunden hatten. Da nun die Busia mit der jüngeren Tochter eine dringende Besorgung machen musste, hatte sie den Djadja und den Wuja gebeten, die im Wachkoma Liegende gut im Auge zu behalten. Daraufhin hatte der Wuja sich ans Fenster des Krankenzimmers gestellt und mindestens zwölf Strophen eines munteren Liedchens gepfiffen und die Begleitung kräftig mit den Fingern auf das Fensterbrett getrommelt. Der Opa hatte aus seinem danebenliegenden Arbeitszimmer laut gerufen: »Wadek, sei still!«, was der aber aufgrund seiner lauten Musik nicht vernommen, stattdessen jedoch sein Pfeifen und Trommeln verstärkt hatte. Opa war deswegen nicht extra von seiner Arbeit aufgestanden, sondern hatte wiederholt seinen Sohn zur Ordnung gebrüllt. Von diesem sich steigernden Wahnsinn war seine kranke Tochter erwacht, hatte minutenlang zugehört und dann so herzhaft lachen müssen, dass sie einen nicht mehr steuerbaren Lachkrampf bekommen hatte. Da endlich war sich der Musikus seiner Aufgabe bewusst geworden, hatte sich wie von einer Tarantel gestochen umgedreht und war zum Krankenbett gerannt. Seine Schwester hatte nur noch schwach gelächelt, die Augen geschlossen und war sanft eingeschlafen. Entsetzt hatte er nach dem Vater gerufen, gleichzeitig waren Mutter und Schwester von ihrem Stadtgang zurückgekehrt. Als alle vier in Gebete

versunken vor dem Bett gekniet hatten, war der Sanitätsrat erschienen, um wie jeden Tag nach der Kranken zu
sehen, hatte ihr den Puls gefühlt, sich aufgerichtet und
gesagt: »Ein Wunder! Hier ist ein Wunder geschehen!
Was war hier los? Sie schläft. Sie hat die Krise überstanden!« Tante Gula hatte sich gesund gelacht – über die
Unvernunft der beiden Männer!

Auch diesmal kam die Sprache auf dieses Ereignis, denn
die Mutter konnte endlich mal die Hände stillhalten und
fröhlich plaudern, während alle um den großen Tisch
herumsaßen, über ihnen der Kronleuchter mit den vielen
Kerzen, die eben diesen leisen Gasgeruch verbreiteten,
denn elektrisches Licht gab es nicht. Sie musste unwillkürlich an Vaters Anekdote denken, dass die Berliner zu
dem Café Unter den Linden gepilgert waren, als dort das
erste elektrische Licht vorgeführt wurde und enttäuscht
festgestellt hatten: »Keen richtjet Jas is det nich«. So
gemütlich wie diese Beleuchtung war es wirklich nicht!
Der Onkel führte mit einigen Schneidergesellen das Ate-
lier für Herrenkleidung, das er vom Vater übernommen
hatte. So konnten die Kinder über die ganze Etage toben,
und alle hatten für sie einen Scherz, ein liebes Wort.
Bei den »Weißt-du-noch-Geschichten«, die dann in der
Dämmerung zum Vorschein kamen, bewunderte sie vor
allem die von den Heldentaten der kleinen Marianne,
ihrer Mutter. Der Großvater hatte hauptsächlich für prominente Persönlichkeiten der Stadt und den Landadel
der Umgebung gearbeitet. Letzterer war stets des Lobes
voll gewesen über die wundervollen Gehpelze und Abend-
ausstattungen, die dieser Salon hervorgebracht hatte –
nur hatte dies mit dem Willen zum Bezahlen der Rech-
nungen nicht im gleichen Verhältnis gestanden. So war

dann der kleine Nachkömmling mit den hellblonden Löckchen und den großen graublauen Augen als Eintreiberin auf weite Fußwege geschickt worden, und jedes Mal hatte ihr Liebreiz erreicht, was Großvaters kaufmännisch exakte Briefe nicht geschafft hatten.

Andermal waren nach Krisenzeiten die Stadtgrenzen von Posen durch Kontrolleure gesichert, damit das weite Bauernland nicht mit der Stadtbevölkerung überschwemmt und ausgeplündert werden konnte; aber dem frischen Backfisch, der so unschuldig nach dem Weg gefragt hatte, gaben die Zöllner gern Auskunft und vergaßen, in den großen Korb zu schauen, der von einem blütenweißen Leinentuch abgedeckt, die wichtigen Lebensmittel enthielt, die die Verwandten vom Lande mitgegeben hatten.

Der Großvater war ein hochgewachsener, kräftiger Mann gewesen, ein guter Katholik, der seine polnische Heimat über alles liebte, was ihn aber nicht davon abhielt, eben mal so zu Beginn der Fastenzeit sein Töchterchen mit einem Korb voller Schinken und Würsten zum Pfarrer zu schicken, damit der ihn segnen und somit all die Köstlichkeiten zum Verzehr freigeben konnte!

Sie liebte diese Geschichten, weil sie ihr die Mutter näherbrachten, und weil sie der Onkel mit diesem skelettlosen Akzent, den weichen Konsonanten, erzählte, lebhaft ergänzt von der Mutter, während die Busia hauptsächlich strahlte, denn deutsch zu sprechen, fiel ihr nicht so leicht.

Viel zu kurz waren diese Besuche in Posen, und die große brausende Stadt Berlin nahm sie wieder in die Arme.

Zunächst folgte bald darauf ein großartiges Fest: Vater wurde fünfzig Jahre alt! Gäste seiner Geburtstage waren immer nur Männer, und so wurden die beiden Mädchen ausgelagert zu Erna, die mit ihrer kleinen Familie im vierten Stockwerk wohnte. Erna hatte einige Zeit in der Familie gearbeitet, ein Jahr vor Monikas Geburt den Bäckerei-Werkmeister geheiratet und war stets bereit, Hilfestellung zu geben. Mit Ernas Unterstützung wagte sie, aus dem Fenster tief hinab auf die Straße zu sehen, obgleich sie extrem unter Schwindelgefühl litt. Da legten lange Autoreihen auf beiden Straßenseiten Zeugnis ab von der hohen Zahl der Gratulanten.

Bis zu dieser Höhe hinauf drang auch das Ständchen »Grüß Gott, grüß Gott mit hellem Klang ...«, das ihm die treuen Freunde des »Bäckergesangvereins Berlin Nord« brachten, dessen Vorsitzender der Vater war, und in dem er schon seit zwanzig Jahren den zweiten Bass mitsang. Dieser Chor war immerhin der Deutschen Liedertafel angeschlossen und gab Konzerte, veranlasste die Kinder jedoch immer nur dazu, die aufgerissenen Mäuler der höchsten Tenöre nachzuahmen; unter Ehrhardts Anleitung hatten die drei Gören bereits eine gewisse Meisterschaft erreicht, die Lieder verunziert nachzuäffen.

Die Eltern waren sicher sehr beliebt, auch in ihrem beruflichen Umfeld. Bei seiner Innungsarbeit hatte der Vater die berechtigten Bedürfnisse des Bäckerstandes im Hinblick auf die ebenso berechtigten Wünsche der Verbraucher zu koordinieren und wurde stets für seinen ausgeprägten Gerechtigkeitssinn gelobt.

Wann immer einer der berühmten Innungsbälle in den prächtigen »Germaniasälen« stattfand, unterbrach das Tanzorchester beim Erscheinen der Mutter – die voller Selbstbewusstsein das ewig gleiche wundervolle lange Ballkleid aus schwarzer Spitze trug, das zu ihrem hellen

Haar in elegantem Kontrast stand – seine Musik und spielte »In einem Polenstädtchen, da wohnte einst ein Mädchen, das war so schön ...« Alle klatschten und wollten bei der Begrüßung die ersten sein. So hatte sie es bei Kinder-Weihnachtsfeiern schon erlebt und für selbstverständlich gehalten, denn jedes noch so zurückgesetzte Kind hält ganz unschuldigerweise seine Familie für den Mittelpunkt der Welt.

Sehr schnell stand der Schulalltag wieder im Vordergrund. Helga Müller, mit der sie den gleichen Schulweg hatte, mochte sie besonders gern. Ihre Augen hatten dieselbe dunkelbraune Farbe wie das volle lange Haar. Die ältere Schwester mit leuchtend roten Locken kam oft in der Pause, um mit Helga geheimnisvoll zu flüstern. Beide hatten ihre größte Aufmerksamkeit; erstens weil sie offensichtlich nicht zum Frisör auf der gegenüberliegenden Straßenseite – mit Kindern, die dazu »drümsche Seite« sagten, sollten sie nach Möglichkeit nicht spielen – gehen und sagen mussten: »Die Haare bitte so schneiden, dass das Ohrläppchen zu sehen ist« und zweitens, weil deren Mutter mindestens fünfzehn Jahre jünger war als ihre. Ilse Schumacher, ihre zweite Schulfreundin, wohnte in einem schönen Einzelhaus auf dem Gelände der Brauerei und war allein daher interessant. Die dritte im Bunde, Renate Berger, durfte sie einige Male in der Prenzlauer Allee besuchen und sich dabei überwältigen lassen von den vielen großen Räumen, dem schönen Bad und dem Fahrstuhl in dem großbürgerlichen Mietshaus. Das gab es in der Metzer Straße leider nicht. Hier musste man bis zum fünften Stockwerk hübsch hinaufspringen, wenn man nicht wie sie das Glück hatte, dass die kreativen

Eltern ihre Hochparterrewohnung, die noch um ein Zimmer in den Seitenflügel ausgedehnt war, durch eine moderne Halbwendeltreppe mit dem ersten Stock verbunden und dabei auch ein Bad eingebaut hatten.

Ja, das Wort »Hochparterre« für die erste Wohnung über dem Souterrain war sehr wichtig, denn es war einfach nicht fein, allzusehr ab ersten Stock aufwärts zu wohnen, und wenn dann jemand sich wegen der billigeren Miete in das sechste Geschoss mühen musste, zog er die unterste Wohnung als »Hochparterre« ab und konnte überall stolz verkünden: »Ick wohne fünf Treppen!«

Zu den feineren Wohnungen in der Prenzlauer- oder Schönhauser Allee gehörte allerdings auch größerer Straßenlärm, ungeduldiges Hupen blitzender Karossen, ratternde und bimmelnde Straßenbahnen. In der stillen begrünten Verbindung zwischen den großen Alleen war davon nicht allzu viel zu spüren. Hauptsächlich kamen da die Anlieferer gefahren für die vielen verschiedenen, großen und kleinen Geschäfte, vom Textilkaufhaus über Bäcker, Schlächter, Drogerien, Blumen- und Milchgeschäfte ebenso wie Frisör- und Schreibwarenläden bis zu den mindestens fünf Eckkneipen und dem kleinen Kino. Kleintransporter hatten Schokolade und Kaffee geladen, auf den Bolle-Milchwagen lenkten die weißgolduniformierten Kutscher stolz die Doppelgespanne kräftiger Belgier – und obgleich alles recht gemächlich zuging, musste sie bis zum ersten Schultag nach dem Spielen auf der Promenade am Rand stehen bleiben und rufen: »Mutti, Magda, ich will rüber!« Überfahren zu werden, wünschte sie sich heimlich von einem Sarottiwagen!

Ihre Familie hatte auch den einzigen Telefonanschluss im Haus. Immer wieder mussten die Kinder diesen oder jenen Mieter an den Fernsprecher holen; ebenso telefonierten Kunden und Nachbarn von ihnen aus, wofür der Apparat mittels einer langen Schnur in das Frühstückszimmer hinter dem Laden getragen wurde.

Sehr oft war abends ein junger Familienvater aus dem zweiten Stock schnell herbeizurufen, der als Schlächtergeselle in Charlottenburg arbeitete. Sofort nach dem Gespräch eilte der dann schräg über die Straße in Richtung Wasserturm, was bei den Großen lange Zeit deutliches Unverständnis hervorrief.

Wenn man davon absah, nicht telefonisch erreichbar zu sein, brauchte man auch keinen eigenen Anschluss, denn an jeder Straßenecke stand ein »Öffentliches«. Diese Tatsache verführte sogar das artige Bäckerstöchterlein dazu, sich mit etlichen Schulfreundinnen in solch eine Zelle hineinzuquetschen und mit verstellter Stimme daheim eine Buttercremetorte für einen »besonderen Anlass« und daher mit etlichen Sonderwünschen zu bestellen, um danach kichernd noch eine Weile am anderen Promenadenende herumzustreunen, außerhalb der familiären Sichtweite.

In den Sommerferien fuhren sie zum zweiten Mal nach Hiddensee, und das war ziemlich verwunderlich, wenn man die Vorgeschichte kannte.

Im Vorjahr hatten sich die Mutter und die drei Kinder auf Anraten des Arztes auf den Weg nach Hiddensee gemacht, »damit die Große mal ein wenig kräftiger wird und etwas Farbe bekommt«. Dieser stramme neue Hausarzt, bei dem die blankpolierte Stirn bis weit zu seinem hellen Nackenhaar reichte, kümmerte sich nicht darum, weshalb das schmale Gesicht diese fast durchsichtige

Blässe zeigte. Er zog nur mit spöttischer Miene ihre Augenlider herunter und sagte kurz: »Typische Bäckerfarbe! Keine Sorge!« Der gütige, großväterliche Sanitätsrat Glückstein – von heut auf morgen verschwunden – hätte sicher mal ihrem Magen mehr Aufmerksamkeit geopfert, denn es gehörte ja schon zur Selbstverständlichkeit, dass ihr bei jeder Busfahrt das Essen aus dem Gesicht fiel. Dann musste der arme Schaffner das wieder bereinigen, indem er aus der Sandkiste, die unter der Treppe zum Oberstock platziert war, eine Schaufel voll darauf verteilte, um es dann besser fortschaffen zu können. Zu diesem Ritual gehörte ebenfalls, dass danach der Vater, Entschuldigungen brummelnd, seine feine lederne Zigarrentasche aus dem Jackeninneren nestelte und dem guten Kerl verlegen eine dicke Zigarre reichte. Voller schwerer Schuldgefühle sehnte sie jedes Mal das Ende der Fahrt herbei.

Nun sollten sie an die See fahren, ohne die geringste Ahnung zu haben, was sie dort erwartete.

Allerdings waren die Eltern schon mal in Verbindung mit einer Verbandstagung – der Vater leitete mit seinem besten Freund den Germaniaverband des Bäckerhandwerks – auf Helgoland gewesen, was ihnen nun nicht gerade in allerbester Erinnerung geblieben war. Sie schilderten, wie Mutter sie alle vorm Tode bewahrt hatte, indem sie unbedingt beim Kapitän auf der Brücke hatte stehen wollen, während fast alle anderen Fahrgäste seekrank im Schiffsinneren gelitten hätten, einschließlich ihres lieben Mannes mit seinem schwachen Magen, für den die Kinder immer Bulrichsalz oder Heilerde aus der Apotheke holen mussten. Dicker Nebel hatte geherrscht bei Windstärke acht. »S-a-u-b-e-r«, las sie laut.

»Jo, jo«, antwortete der Kapitän »das is schon sauber, woll?«

»Emma Sauber. Emma Sauber steht da dran, Herr Kapitän!«

»Wo, ja, wo denn? Emma Sauber is'n Frachtär, dat geit ja woll nich an, nich?«

Nachher konnte keiner mehr sagen, wie er es noch geschafft hatte, den Personendampfer herumzureißen, nachdem auch er endlich die Lettern an dem gigantischen Schiff erkannt hatte.

Nun, das war halt die böse Nordsee mit Sturm, Nebel, Ebbe und Flut gewesen und hatte nichts mit der sanften Ostsee zu tun, die doch schon fast als Binnenmeer zu betrachten war!

Da hielt also der Zug endlich, und der »Abfahrtkellemann« – wie Monika sich ausdrückte – rief: »Straalsund«, was den Berlinern Spaß machte, die von der Richtigkeit überzeugt waren, dass der Name auf der zweiten Silbe betont werden müsse. Das Gepäck wurde mit den Sommergästen auf einer Fähre verstaut, die gemächlich bis zum Hiddenseer Bodden glitt.

An Land war reges Leben und Treiben unter den dort Wartenden: Ware wurde vom Schiff geholt, anderes Gepäck und Kisten wieder drauf geladen, dazwischen bahnten sich die Passagiere ihren Weg. Männer in dunkelblauen Anzügen und Schiffermützen standen mit Handkarren und riefen durcheinander. Mutter wurde hellhörig, als einer schrie: »Malte Schlieker III hier!« Das war ihr Wirt! Nach einem knappen »Tach« lud er das Gepäck auf seinen Karren und machte ihnen mit einer Handbewegung klar, dass sie ihm folgen sollten. Die Kinder drehten sich nach der Mutter um, die verzweifelt ihrem Hut nachjagte, denn ein wahnsinniger Wind riss auch ihnen schier die Haare vom Kopf.

Hier konnten sie nicht bleiben, das stand sofort fest. Die vier Stadtmäuse versuchten nun als Grüppchen, Schlieker III nicht aus den Augen zu verlieren, der mit Riesenschritten davontrabte. Mutter flüsterte der plärrenden Monika und den beiden Großen zu, dass sie nur übernachten und mit dem ersten Schiff am nächsten Morgen wieder abreisen würden, was außerordentlich beruhigend auf alle wirkte. Keine Straße war da, also auch kein einziges Auto, selbst den schmalen Weg ließ der Fischer links liegen und schob den Karren über das grüne, grüne Land, bis er endlich voller Stolz vor einem schneeweißen langgestreckten Haus stehenblieb, dessen Reetdach sich mächtig darübersenkte. Das blütenreine Zimmer, die duftigen Vorhänge an den kleinen Fensterchen, – das alles nahmen sie kaum noch wahr, bevor sie in tiefem Schlaf versanken. Nach dem Frühstück erkundigte sich die Mutter, wo man Kopftücher für die Mädel kaufen könne, und sofort machten sie sich dahin auf den Weg. Dunkelblau-rotkariert betucht verließen sie den winzigen Laden, der alle zum Leben notwendigen Dinge in sich barg, und dem man eigentlich noch viel mehr Aufmerksamkeit hätte schenken sollen. Das mit den Tüchern war nur ein Trick gewesen, um zu erfahren, wo die nächste Möglichkeit zum Kauf der Heimreisekarten war. Dieses Büro war geschlossen, aber an einer Tafel konnte man lesen, dass die nächste Fähre erst am Nachmittag auslaufen würde.

Also mussten sie sich bis dahin die Zeit vertreiben. Sie wanderten über dieses unglaubliche Grün, das sie zum geliebten Radschlagen rief, diese Wiesen ohne Abgrenzungsgeländer, ohne schimpfenden Wärter. Hier und da stand eine Kuh, friedlich ins Grasen vertieft, einen Hügel, später als Düne bekannt, hinauf – und da war es!

Das Meer! Hinter einem breiten, fast wollweißen Sandstrand, mit blauweiß- und rotweiß-gestreiften Strandkörben belebt, schwappte das hellgraugrüne Wasser mit langgezogenen Wellen heran und zurück, heran und zurück mit unendlich geduldiger Gleichmäßigkeit.

Fassungslos und stumm standen sie wie angewachsen, sich fest an den Händen haltend. Ganz allmählich wurde ihnen bewusst, dass das Wirklichkeit war, und auf Mutters zustimmenden Blick hin lösten sie das schützende Band und rannten, purzelten, kugelten die Düne hinunter zu diesem Zuckersandstrand und waren verliebt, verliebt in diese schmale, idyllische Insel! Die Heimreisetickets brauchten sie erst vier Wochen später.

Der Vater kam in sportlichen Knickerbockern für wenige Tage, und die frischgebackenen Insulaner führten ihn stolz an all die verwunschenen Stellen, die sie schon entdeckt hatten. Mutter bestellte im Café natürlich auch Schlagsahne, um dem allerbesten Bäckermeister zu zeigen, dass die hier nicht weiß, sondern gelblich war, was den Kindern leichtes Gruseln abforderte. – Als dann Magda später für ein Wochenende kam, erklärte sie als gelernte Milch- und Käsereifachfrau, dass diese Färbung erstens von dem besonderen Grün kam, das die Fischerkühe hier futtern durften, und außerdem von der Tatsache, dass die kostbare Milch nicht so stark entfettet wurde wie in den großen Molkereibetrieben.

Ihre Lehre hatte sie in Königsberg abgeschlossen und bereits von dort aus in reger Verbindung zu Berlin gestanden, indem sie wie viele ihrer jungen Kolleginnen eifrig Briefchen schrieb und diese mit Fotos irgendwo in, an oder unter den großen Butterfässern versteckte, die von Ostpreußen in die Hauptstadt geschickt wurden. Sechshundert Kilometer entfernt suchten und fanden im Großhandel die sicherlich ebenso jungen Verehrer diese kessen Grüße und wussten ihre heißen Antworten beim rückläufigen Leergut bestens unterzubringen.

Ihre Übersiedlung nach Berlin hatte Magda allerdings dann ihrer Tante zu verdanken, die in Hoppegarten bei Berlin mit einem Pralinenfabrikanten verheiratet war. Dort lebte sie nur einige Monate als Haustochter, denn der Onkel war halt ein bisschen zu angetan von der hübschen jungen Nichte. Da hatte sie sich nach einer anderen Betätigung umsehen müssen. – So, nun war Magda also als Überraschungsgast auf Hiddensee an Land gegangen und sofort auf das strahlende Fischerhaus zugesteuert, das den telefonischen Schilderungen entsprochen hatte. Dort hatte sie Zugang zu den Ferienzimmern der Familie erhalten, ihr Gepäck abgestellt und war dann mit einem schweren Schock an den Strand gerannt, wohin Schlieker III sie gewiesen hatte. Fast an sich selbst erstickend ließ sie das freudige Willkommen über sich ergehen, um dann so vorsichtig wie möglich der Frau Meister bittere Vorwürfe zu machen, dass sie die Kinder offensichtlich verkommen ließ. Das Gespräch spitzte sich ziemlich gefährlich zu, weil Magda nicht so genau mit der peinlichen Wahrheit herauskommen wollte. Sie erwähnte mit gesenktem Blick die große Porzellanschüssel und -kanne, die sie im Zimmer auf der Waschkommode vorgefunden hatte. »Aber, Magda, ich bitte Sie, in einem kleinen Fischerhaus können Sie doch kein fließendes Wasser erwarten! Wir bekommen es frisch aus dem Brun-

nen, soviel wir wollen!« Es dauerte noch einige Sonnenstrahlen lang, die über die laut lachende Familie in der
so sorgfältig geschippten Sandburg mit dem langen aus
Muscheln zusammengesetzten Namen streichen konnten, bis sich endlich herausgestellt hatte, dass das nicht
Abwasser in den Gefäßen war, sondern das frische, reine,
eben sehr eisenhaltige gelbliche Wasser, das der Insel-
grund spendete!

So sonnig und glücklich waren also die ersten Ferien
dort, dass dieses Erleben zum zweiten Mal voller Freude
angesteuert wurde. Doch so ganz war die Sonne damit
nicht einverstanden, versteckte sich hauptsächlich und
überließ dem Dauerregen das Feld. Prompt erkältete
sich die »Große« und statt die Kräftigung aus dem Vorjahr fortführen zu können, lag sie fast drei Wochen
mit Fieber und Nierenentzündung fest im gemütlichen,
dicken Federbett, während die arme Mutter unablässig
zwischen der Kranken und dem Strand hin- und her-
gerissen wurde, wobei letzterer wegen des unfreundli-
chen Wetters leider oft mit dem Käsekästchenspiel in
der bäuerlichen Fischerwohnstube getauscht werden
musste.

Es lag ein düsterer Schleier über diesen Augusttagen, und
da sie ohnehin länger wachlag als Bruder und Schwester, hörte sie, wie der stattliche Fischer eines Abends an
die Zimmertür klopfte und Mutter mit einem ruhig-lang-
samen »Bitte, liebe Frau, kommen Sie mal sehen« hin-
ausbat. Heimlich schlich sie bis zur Tür hinterher, ließ
diese einen Spalt offen und konnte erkennen, dass Schlieker mit den Armen rudernd gen Himmel wies, an dem
lange weiße Spuren zu sehen waren. Sie hörte ihn von
einem Luftmarschall Milch und geheimen Luftmanövern

in den Nächten reden, endend mit dem Satz: »Is ja woll nun klor, das gibt Krieg«, was die Angesprochene mit lautem »Nein, nein, das kann nicht sein« abwehrte.

III

Krieg

Damit Schlieker III nichts zurücknehmen musste, geschah das Unfassbare, das die Erwachsenen ausnahmslos so unglücklich machte: Krieg!

Unverständliche Dinge geschahen, die ihr niemand erklärte.
Mutter zog Ehrhardt öfter als sonst zu sich heran und sagte, dass sie froh sei, dass er nicht eingezogen werden konnte, da er erst vierzehn war, schaute zum Vater und lächelte: »Gott sei Dank bist du schon fünfzig!« Doch der Kohlenhändler, vor dessen Laden es sich auf dem asphaltierten Bürgersteig am besten trieseln ließ, wurde »eingezogen«. Was mit dem Wort gemeint war, wusste sie nicht, aber als der sich im Reiseanzug bei den Eltern verabschiedete, machte Mutter hinter ihm das Kreuzzeichen – und das bedeutete immer etwas Ernstes. So wie seine Frau weinten jetzt viele, und weil es ihr verborgen blieb, aus welchem Grund, verstärkte sich dieser Druck auf der Brust, Tränen spürte sie im Hals aufsteigen, die unbewusste Lebensangst.

Energisch zurückgedrängt wurde das alles durch lebhafte Betriebsamkeit, die Verteilung der unterschiedlichsten Aufgaben. Für ein ahnungsloses Kind im achten Lebensjahr war das teilweise recht unterhaltsam. Kinder kamen sich plötzlich sehr wichtig vor!

Sie mussten je nach Tagesanordnung alte Kleidung – Lumpen genannt! –, Flaschen, Zeitungen sammeln gehen. Manche erfasste dabei ein nie gekannter Ehrgeiz. Die kleinen Beine rannten die Treppen auf und ab, kein Stockwerk durfte zu hoch sein. Klingeln, fragen: »Wir müssen für die Schule sammeln, ham Se Altpapier?«, und die Papierstapel gut gebündelt, den anderen Krempel in Säcken zur Sammelstelle schleppen – alle waren in ihrer Freizeit unterwegs, zuerst aus Spaß, später mit langen Gesichtern auf strengen Befehl.

Sie hat dabei auch die bittere Erfahrung gemacht, dass Magdas Verbot, zu fremden Leuten in die Wohnung zu gehen, seine Berechtigung hatte. Sie sollten einzig und allein den Streifenpolizisten, den »Grünen«, vertrauen; und wenn diese bei Hilfebedarf nicht greifbar seien, in das nächste Geschäft flüchten. Nun an fremden Wohnungen zu klingeln, kostete Überwindung des Gebots, und als im vierten Stock des Eckhauses am hellen Tag ein Mann im Bademantel – so etwas kannte sie nicht vom Vater – öffnete und sie hineinziehen wollte, jagte sie blitzartig die Treppen hinunter, und keiner hätte sie nochmal da raufgekriegt, selbst wenn er meterhohe Zeitungsstapel versprochen hätte!

Die Schüler mussten ihre Tintenfässer aus den schmalen Schultischen entnehmen, danach hieß es, in Zweierreihen antreten und die Fässchen vorsichtig die vielen breiten Treppen hinuntertragen, um sie in Reih und Glied in einem Kellerraum aufzustellen; sinnlose Panikbefehle der aufgescheuchten Lehrer.

Die Butter wurde als erstes rationiert und hinter vorgehaltener Hand das Motto »Kanonen statt Butter« weitergegeben; aber wie man aus Butter so etwas wie die »Dicke Berta« – oft vor dem Ehrenmal gesehen – machen konnte, war auch nicht zusammenzureimen. Verschmitzt ließ man sie die Butterzuteilung holen, als ob man vergessen hätte, dass Magda diese bereits am Vortag gekauft hatte. Doch nur einmal drückte die Kaufmannsfrau das Auge zu. Sie fuhren extra zur Königstraße, um die Schokoladenzuteilung bei ihrem bevorzugten »Pralinen-Hamann« auszusuchen; die Damenwelt musste ihre Kaffeeleidenschaft einschränken, Vater bekam seine Zigarren abgezählt, – ab sofort passte auch sein Zylinder nicht mehr in das Straßenbild.

Die riesigen Dachböden sollten entrümpelt, also von all dem dort abgestellten Krempel befreit werden, und die Hausfrauen durften diese nicht mehr zum Wäschetrocknen benutzen wegen zusätzlicher Brandgefahr; etwas unverständlich für Nachdenkliche, weil es doch ziemlich egal war, wo die Wäsche von Flammen erwischt wurde. Vor allem aber richtete sich jedes Haus einen Luftschutzraum ein. Meistens wurden die Keller unter den langen breiten Hausfluren dafür auserkoren. Die hatten starke Gewölbedecken, weil über ihnen früher die Pferdewagen in die Hinterhofremisen gerumpelt waren. Die Kellerwände wurden mit alten Teppichen behangen, alle alten Bänke und Stühle davor aufgereiht, für jeden Hausbewohner ein fester Platz bestimmt. Nach Vorschrift schlug man gegenüber dem Kellereingang ein großes Loch in die dicke Wand zum Nachbarhaus, das als Notausgang nur ganz leicht wieder zugemauert wurde. Deckenlampen installierte man in diesem ehemaligen Kohlenkeller der Bäckerei; die Frau des Zellenleiters nutzte eine Mauernische, um eine Art Führeraltar zu schaffen mit dem Portrait des Kriegsherrn in brauner Uniform und braunem Bilderrahmen. Davor drapierte sie Papierblumen und zwei dunkelblaue VDA-Kerzen, obgleich offenes Feuer und sogar das Rauchen verboten war. Niemand sagte dazu etwas, die Leute mit gegensätzlicher Meinung grinsten lediglich müde. Im Grunde hielt man das alles für überflüssig, weil einfach nicht vorstellbar war, wozu das gut sein sollte, aber diesen Vorschriften hatte jeder Hausbesitzer ohne Ausnahme Folge zu leisten.

Der im Radio und in den Zeitungen angekündigte Probealarm erwies sich als wahnsinnig überlauter Heulton, der aus den auf manchen Dächern neu installierten Sirenen über die Stadt jaulte; auf und ab als Alarm, da mussten zur Probe alle Menschen den nächsten Schutzraum aufsuchen und durften diesen erst beim langgezogenen Entwarnungsheulen wieder verlassen.
Wenn vormittags Probealarm war, befahlen die Lehrer wieder mal das Antreten im Gang, leise die Treppen runter und im Keller Platz zu suchen, wobei ein heilloses Gekreische und Durcheinander herrschte.
Alles wegen Bomben, die vom Feind aus Flugzeugen geworfen werden sollten! Sie kannte nur den heiß bewunderten Zeppelin, der in vergangenen Jahren im Zeitlupentempo über die Promenade geschwebt war, die großen Flugzeuge, die sie bei Besichtigungen des Tempelhofer Felds bestaunt hatte und die kleinen Segelflieger, die auf Hiddensee die weißen Fallschirmchen mit Schokoladenpäckchen dran über dem Strand abgeworfen hatten.
Was hatten sie jetzt zu erwarten?

Die Siege in Polen standen für die Familie nur in der Zeitung, auf dem Papier; gesprochen wurde nicht darüber. Sie waren froh, beruhigende Nachrichten von den Verwandten bekommen zu haben. Im Allgemeinen führten sie aber dazu, dass nach den hektischen Schutzmaßnahmen das normale Leben in die Stadt zurückzukehren schien; sogar die Tintenfässer staken nach einigen Wochen wie durch ein Wunder wieder in den dafür vorgesehenen Einlassungen der Schultische. Die oberste Heeresleitung musste eingesehen haben, dass die Rettung der Tinte für eine siegreiche Beendigung des Krieges nicht von entscheidender Bedeutung sein konnte!

Sonntags ging es meist auf eine ausgedehnte Wanderung in die mit vielseitiger Naturschönheit versehene Umgebung von Berlin und Potsdam. Die Familie, oft erweitert durch Tanten, Onkel und Cousinen sang dabei kräftig und mehrstimmig alle schönen alten Volks- und Wanderlieder. Dabei steuerten sie stets eines der einladenden Ausflugslokale an, in denen »Familien Kaffee kochen konnten«. Das hieß jetzt im Krieg, dass man den mitgebrachten Kaffee-Ersatz in Riesenkannen mit kochendem Wasser aufgegossen bekam und den selbstgebackenen Kuchen dazu verzehrte, für Gedecke und Service einen bescheidenen Betrag zahlend.

Es waren natürlich hier und da gehobenere Ziele, wie die Wannseeterrassen oder der Stölpchensee, wo sie die fragwürdige Ehre hatten, die große Familie Dr. Goebbels übersehen zu dürfen, oder sie trafen am Olympiastadion das Schauspielerehepaar Wil Dohm – Heli Finkenzeller mit einer Kinderschwester, die den Kinderwagen mit der kleinen Gabi schob.

Bei der stattlichen Anzahl an Familienmitgliedern und deren unterschiedlichsten Sonntagsideen war es nicht

zu vermeiden, dass es kaum eine Gegend gab, die sie
nicht kennen- und liebengelernt hat. Sie wanderte eigentlich sehr gern mit, egal ob im leuchtenden Frühling zur
Baumblüte nach Werder – wo sie sich allerdings ängstlich abwendete, wenn ihnen die zu sehr mit dem jungen
Obstwein Abgefüllten begegneten, die übrigens abends
auf den schrägen Sandwegen von den Hügeln runter-
gerollt und in den auf dem Bahnhof wartenden, mit
Stroh ausgelegten Viehwagenzug geschichtet wurden,
der als der berühmte »Lumpensammler« schließlich mit
seiner schnarchenden Fracht ohne weiteren Aufenthalt
bis Bahnhof Friedrichstraße fuhr – oder bei klirrendem
Frost durch den zauberhaft verschneiten Grunewald stap-
fend. Nur allzuweit und stundenlang durfte das nicht
unbedingt sein! Aus diesem Grunde hielt sie stets eifrigst
Ausschau nach gastlichen Stätten, rannte vor, sobald
sie irgendwo Tische und Stühle sah und zog eine enttäuschte Flappe, wenn die Familienkarawane ungerührt
von ihrem Fund weiterzog.
Im Hochsommer hatten sie Sonntag für Sonntag nur
ein einziges Ziel. Morgens wurde eines der Kinder in
die Straßburger Straße, die die Metzer in zwei Teile
schnitt, geschickt, um auf einem Hinterhof laut »Fräulein A-anna« zu rufen, welche dann aus ihrem Fenster
im vierten Stock signalisierte, dass sie verstanden hatte.
Sie war ein altes kleines Frauchen mit grauem dünnen
Haarknoten, das Wohnung und Betrieb der Ausflügler
bewachen musste, aber im Ernstfall ganz sicher keinem
Einbrecher etwas zuleide getan hätte. Ihre einmalige
Zuverlässigkeit wurde bewiesen, als sie eines Abends bei
der Rückkehr der Familie stammelte, dass ein gewisser
Herr Schere dagewesen wäre, der sie nach Einlass in

die Wohnung gebeten habe, seine herzlichsten Grüße auszurichten. Ängstlich und verzweifelt forschte die Mutter so lange, bis sich herausstellte, dass es Herr Scherchen gewesen war. Das war einerseits der Kamerad, mit dem Vater im ersten Weltkrieg in Frankreich die Hölle kennengelernt hatte und andererseits der Bruder des weltberühmten Komponisten und Dirigenten Hermann Scherchen, dessen Musik jedoch nicht dem Geschmack der herrschenden Kulturdiktatoren entsprach, weshalb er Deutschland verlassen hatte und weshalb von ihm nur im Flüsterton gesprochen wurde.

Während Fräulein Anna sich auf ihren Bewachungsposten begab, packten Mutter und Magda ein Dutzend kalte Wiener Schnitzel und große Weckgläser mit Kartoffelsalat, Kuchen, Kaffeepulver, Spielsachen und Kleidung und wer weiß was noch alles zusammen und nach Straßenbahn-, Stadtbahn- und Omnibusfahrt landeten sie vollzählig im Bäckererholungsheim Falkensee-Segefeldt. Das war ein weit ausgedehntes Stück Natur aus Wald- und Wiesenflächen, die bestückt mit bunten Blumenrabatten, von herrlichen Rosenstöcken eingesäumt, teilweise zu Sportfeldern ausgebaut waren. Das Ganze war sorgfältig umzäunt, und so konnten die Berliner Bäcker gewiss sein, unter sich zu bleiben.

In dem Gelände befand sich ein wunderschönes Restaurant mit großen Sälen für diverse Festlichkeiten. »Onkel Pelle« kam mit seiner bunten Truppe, machte Kasperle, Sackhüpfen und Eierlaufen mit den Kindern, auf der Kegelbahn und den Billardtischen lernten sie perfekt, die Kugel rollen zu lassen.

Weit verstreut bildeten sich hier und da und dort Gruppen, die mitten auf den Wiesen um die Gartentische herumsaßen. Die Männer spielten pausenlos Skat, die Frauen lagen in den Liegestühlen oder besprachen beim Stricken wichtigste Kinderprobleme.

Unvermeidlich war dann das mitgebrachte Mittagsmahl, das ihr so gar nicht behagte, aber aufgrund Magdas strengen Regiments, wo es für Kinder laut Bibel hieß: »Deine Rede sei ja, ja, nein, nein, – was darüber ist, ist von Übel«, gab es keinen Widerspruch, und so verdarb man ihr für alle Zeit des Lebens die Freude an kalten Schnitzeln und Kartoffelsalat; ebenso an Rührei mit Speck, denn das gab es regelmäßig, wenn sie nach der langen Heimfahrt – Kinder durften in der überfüllten S-Bahn keinen Sitzplatz beanspruchen, obgleich sie im Gegensatz zu den Erwachsenen den ganzen Tag herumgetobt hatten und sich weinend nur mühsam auf den Beinen halten konnten – endlich todmüde am Abendbrotstisch saßen.

Ohne Einschränkung geliebt hat sie die Vormittagsspaziergänge mit dem Vater, wenn sie sonntags das Grab ihrer Schwester Hanni besuchten, die in Ehrhardts Geburtsjahr als hochbegabte Zweijährige an einer Hirnhautentzündung verstorben war. Der Friedhof lag in unmittelbarer Nähe des Elternhauses, und diese feierliche Stille mitten in der Stadt, das leise Rauschen der hohen Bäume, die die gepflegten Grabreihen säumten, der blühende Rosenstock, der den steinernen Engel am Kopf von Hannis Grab umrankte, erfüllte sie mit einer andächtigen Dankbarkeit, leben zu dürfen, weiterlaufen zu können an Vaters Hand über den Alex hinaus bis zur Prachtstraße »Unter den Linden«, wo er so gern bei der Wachablösung an der Ehrenwache zuschaute. Für sie war das allerdings keine helle Freude anzusehen, wie erwachsene Männer im sogenannten Stechschritt wie Balletteusen dahergeknallt kamen. Auch die dicken Kanonen aus dem ersten Weltkrieg interessierten sie nicht.

Sie freute sich nur über den festlichen Glanz, der über dieser weiten breiten Straße lag, deren alte starke Linden Hitlers Aufmarschplänen zuliebe zwar durch kleine junge ersetzt worden waren, die aber eine unvermindert königliche Atmosphäre ausstrahlte.

Wie herrlich war es, wenn sie durchs Brandenburger Tor hindurch in den zauberhaften Tiergarten eintauchten, die Sonne durch die Baumwipfel auf die Alleen blitzte, sie die Reiter auf den parallel dazu angelegten Sandwegen bestaunen konnte, Freude an den fröhlichen Pferden empfindend. Die armen, eingesperrten Tiere im Zoo mochte sie nie gern aufsuchen; da war sie sich zu heftig ihrer kindlichen Ohnmacht bewusst, den Gefangenen nicht helfen zu können. Vermutlich war sie von der Mutter her erblich belastet, von der berichtet wurde, dass sie als kleines Mädchen unter den Posener Brücken oder in Tunnels oft die dort aufgestellten Mäuse- und Rattenfallen geöffnet und die süßen Tierchen befreit hatte.

Der Krieg hatte den Reisen der Eltern ein Ende gesetzt, die sie auch manchmal ins benachbarte Ausland geführt hatten. Nun versprach die Mutter: »Sobald Hitler nicht mehr da ist, fahren wir mit euch nach Italien!« Dass es eine Zeit ohne diesen im Radio brüllenden Mann geben sollte, vor dem sie sich genau so fürchtete wie vor Magda, – dass Mutter das für möglich hielt, war eine unerwartete, wunderbare Aussicht, die sie dennoch nicht zu glauben wagte.

Hiddensee war vom Sommerferienplan gestrichen; nicht nur wegen der weniger schönen Ereignisse im letzten Friedensmonat, sondern vor allem, weil Monika angesichts des unendlichen Meeres eine rätselhafte Schwermut befallen, und der Arzt davor gewarnt hatte, sie ein weiteres Mal der Gefahr einer Erkrankung auszusetzen. Unbeschwerte Ferien verlebten sie jedoch in der Sächsischen Schweiz mit ihren bizarren Felsformationen und ein Jahr später im grünen Herzen Deutschlands, dem landschaftlich herrlichen Thüringer Wald, wo die Stadtkinder unter kundiger Anleitung durch die Mutter lernten, Pflanzen, Gräser und Bäume in ihrer Schönheit und Nützlichkeit wahrzunehmen, giftige von essbaren Pilzen zu unterscheiden, letztere auf kuscheliger Waldwiese zu putzen, zu zerschneiden und auf lange Bindfäden aufzuziehen, damit sie auf dem Hotelbalkon zum Trocknen aufgehängt werden konnten. Dort hatte indessen der vornehme alte Herr, der am ersten Abend so böse zu ihrem Tisch herübergeschaut hatte, sich bei der Mutter entschuldigt, die an der Rezeption erfahren hatte, dass er das Hotel hatte verlassen wollen, nachdem bekannt geworden war, dass eine Frau aus Berlin mit drei Kindern erwartet wurde. Er musste zugeben, dass es dank Magdas Unerbittlichkeit recht umgängliche Berliner Gören waren, die auch im großen Speisesaal nicht vergaßen, dass nur »Straßenkinder« die Ellenbogen aufstützten oder »futterneidisch auf anderer Leute Teller guckten«. Sie wurden sogar gute Freunde und machten gemeinsam Wanderungen zum Kickelhahn mit dem Goethehaus oder auf den umliegenden Panoramawegen mit weiter Sicht auf eine unbeschreiblich malerische Landschaft.

Die Soldaten siegten und siegten; sie rannte zu den Soldatenfrauen im Hause, um sie zu erfreuen mit den neuesten Nachrichten von der Front, deren Inhalt ihr allerdings nichts sagte, denn was wusste sie schon von Paris, und dass es nun gefallen war! Sie suchte dabei nur die Gelegenheit, den jungen Müttern beim Wickeln ihrer Babies zuzuschauen, die sie alle zum Fressen süß fand. Glücklich war sie, wenn sie die Erlaubnis ergattern konnte, solch einen lebendigen Schatz im Kinderwagen auf der Promenade auf und ab fahren zu dürfen. Dass einmal eine Mutter das Kind, das sie mit einer rohen Mohrrübe gefüttert hatte, nur in letzter Minute vor dem Ersticken retten konnte, wurde zu einem schwarzen Punkt in ihrem Leben.

Friedrichshaingänge gab es seit einiger Zeit nicht mehr, denn die Kriegswehen hatten das Personal im Betrieb reduziert, und so musste Magda Wichtigeres tun. In regelmäßigen Abständen bekam sie schriftlich amtliche Aufforderungen, sich im Bezirksamt zwecks Einteilung zum zivilen Kriegsdienst zu melden, die sie jedes Mal zum lachenden Entsetzen ihrer Zuschauer in tausend Stücke zerriss und anschließend in die Luft warf.
Wenn Hitler im Radio wie ein Irrer schrie, wovon sie kein einziges Wort identifizieren konnte, und Vater meinte, er müsse das informationshalber anhören, verließ diese couragierte Person türenknallend das Wohnzimmer, knallte auch die Küchentür hinter sich zu, und dennoch hörte man sie krächzend Hitler imitieren: »Gebt mir verzehn Jahre für das Tausendjährige Reich! Jesusmaria und ein Stückl Josef danäben!«
Da also die Erwachsenen reichlich Beschäftigung hatten, war sie von Pflichtspaziergängen befreit und durfte end-

lich mit anderen Kindern auf der Straße spielen. Im Winter war die Promenade äußerst gut geeignet zum Rodeln auf den hochaufgeschütteten Schneebergen, die die Hausgemeinschaften unter dem Befehl des gewissenhaften Portiers mit fröhlichem Hallo auf den Hinterhöfen zusammengeschaufelt und mit großen Handkarren durch den Hausflur über die Straße geschafft hatten. Auch auf den von den Jungs angelegten Schlitterbahnen durfte sie ihr Können zeigen, nachdem sie ungeduldig in der Warteschlange gestanden hatte und endlich »dran« war.

Wenn es dann wärmer wurde und die Lindenblüten ihren betörenden Duft verströmten, war klar, dass auf den Bänken reges Vater-Mutter-Kind-Spiel voller Zärtlichkeit zu den Puppen zelebriert wurde in engen gemütlichen Wohnungen aus aneinandergereihten Puppenwagen, Rollern, kleinen Hockern und Stühlchen. Alle Facetten der verschiedensten Familienereignisse wurden in das ernsthafte Spiel übernommen, das in dem winzigen Reich stattfand, dessen Mittelpunkt stets die rote Parkbank war. Eigenartig war nur, dass jetzt an allen mit weißen Buchstaben dranstand »Für Juden verboten«. Laut Vater waren das doch die Geschäftsleute, die Menschen, denen man so viel Leid angetan hatte. Was war mit diesen Menschen, dass sie nicht auf den Bänken sitzen durften? Diese Beschriftung wurde den spielenden Kindern unheimlich, und ein Mädchen sprach es schließlich aus: »Hi, da setz ich mich nicht drauf, das hat was mit Juden zu tun!«, und das führte durch kindliches Weiterflüstern tatsächlich dazu, dass der Spaß am Spiel auf der Bank allen verging. Kunstvolles Ballspielen an Hauswänden verlangte höchste Konzentration bei den verzwickten Übungen, die mit Punkten bewertet wurden. Verstecken und Blindekuh war besonders dann wahnsinnig spannend, wenn Nebel die verdunkelte Stadt in tiefes Schwarz hüllte. Abzählen und Fängergeschrei waren nicht mehr auseinanderzuhalten. Das leider keineswegs zu überhörende Zuschieben des Geschäftsgitters um neunzehn Uhr – absoluter Zapfenstreich für sie – machte stets im allerschönsten Augenblick einen harten Schluss.

Außerdem war sie Weltmeisterin beim Trieseln; linke Hand auf den Rücken, mit der Rechten die kleine Peitsche geschwungen, bis der bunte Kreisel über den Bürgersteig tanzte.

Da sie kein Hinterhaus – parallel zum Vorderhaus –, sondern nur einen Seitenflügel hatten, war ihr Hof zum Nachbarhof teilweise nur mit einer mannshohen Mauer abgegrenzt, die später überging in die vierstöckige Giebelwand des benachbarten Hinterhauses. Daher wirkte er freier, luftiger und zeigte mehr Himmel als man von Berliner Hinterhöfen gewohnt war. Als ganz junge Ehefrau hatte die Mutter vor die kleine Mauer Efeu und an dem hohen Giebel wilden Wein gepflanzt, der indessen die gesamte Wand mit seinem dichten Blattwerk bedeckte. Vom Frühling bis zum Spätsommer erfreute er die Seitenflügelmieter mit dunkelgrüner Schönheit – diese sollten nicht zu sehr benachteiligt sein gegenüber denen aus dem Vorderhaus, die die Linden vor ihren Fenstern hatten. Im Herbst sahen sie dann das Feuer der sich tiefrot färbenden Blätter, die kurz vor dem Fallen von den Kindern geerntet wurden, um endlose Girlanden und Schärpen daraus zu knüpfen für das Kinderfest, das einmal im Jahr auf dem Hof die Herzen höher schlagen ließ.

Die Bäckerburschen stellten lange Tische aus Holzböcken und Schrippenbrettern auf, jeder kleine Gast brachte ein

Stühlchen mit, riesige Berge von gespendetem Plunder-
gebäck wurden zum Apfelsaft von den bunt verkleideten
Kindern verzehrt. Dabei kam auch mal wieder Vaters
Zylinder zu Ehren, denn Bräutigam und Braut mit Gar-
dinenschleier mussten unbedingt jedes Mal dabei sein.
Zum fröhlich grölenden Leierkastenwalzer drehten sie
sich dann leicht verschämt, wenn die Mutter mit ihrem
Photoapparat erschien. Gab es mal Streit, so erlaubten
sich die »Freien« – also nicht von Magda streng bewachten – den Kampfesruf: »Jib mir meine Puppenlappen
wieda, jehick ehm uff'n andern Hof!«
Das war schon eine sichere, warme, eigene, ganz fest
gefügte Welt für sich, in der es beispielsweise eine Selbstverständlichkeit war, dass alle Hausfrauen der Reihe
nach am Sonnabend ihre Teppiche über die dafür installierte Stange, die die Kinder sonst zum Turnen benutzten, warfen, um durch kräftige Schläge »mit'n Kloppa«
dem letzten Stäubchen den Garaus zu machen, denn
einen Staubsauger besaßen die wenigsten. Ebenso roch
dann das ganze Haus nach dem Wachs, mit dem die Por-
tiersleute die vier Treppen blitzblank gebohnert hatten.
»Kannste nich uffpassen«, raunzten sie die Verwegenen
an, die nun »grade uff det Frische trampelten«.
Hausflur und Treppenhaus hatten einen Jugendstil-arti-
gen, dezent-bunten Ölfarbenanstrich; durch die kunstvoll
buntverglasten Treppenhausfenster fiel das gedämpfte
Licht auf linoleumbelegte Stufen und gedrechselte Hand-
läufe und -stangen und zeichnete ein feines Mosaik.

Allmählich wuchs sie aus den kindlichen Vergnügungen
heraus und hatte nicht mehr viel freie Zeit übrig, denn
nach Schule und Klavierstunden marschierte sie zwei-

mal in der Woche mit der kleinen Schwester an der Hand den weiten Weg zum Hallenbad in der Oderberger Straße, wo sie privaten Schwimmunterricht hatten bei einem Lehrer, vor dessen nasser rostroter Brusthaarpracht sie sich entsetzlich graulte. Nachdem sie im Weißwasserschen Braunsteich beinahe für immer in der für sie märchenhaften, unwirklich strahlenden Unterwelt geblieben war, während sich Mutter mit der Tante unterhalten hatte, gab es deren Gelübde, ihre Mädel so bald wie möglich zu Schwimmerinnen werden zu lassen.

In gewohnter Sitzordnung saßen sie wieder einmal beim Mittagessen, Vater bekam dazu seine Weiße mit Schuss, von der die Mutter auch mal nippte, alle anderen tranken nichts – weil es eben einfach nicht üblich war, außer an Festtagen. Die drei Kinder neckten sich heimlich mit Blicken und Ellenbogen; es war nicht gut, sich dabei erwischen zu lassen, denn dann musste man mitsamt seinem Teller in die Küche gehen und durfte erst wieder erscheinen, wenn man selbst davon überzeugt war, ohne Albernheiten weiteressen zu können. Unterhaltung fand nur zwischen den Eltern statt, der die Kinder, von Ehrhardt und Magda abgesehen, sowieso nur bedingt folgen konnten; aber jetzt horchte sie doch auf, was sagte die Mutter Sensationelles von der Großen? Die Große! Immer war sie die Große! Seit Monikas Geburt, also seit ihrem zweiten Lebensjahr war sie die Große, die sich nach der Kleinen buchstäblich die Augen verdreht hatte. Als damals nach langem Krankenhausaufenthalt die Mutter mit dem Baby heimgekommen war, hatte sie am Gitter ihres Kinderbettchens gestanden und beim Wickeln und Stillen zugeschaut. »Leg dich hin und schlaf«. Artig hatte sie sich zwar auf das Kissen gelegt, mit einem Auge aber weiter das wundersame Treiben verfolgt, bis nach kurzer Zeit sich Tante Gula über ihr Bettchen geneigt und laut gerufen hatte: »Die Große schielt ja!« Der eine Augenmuskel war im wahrsten Sinne des Wortes ausgeleiert, Grund war: Untertanengehorsam. Sie blieb »die Große«, die immer die Vernünftige, die Einsichtige zu sein hatte, ob sie dann vier, sechs, acht oder zehn Jahre alt war! Sie musste sich mit unterdrückten Tränen auch von ihrem liebsten Spielzeug trennen und es Monika abtreten, die sich einfach auf den Teppich warf, schrie und mit Armen und Beinen strampelte, bis sie ihren Willen erfüllt bekam.

Nun war sie aber unverhofft Gesprächsgegenstand! »Gustel, heute hat der Schulrektor von der Großen angerufen. Weil er nichts von uns gehört hat, wollte er wissen, ob wir uns entschieden haben, dass sie in eine weiterführende Schule gehen soll.«

»Ja, was hast du geantwortet?«

»Ob sie denn gut genug dafür ist.« Ihr Herz setzte sich in Schwingungen. »Da meinte er, dass sie in Rechnen nicht so gut ist, und ich sagte ihm, dass wir es uns überlegen werden. Darauf habe ich mit dem Doktor telefoniert, und der lachte nur; wir sollten uns doch ja nicht solch einen schrecklichen Blaustrumpf großziehen.« Vater war anscheinend anderer Meinung und brummelte etwas Unverständliches vor sich hin – und dann an sie diese inhaltsschwere Frage: »Willst du das denn?«

Indessen spürte sie ihren Herzschlag bereits im Hals und meinte gar, ihn zu hören, oder dröhnte er im Kopf? Es hatten sich einige Schulfreundinnen schon für die Umschulung gemeldet; aber ihr wäre es allein niemals in den Sinn gekommen, die Eltern um solch eine luxuriöse Sache zu bitten, obgleich die Lehrer sie dazu aufgefordert hatten. Das war etwas für ganz besondere Mädchen, die immer eine richtige Antwort wussten, die von ihren Müttern liebevoll abgeholt und abgeknutscht wurden, die über alles daheim reden konnten, die keinen Bremswall namens Magda zu überwinden hatten, die nicht in jeder großen Pause vor Angst fast bewusstlos werden mussten, da sie keine kleine Schwester hatten, die dann von der Mutter und Magda in die Schule getragen wurde, weil die sich mit Heulen und Strampeln weigerte zu laufen und ihren Klassenraum zu betreten, und die, sobald die beiden Frauen den Rücken gedreht hatten, sofort in den Schulraum der großen Schwester gerannt kam, die sie weinend wieder zurückbringen musste. Sie schämte sich entsetzlich vor der gesamten Schulbelegschaft, die zu diesem Theater durchweg bedenkliche Gesichter machte. Sie hatte mit größter Sicherheit angenommen, dass solche Nebenprodukte wie sie eine Wunderwelt wie eine höhere Schule nicht zu beanspruchen hatten und deshalb zu Hause nichts davon erzählt.

»Ich hab' dich was gefragt!«, mahnte der Vater mit schärferer Betonung; dazu kam dieses unbekannte abfällige Wort »Blaustrumpf«, und während ihr Kopf zu einem Brummkreisel geworden war, nahm sie die Reaktion der Eltern nicht mehr wahr, als sie »Nein« geflüstert hatte. Hatte die Mutter abschließend »Na, also!« gesagt?

Aus Neugier folgte sie in diesem zweiten Kriegsjahr dem Befehl, sich zum ersten Jungmädeltreffen in einer Schule in der Kastanienallee einzufinden, obgleich die Mutter gesagt hatte, sie müsse da keineswegs hingehen. Magda erlaubte es nur unter der Bedingung, dass die kleine Schwester – wie immer und überallhin – mitgenommen werden musste. Etwa fünfzehn Minuten zottelte sie den widerstrebenden Klotz bis zu dem angesagten Schulhof, wo des schönen Wetters wegen die Aufnahme und die Programmanweisungen im Freien vorgenommen wurden. Als problematisch erwies sich Monikas Anwesenheit. Wie ein Löwe kämpfte sie also um die Genehmigung, dass die Schwester dabeibleiben durfte, obgleich diese erst acht Jahre alt war. Gedankt wurde es ihr, indem das kleine Biest mit dem Fuß aufstampfend darauf bestand, ebenfalls von den Eltern ein neues Schreibheft und einen Stift für die Texteintragung der zu lernenden Lieder und weiterer Notizen gekauft zu bekommen, was ihr natürlich gewährt wurde; nur als sie beim nächsten Gruppenabend dauernd quengelte, weil sie dem Diktieren nicht zu folgen vermochte, es von der großen Schwester geschrieben haben wollte und die anderen Mädel damit störte und belästigte, wurde Monika strikt verboten, vor ihrem zehnten Lebensjahr dort nochmals aufzutauchen.

Magda entschied, dass ab sofort beide nicht mehr zu den »blöden Weibern« gehen durften, und damit war das Thema erledigt. Erstaunlicherweise hörte sie von der »Führung« nie wieder etwas!

Moni setzte auch das, was sie nicht wollte, auf ihre erprobte Weise durch.

Extrem strikt lehnte sie es ab, Schularbeiten zu machen. Es drückte schon allen die Kehle zu, wenn die Zeit dafür herankam. Sie stellte nach Gebrüll und Gestrampel die unmöglichsten Bedingungen. Immerhin lief die Widerspenstige nach Wochen des Tragens tatsächlich persönlich zur Schule, nachdem sie den gewünschten Wellensittich samt Messingkäfig bekommen hatte. Um den Vogel kümmerte sich jedoch nur der Vater. Ja, und Schularbeiten würde das arme Kind ja machen, wenn »der Sani« käme; damit war der gute Sanitätsrat gemeint, von dem alle hofften, dass er gut in Palästina angekommen war!

Es geschah ein Wunder: Eines Nachmittags kam der Sani! Er trug unter dem gelben Bademantel ein Paar Gummistiefel, hatte eine dicke Hornbrille über der Weihnachtsmannmaske mit dem langen weißen Bart und auf dem Kopf eine schwarze Pudelmütze. Wenn dieser »Sani« neben Monika an Vaters Schreibtisch saß, machte und schrieb das Nesthäkchen zitternd, aber gehorsam alles, was die arme schwitzende Magda in tiefstem Bass energisch befahl.

Die Große schlich dann ängstlich auf Zehenspitzen an der mit einer Spitzengardine bespannten Glastür des Herrenzimmers vorbei, um Magda nicht durch ihr überflüssiges Dasein zusätzlich aufzuregen.

Ehrhardt ließ sich ausschließlich von den Eltern Vorschriften machen und hatte so mit dem Kinderkram nicht das Geringste zu tun. Seine Hitlerjugendzeit vollzog sich nahezu lautlos. Schlitzohrig hatte er sich die angenehmste Gruppe ausgesucht und plätscherte als Marinehitlerjunge auf den herrlichen Berliner Seen herum, ziemlich frei und weit genug von den Befehlszentralen. Er trug eine dunkelblaue Uniform, die der Marineuniform nachempfunden war, und schindete vor der Familie Eindruck, indem er erstaunliche Fertigkeiten mit seinen Signalfähnchen vorführte, die im Ernstfall Verständigung von Schiff zu Schiff gewährleisten sollten. Er hatte einen gewissen Posten inne und verwaltete beispielsweise einen Schuhkarton, gefüllt mit Sportabzeichen verschiedener Grade, die er teilweise auch großzügig an Freunde und Schwestern verteilte.

Obgleich die Reichskanzlei in der Wilhelmstraße so nahe war, sah sie die Familienmitglieder höchstens bei einem abweisend-neugierigen Spazierengehen, jedoch niemals bei den berüchtigten Großveranstaltungen, auf denen die anwesenden Volksgenossen vor lauter hysterischem Jubel und Parolengesängen »Lieber Führer, sei so nett, komm noch mal ans Fensterbrett«, »Nach Hause, nach Hause, nach Hause geh'n wir nicht, bis dass der Führer spricht, nach Hause geh'n wir nicht« sich gegenseitig fast zertrampelten, die Frauen bei ihren »Dolfi, Dolfi«-Rufen ohnmächtig wurden.
Nur einmal, es war anlässlich des Mussolini-Besuchs in Berlin, erschien Ehrhardt mit einer noch brennenden Fackel vor der Wohnungstür. Magda öffnete, riss ihm im gleichen Augenblick die Pracht aus der Hand, machte die nächste Tür auf, löschte die Flamme in der Toiletten-schüssel und versenkte unter wilden Flüchen über den »verdammten Teufel« den Rest im Abfalleimer. Er wagte dergleichen nicht ein zweites Mal!

Da der Luftschutzwart zu den Soldaten eingezogen worden war, bekam der große Bruder mit seinen stolzen sechzehn Jahren nach seinem Realschulabschluss ab Beginn seiner Lehre beim Vater diesen »Ehrendienst« aufgebürdet. Er hatte sich darum zu kümmern, dass jedes auch noch so kleine Fensterchen gut verdunkelt war.

Ach, die Verdunkelung hatte für sie einen ganz besonderen Reiz, wenn sie etwa mit einer leuchtenden »Phosphor«-Brosche am Mantel in tiefster Dunkelheit – manchmal auch bei Mondschein – zum nächsten Butter-Eier-Käseladen gehen durfte, um eine große Kanne Milch zu holen. Das war ein Gefühl von heimlicher Freiheit, von Stolz über das erwiesene Vertrauen und zugleich von angstvollem Zittern vor den bösen Männern, die sie vor jedem dunklen Haustor befürchtete. Abend für Abend das gleiche Grausen, die gleiche unheimliche Freude! –

Der neue junge Aufseher hatte ferner darauf zu achten, dass der Schutzraum stets in einwandfreiem Zustand war, dass bei Fliegeralarm alle Hausbewohner vollzählig im Keller erschienen und dergleichen mehr. Er nahm die Sache humorvoll und stellte sich nach dem Ertönen der Sirene auf den Hof und sang laut mit seinem schönen Bariton: »Hörst du mein heimliches Rufen, öffne dein Herzkämmerlein ...«. Da kam ihm zuliebe mancher herunter, der eigentlich davon nichts halten wollte.

Die Angriffe aber häuften sich; auch unschuldige Kinder hatten verstanden, was »Bomben« sind. Das Ausmaß der Schrecken nahm zu, dem Letzten verging das Lachen! Vielmehr lachten die Bomber selbst, nämlich über diese verdunkelungswütigen Deutschen und nutzten die fast taghelle Beleuchtung durch Mondschein, der ihnen die Ziele auf dem Präsentierteller servierte, sodass sie nicht nur ihre todbringende Last abwerfen, sondern auch klare Luftaufnahmen machen konnten, die sie daraufhin auch im Dunkeln befähigten, ihre Vorhaben auszuführen.

Eine selbst dem letzten Laien auffallende Fehlentscheidung der deutschen Luftschutzstrategen war das mit künstlichen Bäumchen bestückte gigantische Netz, das über die breite Ost-West-Achse schnurgerade vom Brandenburger Tor westwärts über die Siegessäule bis zum Charlottenburger Tor gespannt war. Diese deutliche Flächenlinie bot den feindlichen Piloten eine hervorragende Orientierungshilfe.

Gasmasken wurden ausgegeben. Schreckliches ließen sie erwarten, und wenn der Mensch am unglücklichsten ist, flüchtet er sich oft in Absurdes. Vater liebte es, sich nach dem Abendessen hinter seiner Zeitung zu verschanzen. Da setzten die restlichen Tischgenossen leise die Masken auf und verursachten bei ihm fast einen Herzstillstand, als er nach seiner Tasse griff und dabei zufällig aufschaute.

Es war keine Nacht mehr allein zum Schlafen da.

Sowieso kamen sie alle recht spät ins Bett, weil ohne die Mithilfe aller die Arbeit nicht zu schaffen war, die sich noch nach Geschäftsschluss aufhäufte. Neben dem Nesthäkchen war da auch der Vater ausgeschlossen, der durch seine ehrenamtlichen Tätigkeiten im Vorstand der – neugetauften – »Reichsbäckerinnung« als Meisterprüfer und Lehrlingswart, einer Art Arbeitsrichter, ab nachmittags selten daheim war. Er sorgte oft für bedauernde Heiterkeit, wenn er Lebensläufe von Lehrlingen mitbrachte, in denen es beispielsweise hieß: »Muta jet nen«, was der arme Kerl so verstanden wissen wollte, dass seine Mutter nähen gehen musste. Ehrhardt hatte auch meist eine passende Ausrede, und so musste der klägliche Rest der Familie stundenlang Unmengen von Mehl-, Kuchen- und Zuckermarken, ohne die niemand mehr eine Krume verkauft bekommen durfte, mit einem Kleister aus Mehl und Wasser auf weiße Bögen, später auf quadratisch geschnittene Zeitungsblätter kleben, die in bestimmten Dekadenabschnitten bestens sortiert mit exakt ausgefüllten Abrechnungsformularen zum Ernährungsamt gebracht werden mussten, wo Materialzuweisung und Warenverkauf genau überprüft wurden, da sie sich die Waage halten mussten. Kontrolle, wohin man sah!

Die Marken mit dem J wurden auf Extrabögen geklebt und gesondert abgerechnet. Die stammten von den Kunden, die verzagt den Laden betraten und vergeblich versuchten, mit Taschen oder Portemonnaie den gelben Judenstern – den sie damals für einen Weihnachtsstern gehalten hatte – auf der linken Seite ihrer Kleidung zu verdecken. Sie kamen gern in dieses Geschäft, denn sie kannten die unausgesprochene Meinung der Eltern, und die Mutter verstand es geschickt, diese Leute vorzuziehen, damit sie nicht unnötig lange unangenehmen Blicken ausgesetzt sein mussten.

Dass derjenige zuletzt bedient wurde, der mit »Heil Hitler« hereingekommen war, bildete unter den Verkäuferinnen ein gern geübtes Vergnügen. »Heil Hitler?«, fragte dann Magda scheinheilig, »warum das denn, is der krank?«

»Still, Magdachen«, warnte die Mutter, ließ den betreffenden Kunden aber unbeachtet.

Um so bedrückender war dann die Feststellung, dass es nicht mehr lange dauerte, bis immer weniger und weniger Marken mit dem J aufzukleben waren. Eines Abends hatte sie sich zu Mutter und Magda geschlichen, als diese schwer seufzend hinter der Gardine eines Wohnzimmerfensters standen, und hatte gesehen, wie drei Häuser weiter im Dunkel der menschenleeren Straße etliche Leute mit Koffern in der Hand auf einen Lastwagen gestoßen wurden. Als sie das Mädel wahrnahmen, schickten sie es ohne Erklärung aus dem Raum.

Außer Markenkleben wurden Handarbeiten gemacht für eigenen Bedarf und als Geschenke, denn zu kaufen gab es immer weniger, was man sich wünschte; die zugeteilten Strümpfe mussten zum x-ten Mal gestopft werden für die große Familie, und sogar Wäscheflicken war jetzt notwendig geworden.

So wurde der Abend unendlich lang, und die Augen fielen im Bett ohne Übergang zu, leider nur für kurze Zeit, denn allzubald ertönten die nervtötenden Heultöne der Sirenen, und mit noch halbgeschlossenen Augen nestelten sie sich in die bereitgelegte Luftschutzkellerkleidung; Trainingsanzug, Pullover drüber, Mantel, feste Schuhe. Man wusste nie, wie und ob man zurückkam in sein Bett.

Im Keller nahm jeder seinen Stammplatz ein, die kleinen schlaftrunkenen Kinder aber bettelten ihre starr blickenden, angsterfüllten Mütter, bei der Elfjährigen sitzen zu dürfen, die Märchen erzählte oder mit ihnen Kinderliedchen sang, die aus geschmolzenem Zucker und Butter selbstgemachten »Luftschutzbonbons« verteilte und ihnen damit den Schrecken des Aufenthalts in dem düsteren Gewölbe nahm, weil sie sich selbst noch nicht der tragischen, gefahrvollen Situation bewusst war.

Die ersten Bombenabwürfe hatten entferntere Gegenden getroffen, und so machte sich der Familientross am Sonntag auf den Weg, die zerstörten Häuser in Dahlem zu besichtigen. Dort waren hämische Flugblätter abgeworfen worden mit dem Versprechen: »Euch wollen wir verschonen! Hier wollen wir einst selber wohnen!« Also sollten die reichen Villenbesitzer vom Feind bevorzugt werden?

Auch zur St. Hedwigskirche zog die Karavane, die Kinder wurden hochgehoben, damit sie durch die geborstenen Fenster in das verkohlte Innere schauen konnten – die Zusammenhänge blieben ihnen dennoch rätselhaft.

Von nun an war es auch nicht mehr modern, Olympiabilder aus den Zigarettenschachteln oder die verschieden gezeichneten Maikäfer von den Lindenblättern zu sammeln, denn ein besonders raffiniert gezackter Bombensplitter war jetzt einiges mehr wert, und zumindest die Jungs gerieten in eine heiße Sammelleidenschaft mit oft gefahrvollem Suchen und dann eifrigem Tauschen.

Schluss mit gedankenlosem Dulden im Luftschutzkeller war, als das Brausen über ihnen vom Dröhnen schließlich zum gleichmäßig anschwellenden Grollen und Donnern wurde. Erna sagte mit ihrem gemütlichen mecklenburgischen Tonfall zu ihrer kleinen Tochter: »Rromi, es brrummt!« Ja, es brummte, es rumste, wie man sich ein Erdbeben vorstellt, ohrenbetäubendes Krachen und Bersten, Explosionen ganz in der Nähe, das Licht ging aus und wieder an, die dicken Wände des Gewölbekellers wackelten wie Pappe, das braungerahmte Hitlerbild zersplitterte in den Papierblumen, und im dicken Staubnebel erkannte keiner seinen Nebenmann. Totenstille. Mit angehaltenem Atem tasteten die Menschen nach ihrem Nächsten. »Monika« – »Hans!« – »Helga« – »Rromi« – »Mutti« – »Mutti« – »Mamma«. Vati konnten die meisten nicht rufen. Der kämpfte irgendwo und »schützte« vergeblich die Heimat! Der Staub hatte sich gesenkt, und so nahm sie erst jetzt wahr, dass sie sich alle an den Händen hielten; jeder hatte nach der gegriffen, die er erreichen konnte.

Ihnen war nichts passiert; sie waren wirklich davongekommen!

Das Haus stand, aber in der Wohnung sah es schlimm aus: In den zerbrochenen Fensterscheiben die völlig verknautschten Verdunkelungsrollos eingeklemmt, die Deckenlampe mit den Kristalllüstern lag mitten auf dem großen Tisch – sie sollte immer wieder unbeschädigt dort liegen, was wohl der teppichartigen Orientdecke zu verdanken war –, alles war bedeckt mit zentimeterdickem Staub, Glas- und Porzellansplittern, das große Schaufenster hatte ein absurd ovales Riesenloch.

Die Kinder wurden ins Bett gescheucht, dessen Decke sie nur oberflächlich abschüttelten. Moni schlief schnell ein, und sie lauschte noch lange auf das Klopfen, Pochen und Nageln der Menschen, die ganz schnell mit den vorschriftsmäßig bereitgestellten Holzplatten und Pappen ihre Fenster abzudichten versuchten. Wie in einem Wald voller Spechte hämmerte sie der Gleichklang in den Schlaf.

Am Morgen dann der entsetzliche Trümmerhaufen des schräg gegenüberliegenden Eckhauses, dem exquisiten Feinkostgeschäft mit seinen sechs Schaufenstern – und vor allem die unvorstellbare Tatsache, dass aus dem Luftschutzkeller niemand herausgekommen war, alle, auch die große Hochzeitsgesellschaft mit dem Brautpaar, ertrunken waren in den Fluten, die aus den geborstenen Wasserrohren geschossen kamen. Das erklärte nun auch, dass nach dem Einschlag alles so still geblieben war – kein Rufen, kein Schrei!

Die Angriffe erfolgten in immer kleineren Abständen. An die Stelle des Gröfaz (Größter Feldherr aller Zeiten!) und der Papierblumen war jetzt ein alter Radioapparat getreten, dessen Meldungen alle mit angespannter Hilflosigkeit folgten. »Von Magdeburg über Planquadrat sowieso im Anflug auf Berlin« erklang es mitleidlos, und bei »Planquadrat Gustav-Gustav« waren sie direkt über ihnen, über der Stadtmitte! Fast unverzeihlich war, dass der Vater Gustav hieß. Immer wieder die im Raum schwingende Frage: »Werden wir es noch einmal schaffen?« Oft waren sie gerade wieder aus den Klamotten und ins Bett geschlüpft, dröhnte das Auf- und Abschwellen des Terror-Geheules sie erneut aus dem Schlaf.

Die Erwachsenen gingen am Tage erschöpft mit tiefliegenden Augen, aber eiserner Disziplin ihren Arbeiten nach; statt Revolte machten sie zynische Witze über die Lage im Land, an der Front und die teuflischen Machthaber.

Verängstigt und gedemütigt, aller demokratischen Rechte beraubt, gehorchten selbst die Aufrechtesten.

Dass das Regime es im dritten Kriegsjahr fertigbrachte, von den eingeschüchterten Bürgern die Hauszinssteuer für zehn Jahre im Voraus zu kassieren, um die immensen Ausgaben für das Töten abzudecken, erfuhr sie durch ein Gespräch zwischen Vater und dem zu Mutters und Vaters darauffolgenden Geburtstag in Berlin weilenden Onkel Richard, die nicht bemerkten, dass da ein kleines Mädchen das für sie Unverständliche mithörte; aber den Wortlaut sehr gut im Gedächtnis behielt!

Es war ein heißer Spätsommertag, als eine Erschütterung ganz anderer Art die Familie aufrüttelte.

Erst als die Mutter mit einem verschüchterten glatzköpfigen Mann am Nachmittag von draußen hereinkam, erfuhren die Kinder, dass sie wieder einmal versucht hatte, ihren polnischen Onkel im Konzentrationslager Sachsenhausen bei Oranienburg zu besuchen. Wieder hatte sie nur am Tor ihr Päckchen abgeben dürfen und sich enttäuscht auf den Heimweg zum S-Bahnhof begeben, als sie bemerkte, wie ihr auf der stillen Straße ein Mann folgte. Als sie begann, schneller zu laufen, hatte er gerufen: »Bitte, haben Sie keine Angst. Ich tue Ihnen nichts! Ich flehe Sie an um Hilfe!« Wie angewurzelt war Mutter stehengeblieben und hatte nach einem kurzen Wortwechsel den Mann schnell mit auf ihren Heimweg genommen, denn er besaß keinen Pfennig Geld. Man hatte ihn nach längerer Haft einfach auf die Straße gestellt.

Seine Hand zitterte, während er nun vor aller auf ihn gerichteten Augen einen Teller Grüne-Bohnen-Eintopf aß und zögernd berichtete, dass er wegen Erzählens eines politischen Witzes in seinem thüringischen Heimatort angezeigt und verhaftet worden war.

Unzählige politische Witze kursierten in der Bevölkerung, die selbst die Kinder kannten, und mit denen sich die Menschen gegenseitig mit Humor zu trösten versuchten angesichts der hoffnungslosen Lebenslage, die auf irgendeinem Gebiet jeden erreicht hatte. Und wenn dann eine bösartige Ratte solch einen Witzbold bei der richtigen Stelle anzeigte, war dieser verloren.

Mutter fragte den Verschüchterten nach ihrem Onkel Antek. »Pole?«, fragte er. »Die werden besser behandelt als die Juden. Was war denn sein Beruf?«

»Er hatte in Czempyn eine kleine Schuhfabrik.«

»Ach die! Die arbeiten in der Stiefelproduktion, etwa zwölf Stunden, und danach müssen sie noch stundenlang mit den Musterstiefeln auf dem Hof im Kreis rummarschieren in verschiedenen vorgeschriebenen Schrittarten, um die Haltbarkeit und Tauglichkeit zu testen. Die gehen alle kaputt.«

Mit dankbaren Verbeugungen für die erste Hilfe und das nötige Reisegeld, das die Eltern ihm zugesteckt hatten, folgte er Ehrhardt, der ihn zur Bahn brachte.

Eine resignierende Depression legte sich über die Stadt. Die Kinder waren apathisch wegen des permanenten Schlafmangels und folgten nur schleppend dem reduzierten Schulunterricht, tobten danach teils übermütig, teils aggressiv auf den Straßen herum, die Jungs kämpften ihre Kleinkriege: Untermetzer gegen Obermetzer, Feindgrenze war die kreuzende Straßburger – um sich in der Nacht im Keller wieder ängstlich bangend an ihre Mütter zu drängen.

Die Eltern konnten sich in den Sommerferien nicht für längere Zeit von den nur noch notdürftig verschlossenen Wohn- und Geschäftsräumen entfernen, und darum wurde Monika mit Magda in deren Heimat geschickt – einem großen Bauernhof im ostpreußischen Gertlauken –, »die Große« verbrachte die Ferien bei Tante Mariechen in Weißwasser. Das war eine von Vaters Schwestern und für das Kind eine Liebe auf Gegenseitigkeit. Vor sechs Jahren erst, kurz vor der Olympiade, hatte sie mit vierundvierzig Jahren »auf dem nicht mehr ganz ungewöhnlichen Wege« – also per Annonce – den Witwer aus dem kleinen Glasort kennen gelernt und durch ihre Heirat die notwendige Einwohnerzahl für die Stadtwerdung besorgt. Das erzählte der Glashüttendirektor voll stolzer Freude und mit witzigen Anekdötchen jedem, der ihm zuhörte. Die

Tante war als junges Mädchen ihrem drei Jahre älteren Bruder nach dessen Ausbildungsabschluss nach Berlin gefolgt und hatte sich dort zur erstklassigen Pflegerin ausbilden lassen, die genervte Damen der oberen Gesellschaft auf Reisen um die Welt begleiten durfte.

Ob Mailand oder Spitzbergen, Davos oder Misdroy, sie kannte an allen Orten nur die Spitzenhotels. Die Mutter erzählte gern, dass eine der Damen bei Tante Mariechens Mutterhaus in Berlin angerufen und um ein Auswechseln ihrer Reisebegleiterin gebeten habe, weil die Tante mit ihrer Klugheit und Schönheit die Aufmerksamkeit der Herren ausschließlich auf sich gezogen habe.

Das mit der späten Eheschließung sei dann geschehen, nachdem eine langjährige Liebe auf nicht bekannte Weise zerbrochen war – flüsterte man.

Obgleich Onkel Richard von dem Gerücht nichts wusste, war er doch unterschwellig eifersüchtig auf ihre Erlebnisse, ihre Weltreisen, ihre Bildung, und wenn er seine Frau versunken in einem Buch lesen sah, hatte er ganz sicher rein zufällig eine dringende Erledigung, um die er sie bitten musste.

Direkt hinter seinem beachtlichen Anwesen ging es in den »Forst« – wie er sich ausdrückte. Das war dichter, gepflegter Kiefernwald, hier und dort schmuggelten sich Laubbäume dazwischen und färbten das Bild, der dicke Tannennadelteppich war mit Blau- und Preiselbeerensträuchern und Tannenzapfen übersät.

Das Ferienkind lernte Radfahren und genoss das Knicken und Knacken unter den Rädern auf den stillen Waldwegen, die sie mit den Verwandten bis zum Fürst-Pückler-Park in Bad Muskau führten.

Wenn der Onkel in den Wald radelte, um »Blau- und

Preuselbäre« zu sammeln, nahm er sie gerne mit und bat sie, sich auf einen abgeholzten Baumstamm zu setzen und ohne Pause zu singen, weil ihm das Freude machte. Sie verwöhnten sie wie ein eigenes Kind; des Onkels Söhne waren schon Soldaten. Mit einem Buch bewaffnet, vergaß sie Zeit und Welt beim Hüten des Hausschafes. Diese Leseleidenschaft brachte die Tante dazu, ihr ihre umfangreiche Bibliothek der Weltliteratur vererben zu wollen, wobei dem Schulmädchen das Wort »vererben« fremd war. Es war nur diese Art, wie die Tante sie dabei anschaute, die es begreifen ließ, dass das sehr lieb gemeint sein musste. In einem dieser Werke fand sie ein Wort von Sokrates:

Der richtige Weg beginnt
mit der Aufmerksamkeit
für die Jugend und dem Versuch,
sie so gut wie möglich
zu formen.

In das Berliner Inferno zurückgekehrt, hatte sie Mühe, ihre Gedanken zu ordnen. Was war denn nun das richtige Leben? Warum war es eine kurze Bahnfahrt entfernt so friedlich, und was hatten sie in der großen Stadt Schlimmes verbrochen, dass sie achselzuckend diese Grausamkeiten hinnahmen, die da aus dem Himmel auf sie niederprasselten? Sie hat auch zu keiner Zeit hasserfüllten Protest gehört gegen »die Tommys« oder »die Amis«, wie die Bomber mit geradezu freundlichem Respekt genannt wurden. Irgendwie wurde das Ganze auf gespenstische Weise zur Normalität. In Durchhalteliedern und Ufafilmen wurde von Wundern und Liebe, Tapferkeit und Zusammenhalt geschwärmt.

Auf dem Titelblatt der »Berliner Illustrirten Zeitung«
erschien immer wieder Fred, der Mann ihrer Cousine
Ruth, die erst wenige Jahre miteinander verheiratet
waren. – Sie war ziemlich verliebt in Fred und heimlich
sogar davon überzeugt, dass er sehr traurig war, Ruth
als Notnagel heiraten zu müssen, weil sie selbst dazu
noch zu jung war; denn wann immer sie ihn in einem
seiner Fronturlaube bettelte, mit ihr »Mensch ärgere dich
nicht« zu spielen, sagte er liebevoll strahlend: »Nachdem,
mein Kleines, nachdem.« Dieses Nachdem fand niemals
statt, klang aber in ihren Ohren wie eine Liebeserklä-
rung. Dann gehörte er nur ihr allein, denn zu Monika
sagte er überhaupt nichts, obwohl sie auf seinem Schoß
saß. Die saß bei allen Männern auf dem Schoß, die je die
Wohnung betraten, kannte so jeden von Vaters Sanges-
brüdern.

Fred war ein Bild von einem Kerl, hatte ein strahlend
weißes, makelloses Gebiss, schwarzes Haar und aus blauen
Augen einen leuchtenden Blick. Aus diesem Grunde steckten ihn die Zeitungsmacher in die verschiedensten Uniformen und zeigten ihn zu Ruths naivem Entzücken
dem gequälten Volk mal als lachenden Gebirgsjäger, mal
als überglücklichen U-Bootkommandanten oder Jagdflie-
ger, während er sich in Wirklichkeit nicht dagegen hatte
wehren können, zur Waffen-SS eingezogen zu werden,
weil er Berufspolizist gewesen war.

Da Freds abwechlungsreiche Verkleidungen zeigten, dass
man damit junge Männer sich selbst entfremden konnte,
sodass sie mit der Zeit meinten, das Töten nicht mehr
vor ihrem eigenen Gewissen verantworten zu müssen,
begann sie misstrauisch zu werden gegenüber den unfehl-
baren Erwachsenen. Diese Jungen waren also ab sofort

nicht mehr die Kinder ihrer Mütter, die ihnen die Liebe ins Herz gesenkt hatten. Sie waren einfach nur noch uniformierte Wesen, denen sogar das eigene Schrittempo verboten war, öfter ausgelacht von kriecherischen »Kameraden«. »Im Gleichschritt Marsch« zur Vernichtung des Feindes, mit dem sie als Kind noch gemeinsam im Sandkasten gespielt hatten.

Freds Titelbildstrahlen gaukelte dem geschundenen, ängstlich gehorchenden Volk die große Freude vor – die Lust, die der Krieg allen bereitete.

Allmählich hörte er auf, ihr Schwarm zu sein. Sie hasste plötzlich diese austauschbaren Uniformen; alle stolz vorgeführten fanden bei ihr nur ein höflich abweisendes Lächeln.

Dass Freds Uniform nicht sein Inneres widerspiegelte, hörte man, wenn er im Familienkreise seine Bemerkungen machte: »Ein kleiner Knirps fragt seinen Vater beim Mittagstisch: ›Papa, wer hat den Reichstag angebrannt?‹ und der Vater antwortet: ›Ess, ess, mein Junge!‹« Magda schrie vor Lachen los, Tante Ida und Ruth kicherten, die Mutter nickte ernst, und der Vater schmunzelte. Er lachte unter der Haut, wie Mutter behauptete; sie hatte festgestellt, dass er sogar nur mit den Augen lachen konnte, und das gab ihm etwas Besonderes! Ihr war natürlich nicht klar, warum man über die Zurechtweisung des kleinen Jungen nun so lachen musste, aber sicher freuten sich alle hauptsächlich darüber, dass Fred so wohlbehalten in den paar Fronturlaubstagen seine junge Ehe erleben konnte. Der Krieg hatte offenbar viele unterschiedliche Seiten, denn Ruth bekam aus Frankreich einen Pelzmantel und kostbares Parfum, aus Griechenland einen kleinen Teppich und von Freds Einsatz auf der Krim – wo mochte das wohl sein? – einen Ring, in dessen großen Halbedelstein die Umrisse der Insel geschliffen waren.

Welch erschütternden Gegensatz bot dann Mutters junger Cousin, der an einem eiskalten Januartag schüchtern an die hintere Wohnungstür geklopft hatte! Magda holte aus dem Geschäft die Mutter, welche »bosche cohane«, »lieber Gott« stammelnd vor diesem geduckten Häuflein Elend stand, das da vor Kälte zitternd in einem dünnen dunklen Arbeitsanzug eingetreten war. »Fremdarbeiter« war er in einer Fabrik, deren Namen er nicht nannte. Angstvoll fragte er nach seinem Vater, der schon zwei Jahre zuvor nach Sachsenhausen verschleppt worden war, und erfuhr von Mutters vergeblichen Bemühungen. Beschämtes Unbehagen überfiel sie, als dieser bedauernswerte Mensch seinen kahlgeschorenen Kopf vor ihr zu einem Handkuss senkte, und sie erstarrt auf das große weiße P sah, das auf seinem Rücken nach Hilfe schrie. Sie flüchtete aus dem Zimmer, lief die Wendeltreppe hinauf und warf sich schluchzend auf ihr Bett.

Höchste Unruhe hatte dieser unglückselige Besuch bei der Mutter hervorgerufen, und so packte sie ohne lange zu zögern ihre beiden Mädel und Koffer zusammen, um schnellstmöglich nach Posen zu fahren. Einige Tage waren mit der Beschaffung der Reisegenehmigungen in das »besetzte Gebiet« vergangen, aber dann hatten die »Befreier« keinerlei Schwierigkeiten auf der Reise. Deutsche Soldaten an der Grenze, davor und dahinter! Die angsteinflößenden viereckigen Uniformmützen der harmlosen Zöllner waren verschwunden. Es gab keine Unterbrechung während der Fahrt, und so konnten die großen Kinder wie sonst einem von Magdas Märchen nun der Mutter lauschen, die sichtlich befreit von ihrer üblichen Arbeitsüberlastung und der Vorfreude auf das Wiedersehen mit Mutter und Bruder mit leuchtenden Augen und immer lebhafter ein buntes Bildmosaik ausmalte. Es war die Darstellung der munteren vierzehnjährigen Marianne mit den weizengelben Haaren – die ihr in der Schule den Namen »Kanarienvogel« eingebracht hatten –, die in dem jungen Jahrhundert mit seiner Aufbruchstimmung zum ersten Mal und ganz allein von Posen nach Berlin gereist war. Ihre große Schwester Bogumila – die »Tante Gula« der gespannt Lauschenden – hatte sie zur Taufpatin ihres ersten Sohnes Martin erkoren, worauf sie die entzückendsten Handarbeiten für das Baby fabriziert hatte, um ihrer großen Aufgabe schon im Vorhinein gerecht zu werden.

Ein junger Brauereimeister aus Berlin hatte sich während der Einrichtung einer neuen Posener Brauerei in die hübsche dunkelhaarige Schwester verliebt, und nun lebte die kleine Familie in einer schönen Wohnung an der prächtigen Prenzlauer Allee, die weit bis nach Weißensee reichte und damals noch von einer breiten Promenade mit mächtigen Bäumen geziert wurde.

Der Kaiser bevorzugte die Allee auf seiner Fahrt von Schönhausen zum Stadtschloss, und so konnten sie oft beobachten, wie die männlichen Fußgänger mit einer Verbeugung ihre Hüte zogen, um dem im offenen Wagen vorbeifahrenden Monarchen ihre Ehrerbietung zu erweisen. Dieses pulsierende Berlin war atemberaubend für die junge Patin, obgleich doch ihre Heimatstadt durchaus nicht als Dorf zu bezeichnen war! Sie wollte einfach nicht mehr heim!

Nach vielen schriftlichen Betteleien hatte sie den recht strengen Vater wieder einmal so geschickt umgarnt, dass er ihr erlaubte, in Berlin eine Lehre zu beginnen.

Lange hielten die Eltern und der Bruder diese Trennung von ihren beiden jungen Damen nicht aus, und bald darauf bezogen die Posener nach einigem Hin und Her im Haus der ersten Nestflüchterin die über ihr liegende Wohnung. Der Bruder diente dann sogar bei den Potsdamer »Maikäfern«.

Sieben glückliche Jahre waren das für alle. Marianne hatte noch eine süße Nichte dazubekommen und verbrachte ihre knapp bemessene Freizeit in dieser großen Familie als Kindergespielin, Haushaltshilfe und Schriftführerin, denn sie hatte in der Schule ein fehlerfreies Deutsch in Sprache und Schrift gelernt und stand lediglich mit der verflixten Zeichensetzung auf Kriegsfuß; daher machte sie immer an den Stellen ein Komma, wo es ihrem Schönheitsempfinden nach am besten aussah. Sie war der helfende Engel für alle. Man konnte fast sagen, dass sie unnatürlich selbstlos war, denn wenn ihr Vater in seinem Schneidersalon mit Sohn und Gesellen für einen Auftrag Zeit aufzuholen hatte, stichelte sie mit ihren geübten Händen bis in die tiefe Nacht hinein. Sie rannte zu Fuß bis zu ihrem Modeatelier am Potsdamer Platz, damit sie abends der Mutter den Groschen zurückgeben konnte, den diese ihr am Morgen für die Pferdebahn zugesteckt hatte, die direkt vor ihrem Haus hielt. – An dieser Stelle lachten die beiden Mädchen gleichzeitig, denn sie kannten da jemanden, der stets rannte, statt sich dem etwas verhalteneren Gang ihres Mannes anzupassen. – »Hört weiter«, lachte die Mutter, »sonst sind wir am Ziel, und ich bin noch nicht fertig!«

Dass sie auch trotz zärtlichen Bettelns nicht in etwas so Verworfenes wie den Kinematographen gehen durfte, dass für sie Tanzen verboten war, es nur Kirchenbesuche und anschließende Familienspaziergänge als einzige Abwechslung für sie gab, konnte damals so manche Kollegin nicht glauben, vor allem, weil sie zu den Hübschesten unter ihnen zählte – was sie mal einer Kundin abgelauscht hatten.

Doch genau das muss nicht nur den Herren aufgefallen sein, die sich auf der Straße nach ihr umdrehten, sondern auch dem jungen Bäckermeister, bei dem sie in der anliegenden stillen Querstraße Backwaren für die Familie kaufte oder dem sie den Sonntagskuchen zum Abbacken brachte. Ein unbekanntes Gefühl beschlich sie, wenn dieser nette Mann seine Gesellen zur Seite schob, um ihr den Kuchen persönlich abzunehmen, mit einem Nümmerchen zu versehen und ihr den Abholbon auszuhändigen. Er sah sie dabei länger an als nötig, sie lief rot an und hatte Mühe, daheim nichts davon zu berichten. Aus genau diesem Grunde geriet sie in einen schier unlösbaren Konflikt, als ihre gute kleine Mutter sie fragte, ob sie mit dem Bäckerehepaar zu einem großen Ball gehen wollte. Die Bäckersfrau hätte beim letzten Einkauf gesagt, dass es ihr so leid tue, dass die hübsche Tochter niemals ausgehen dürfe, und sie würden sie gern mitnehmen. Die Neugier und Freude siegte bei Marinja – oder »Tota Mali«, wie die Kleinen sie nannten.

Sie erlebte im festlichen Ballkleid ihr erstes Tanzvergnügen, und der schicke Bäcker ließ keinen Tanz mit ihr aus. Der lange Kaiserwalzer verging im Sekundentaumel. Erhitzt, überglücklich und fast bewusstlos vor schlechtem Gewissen nahm sie undeutlich wahr, dass die

Bäckersfrau gezwungenermaßen ständig mit einem anderen freundlichen Herrn tanzte. Erst fast am Ende des Abends nahm sie ihren Mut zusammen und setzte sich zu der jungen Dame, der sie diese Freude zu verdanken hatte. Ziemlich verworren stammelte sie ihre Entschuldigung, dass sie doch nicht nein sagen könnte, wenn sie zum Tanz aufgefordert werde. Nur dass es nun immerfort ihr Mann sei, wäre halt fatal und ... Weiter kam sie nicht, denn die »Frau Bäckermeister« schien einen Erstickungsanfall zu bekommen, schrie vor Lachen, griff ihren Tänzer und drückte ihm einen Kuss auf die Wange. »Das ist mein Verlobter, und den da schenk ich Ihnen; das ist mein großer Bruder, der mich zwingt, meine schönsten Jahre als seine Verkäuferin zu vergeuden!«

Der Himmel ging auf für das junge Mädchen, denn nun schien eine wunderschöne Zeit junger Liebe zu beginnen.

Doch der Vater kehrte in den ersten Tagen des bald darauf beginnenden Ersten Weltkriegs mit Frau und Sohn nach Posen zurück; nicht ohne strengstens jede Verbindung zwischen den beiden Glücklichen zu verbieten. Ein deutscher Schwiegersohn reichte ihm, und diese Ansicht unterstützte dieser Krieg leider in reichem Maße; doch wer trug die Schuld?

Die »heimliche« Braut verabschiedete mit weißem Tüchlein in der Hand und Tränen in den Augen den traurigtapfer schauenden Pionier in einer der vielen riesigen, zugigen Bahnhofshallen, nachdem sie ihn mit einer beigebraunen Photographie erfreut hatte, die eine wunderschöne junge Dame im dunklen taillierten Kostüm zeigte, die mit stolzer Haltung einen riesigen Hut der damals neuesten Mode zu tragen wusste. – Ja, dieses Bild kannten die kleinen Reisenden ganz genau, denn der Vater hatte es ihnen oft genug gezeigt, so wie er es aus dem Krieg wieder heimgebracht hatte, mit den Spuren des oftmaligsten Anschauens versehen.

Drei Jahre nach dem Ende des Grauens hatte Marianne unter irgendeinem Vorwand ihren Vater um Übersendung ihrer Geburtsurkunde gebeten, und das wurde der Anfang einer wunderbaren Freundschaft zwischen Djadja und dem zweiten deutschen Schwiegersohn!

»So«, beendete die Mutter ihr wahres Märchen, »nun wisst ihr zwei beide, warum wir in Berlin daheim sind und Busia und Wuja noch heute in Posen leben. Euer Opa ist kurz vor der Hitlerregierung verstorben.«

Die hagere Gestalt des vornehm gekleideten Onkels ragte aus der Menge der Wartenden, den Hut zum Gruß schwenkend. Er schaute sich unruhig um, während er seine drei Gäste umarmte. Schnell drängte er sie zur Haltestelle und half ihnen mit ihrem Gepäck in die Straßenbahn, machte selbst jedoch keine Anstalten einzusteigen. Mit dem Hut in der Hand schaute er, ob sie gut zurechtkamen. Mit einer unauffälligen Geste zeigte er auf ein Schild am Einstieg und begab sich in den hinteren Wagen. »Für Polen verboten« stand da in zwei Sprachen und Mutters »Wadek, Wadek, wo bleibst du denn?« verstummte sofort.

Busias Haus in der bereits umgetauften »Uliza Stresemann« wirkte schon im Eingangsbereich nicht mehr so glänzend, und in der Wohnung passte der altvertraute gemütliche Geruch nicht mehr zu allem anderen; denn voller Unbehagen sahen sie schwarze Stellen an den geschmackvollen Tapeten, die üppigen Stuckdecken waren teilweise abgeplatzt, riesige Kartons, herumliegende Bücher, Kleidungsstücke, Küchengeräte und halbabgerissene Fensterdekorationen ergaben einen recht verwahrlosten Eindruck. Während die kleine Großmutter ihr Gesicht hinter ihren zartgliedrigen Händen verbarg, grinste der Onkel triumphierend: »Hab ich alles so gemacht, damit die Lumpen bei der Zwangsbesichtigung ›Polnische Sauwirtschaft‹ brüllend wieder abhauen. Schöne große Wohnungen beschlagnahmen sie sofort. Eine halbe Stunde geben sie den Leuten dann Zeit, ein Köfferchen zu packen. Tante Irenka haben sie ein kleines Kissen weggerissen: ›Sone Sau braucht kein Kissen mehr‹. Sie wissen nicht, wie viele hier deutsch sprechen! Wir schlafen kaum noch eine Nacht! Sie poltern durch die Häuser, schlagen bei nicht sofortigem Öffnen die Türen mit der Axt ein. Bei den Jungen besteht noch die Hoffnung, dass sie zum Arbeiten nach Deutschland gebracht werden wie Antek, wie ihr wisst, wir Alten ...« »Wadek, sei still, die Mädels!«, weinte die Mutter mit Blick auf ihre verängstigten Töchter, die dem Gespräch vergeblich zu folgen versuchten, denn es wurde halb polnisch, halb deutsch geflüstert. Neugierig sahen sie den hastigen Vorbereitungen nach dem Abendessen für ihre Übernachtung bei befreundeten Hausbewohnern zu, die sich als »Volksdeutsche« bisher schützend vor die gefährdeten Leutchen gestellt hatten.

Versunken in unwahrscheinliche Massen von herrlich duftenden Kissen und Federbetten träumten sie sehr bald auf leichten Wolken. Doch die »Große« hatte immer den Schlaf einer Fliege, und es war wohl noch nicht viel Zeit vergangen, als sie von rücksichtslosem Gebrüll aus dem Nebenzimmer des liebenswürdigen Nachtasyls geweckt wurde. Nein, das war keiner der Bewohner! Das war

Radio; Schreien und Beifallsgebrüll lösten einander ab. Das kannte sie; war wohl jetzt auch in Polen üblich, und dennoch schien es noch lauter abzugehen als sonst! Da nichts zu verstehen war, senkte sie sich wieder in einen tiefen Schlaf. War ihr Träumen besonders aufregend oder die fremde Umgebung schuld? Es war etwas geschehen, was die Mutter am frühen Morgen in die Drogerie trieb, während die Oma mit ihren Trippelschrittchen zum Markt geeilt und mit einem Täubchen nur für ihre »chliebe kleine Enkelkind« zurückgekehrt war. Mutter sagte: »Das ist eben so!«, und dann saßen sie mit den Freunden um den großen Tisch herum, redeten aufgeregt durcheinander und jeder behauptete zu wissen, was »totaler Krieg« bedeuten würde. Es war doch schon Krieg, selbst in der sogenannten Heimat – Bombenkrieg! Was war nun wieder »totaler Krieg«? Wenn sie doch nur den Mut aufgebracht hätte, danach zu fragen!

Am Nachmittag besuchten sie auf Vaters Wunsch die grandiose Bäckerei mit Konditorei und Café, die sich mit dem Namen »Steeger« als deutscher Betrieb gab, wohl aber einem vertriebenen Polen gehört hatte. Mit geschwellter Brust erklärte Steeger der Mutter, was für Erweiterungen er noch plane und endete großartig: »Gnädichste, vastehn Se mir?« Hastig hatte die Mutter den Finger auf den Mund gelegt, bevor ihre Mädel losprusten konnten! Was war bloß hier los? Alles war so unangenehm geheimnisvoll!

»Magdachen, unsere Große ist in Posen ein Fräulein geworden!«, rief die Mutter in Berlin der auf dem Bahnhof Wartenden aus dem Zugabteil entgegen. »Ogottogott«, gab diese von sich und damit wurde nie mehr über derlei heikle Dinge gesprochen.

In den äußersten Zipfel von Ostpreußen wurde Ehrhardt im Zuge seines Arbeitsdienstes verfrachtet, wo man seine Truppe zum Trockenlegen von Sümpfen einsetzte. Als einziger Berliner hatte er trotz Musikalität und einer lustigen Fantasie doch Schwierigkeiten, die ostpreußischen Kameraden mit ihrem Plattdeutsch zu verstehen, was die natürlich genossen: »Wans nich dat bet Hochdeutsch kenntst, matz belle wie e Hund«, hänselten sie ihn.

Vater musste also auf seinen frisch gebackenen Gesellen verzichten, dessen Schwester bekam aber vor Aufregung und Stolz rote Backen, als der Meister sie bald darauf als Backstubenhilfe einsetzte. Die jungen Lehrlinge und Gesellen brachten sich lediglich durch Feldpostkartengrüße aus aller Kriegswelt in Erinnerung. Sie machte nun als Zwölfjährige »Erwachsenenarbeit«.

Das war doch ganz etwas anderes, als mit Sidol den vielen Zimmertürklinken zu strahlendstem Messingglanz zu verhelfen oder im Laden mit einem feinen Pinsel das goldfarbene Holzschnitzwerk zu entstauben, das die Türen, Regale und den marmornen Ladentisch ebenso umgab, wie die hohen Spiegel, mit denen die Wände verkleidet waren. Die Ladentür hatte der Glasonkel Richard kostbar verglasen lassen: Wie zauberhafte Eisblumen auf gefrorenen Scheiben war hier das symbolische Bärenpaar graviert, das eine gewaltige Brezel trug, umrahmt von Ähren und Blüten. Mit dem italienisch gefliesten Fußboden war dieser Bäckerladen insgesamt ein Kunstwerk, in dem sie bisher eben nur die kindlichen Arbeiten leisten durfte.

Jetzt aber stand sie mit weißem Häubchen und Rüschenschürze in Ferienzeiten ganztags, sonst sofort nach der Schule neben dem Vater in der Konditorstube, setzte die

ausgestochenen Teigplätzchen, mal Mürbe- mal Pfeffer-
kuchenteig, zum Backen auf ungezählte gefettete Bleche
oder half dem für den Kriegsdienst zu alten Gesellen, den
Hausfrauen frühmorgens ihren Kuchen zum Abbacken
abzunehmen und nachmittags mit deren Nummernbon
unter Hunderten wieder rauszusuchen. Diese intensive Ein-
bindung in den Geschäftsablauf sollte nie wieder abgebaut
werden, was sie natürlich derzeit nicht ahnen konnte!
Langeweile kam nicht eine Minute auf, denn regelmäßig galt es daneben, bei den Mietern die vorgeschriebenen Spendenscherflein einzusammeln, die unter immer
neuen heroisch-vaterländisch klingenden Namen gefordert wurden und in lange Listen einzutragen waren. Der
Vater nannte das verdeckte Kriegssteuer und lehnte es ab,
sich für diese unverschämte »Amtshandlung« missbrauchen zu lassen, obgleich er sich seinerzeit dazu verpflich-
tet hatte, als der Zellenleiter, zuständig für die politische
Überwachung der halben Straßenseite – etwa zwölf Häusern gleicher Größe –, vor vielen Jahren angekündigt
hatte, dass je Haus ein Blockwart einzusetzen sei. Damit
keine unberechenbare Parteigröße die sechsundzwanzig
Familien terrorisieren konnte, hatte der Vater zuverläs-
sig versichert, dass er diesen Posten bestens ausfüllen
werde, was man ihm glücklicherweise geglaubt hatte. Da
der Zellenleiter im Haus wohnte, blieben sie tatsächlich
allezeit von weiteren Kontrollen verschont.

Zur Zeit ihrer ersten Arbeitseinsätze nahmen die Luftangriffe auf die Stadt in einer Stärke zu, dass sich der
Schrecken über die Zerstörung absurd umwandelte in
die Verwunderung, wie viele Häuser – wenn auch oft
schwer beschädigt – dennoch stehenblieben.

Allmählich lernte nun jeder für sich, mit diesen heftigen Störungen Nacht für Nacht fertigzuwerden.

Der Vater konnte seine Abneigung, sich zu den vielen enggedrängt Sitzenden in den Keller zu begeben, trotz inständigen Flehens der besorgten Mutter nicht verdrängen. Erst nachdem er zweimal durch den ungeheuren Luftdruck, den die in nächster Nähe abgeworfenen Bomben ausgelöst hatten, vom Sessel vor der verdunkelten Fensterwand an die gegenüberliegende Zimmerwand geschleudert worden war, drückte er seine Dankbarkeit, dass er mit Prellungen und Schnittwunden davongekommen war, dadurch aus, dass er ab sofort bei Alarm das dem Luftschutzkeller benachbarte Mehldepot aufsuchte. Sein Schutzengel hatte ihn davor bewahrt, dass seine Lunge wie bei vielen anderen Opfern solcher Unvernunft geplatzt war!

Seine Tochter, die zu gern Vaters Vorbild folgte, war zur fügsamen »Volksgenossin« geworden, nachdem Ehrhardt in einem seiner Heimaturlaube sie an ihren langen Haaren – die Zeiten der Ohrläppchenlänge und des Seidenpropellers waren lange vorbei – aus dem Kinderzimmer, die Wendeltreppe hinab, durch Diele, Wohnzimmer, Laden und Backstubentreppe abwärts gezottelt hatte, wild fluchend über die irren Weiber, die sich der Gefahr nicht bewusst seien.

Eine sehr korpulente Frau aus dem vierten Stockwerk des Seitenflügels schlief offensichtlich so fest, dass sie den Alarm stets überhörte. Die Mutter kümmerte sich um alles und holte auch diese Mieterin geduldig in den schützenden Raum. Eines Nachts erschien sie nach Mutters Hämmern an ihrer Wohnungstür mit zwei Koffern bewaffnet im langen weißen Nachtgewand wie eine

Schlafwandlerin, die langen ergrauten Haare hingen wirr bis zur Taille. Nachdem alle ihr Erscheinen mit einem »Ah« zur Kenntnis genommen hatten, stellte sie vorsichtig die Koffer ab – und fiel bühnenreif in Ohnmacht, lag da vor ihnen wie ein schneebedeckter Felsbrocken. In die erschrockene Stille hinein sagte Mutter seelenruhig, ohne sich von ihrem Sitzplatz zu entfernen: »Alma, steh wieder auf!«, was diese stumm tat, um sich mit ihrem Gepäck in ihr Eckchen zurückzuziehen.

Die jungen Mütter indes waren dazu übergegangen, die für die Nachtruhe von Schwerarbeitern vorschriftsmäßig aufgestellten vier Holz-Feldbetten zu »missbrauchen«, indem sie ihre kleinen Kinder dort mit versagender Stimme in den Schlaf sangen. Der kriegsversehrte Luftschutzwart, der an Ehrhardts Stelle getreten war, hatte es aufgegeben, dagegen zu protestieren. Der war nur froh, dass seine Frau nicht weiter nachforschte, ob die Gerüchte stimmten, dass er nach jedem Angriff statt seiner Verpflichtung nachzukommen, die Dachböden und zweimal vier Stockwerke nach etwaigen Blindgängern abzusuchen, nur die junge Soldatenfrau im zweiten Stock des Vorderhauses tröstete.

Niemand hatte Interesse an Tratsch. Im Keller hielten sich die meisten die Ohren zu oder hatten die Köpfe angstvoll in den auf dem Schoß verschlungenen Armen versteckt, um das infernalische Toben draußen nicht voll wahrnehmen zu müssen – und wenn am Tage kein Alarm war, musste sich jeder sputen, die anliegenden Arbeiten zu erledigen.

Außerdem hatten Kriegsversehrte alles Mitleid der Welt! »Kriegsversehrt«, was hieß das eigentlich? Das war doch nur ein sanftes, irreführendes Wort für ein entsetzliches

Unglück! Versehrt war eine Blüte, der ein Blatt fehlte, versehrt war eine frische Schneefläche, über die ein Mensch gestapft war; »verwundet« war jeder, der sich beim Rasieren verletzt, der sich beim Kartoffelschälen in den Daumen geritzt hatte. Aber diese Kanonenfuttermänner waren leider weder nur versehrt noch verwundet – die waren für immer zerstört! Der ehemalige Tänzer hatte ein oder auch beide Beine verloren, der Pianist einen leeren Uniformärmel, der Maler konnte seine eigenen Werke nur noch ertasten, der Vater von drei Kindern musste im Rollstuhl geschoben werden, die mit den halben Gesichtern, der weggesprengten Stirn würden ihre Samariterheime niemals verlassen!

Sie waren immerhin noch lebendig, nicht »gefallen«, wie das so verharmlosend und stolz genannt wurde. Regen konnte vom Himmel fallen, gefallenen Mädchen versuchte man mit frommen Sprüchen wieder aufzuhelfen, gefallene Kinder bekamen ein Pflaster aufs zerschundene Knie. Aber der gefallene Soldat war erschossen worden wie ein Hase, war auf eine Mine tretend explodiert, von einer Kanonenkugel zerfetzt, verblutet, tot! Gefallen für Führer, Volk und Vaterland! Niemand hatte sie vorher darüber aufgeklärt; die weinenden Mütter hatte man zur Seite geschoben, die die Jungs unter Schmerzen geboren, oft unter Opfern großgezogen, zu guten, verantwortungsvollen Menschen zu erziehen versucht hatten.

Dieser humpelnde »Kriegsversehrte« war also ein milder Luftschutzwart und überließ seine Pflichten gern anderen Leuten. – Nach einer höllischen Detonation schien der Keller ebenfalls einer Hölle gleich. Kein Zweifel, ihre Gegend war »dran«. Die Kinder schrien, die Mütter

hielten ihnen weinend den Mund zu, das Licht erlosch, Bersten und Krachen ließ die Wände wanken, schwarzer Nebelstaub legte sich über alles. Eine Taschenlampe blitzte auf, und da erblickten sie den Hausherrn, wie er sich anstelle des verantwortlichen Schutzwarts zur Axt tastete und sich anschickte, mit kräftigen Hieben den Notausgang aufzustemmen. »Moment, Moment, Gustel«, rief die Mutter in die Dunkelheit hinein, »versuch doch erst mal, die Tür aufzumachen!« Es gelang, und obwohl noch keine Entwarnung ertönt war, wurde der Keller schnellstens geräumt. Vorsichtig tastend erfüllte sie stille Dankbarkeit, dass da noch Stufen waren, die nach oben führten. Der Hausflur war mit Holz- und Steintrümmern, Stuck und dergleichen gefüllt, aber die Decke war noch da, das ganze Haus stand noch da! Ungläubig traten sie auf die Straße, auf der unvorstellbarer Lärm herrschte von Kommandos der Feuerwehren, rufenden Leuten, weinenden Kindern, Hundegebell und einstürzenden Häuserteilen. Durch gelben Nebel sahen sie neben der Eckhauslücke, unter der die armen Menschen ertrunken waren, helles Feuer hoch in den dunklen Himmel lodern. Drei Häuser brannten! Eines davon hatte einen besonders schönen Säulenhauseingang gehabt, auf dem Hinterhof einen gut bestückten Kuhstall, wo sie in Friedenszeiten gern frische Milch geholt hatten. Nun aber nahm kaum jemand Notiz davon, dass auf der Promenade zwei Kühe laut muhend Veitstänze aufführten, eine andere die unglücklichen Menschen beschnupperte, die da apathisch in Familiengrüppchen zusammengekauert auf der Erde saßen, Kinder, Vogelkäfige, Koffer und Bettenbündel eng an sich gedrückt.
Es war bereits früher Morgen. Vater musste sehen, dass

er der Bevölkerung das wichtigste Nahrungsmittel her-
schaffte und stellte entsetzt fest, dass aus sämtlichen
Hähnen kein einziger Tropfen Wasser kam. Also wurden
jedem Familienmitglied zwei große Eimer in die Hand
gedrückt, Magda band allen ihre feinen, im Luftschutz-
wasserfass angefeuchteten Chiffontücher vors Gesicht,
und auf ging die Karawane an den ersten zwei Wasser-
pumpen vorbei, weil da schon zu lange Menschenschlangen warteten, bis zum Senefelder Platz, wo nach langem
Anstehen die Eimer gefüllt und unter Keuchen heimge-
schleppt wurden durch die immer noch mit schwarzgel-
bem Schwefel verpestete Luft, die das Atmen zur Qual
machte.

Ohne den Schutt von der Bettdecke zu schütteln und
ohne die Kellerklamotten auszuziehen, krochen sie im
Halbschlaf ins Bett, unfähig, über das Gesehene, das
Erlebte nachzudenken, geschweige denn wahrzunehmen,
dass die gütigen Eltern und Magda auf der Promenade
versuchten, die hoffnungslosen Opfer der letzten Nacht
zu trösten, sie mit Decken und Brötchen zu versorgen,
Telefon-Nummern zu notieren, wo Nachricht zu geben
und eventuell Hilfe zu erwarten war.

Am nächsten Morgen waren Tausende von Händen flink
dabei, die schlimmsten Störungen zu beseitigen. Immer
wurde durch die tapfer Leidenden alles, was der Total-
vernichtung entgangen war, auf irgendeine wundersame
Weise wieder in Ordnung gebracht, die Trümmer von der
Fahrbahn auf die Promenade geräumt. Die öffentlichen
Verkehrsmittel beförderten die brav oder gezwungen an
ihre Arbeitsplätze Eilenden, die Telefonleitungen wurden
geflickt, Wasser und Strom gab es auch wieder. Letzteren
allerdings nur immer noch stundenweise, was dazu führte,

dass alle alten Petroleumlampen ihrer Vergessenheit entrissen und für die Stromsperrzeiten in Wohn- und Arbeitszimmern eine glanzvolle Auferstehung feiern durften.
Zwei besonders schöne Milchglasexemplare in reinstem Jugendstil verbreiteten ihr mildes Licht auf dem Ladentisch.
Die Obdachlosen wurden von amtlichen Stellen in leerstehende Wohnungen eingewiesen, wer konnte, rückte mit Verwandten zusammen. In den ersten Jahren hatten die Ausgebombten, wie leider auch die Cousine Ruth, sogar noch Entschädigungen vom Staat bekommen, doch das war indessen zu einer Illusion geworden, deren Verwirklichung auf »später« verschoben wurde.

Bei all diesem grauenvollen Geschehen und unmenschlichen Belastungen war die Mutter die Sorge um ihre Posener nicht losgeworden, die Briefe von dort sprachen trotz verschlüsselten Schreibens von Todesangst. Ihrer geschickten Energie gelang das Unglaubliche: Höchste deutsche Institutionen hatten ihr die Einwilligung gegeben, Mutter und Bruder nach Berlin holen zu dürfen! Eilig machte sie sich auf den Weg nach Posen, denn zur Auflage hatten sie die Erlaubnis der in Posen eingesetzten Besatzungsverwaltung gemacht. Dass das nicht ungefährlich war, konnte man sich an fünf Fingern abzählen!
Als Mutter endlich dem höchsten SS-Offizier gegenübersaß an dessen gigantischem Schreibtisch, musterte der ausgiebig die elegante Berlinerin mit dem zum schwarzen Fohlenmantel passenden Torerohut auf dem Blondhaar, den obligatorischen Silberfuchs um die schmalen Schultern geschlungen, und meinte dann gönnerhaft: »Sie sehen direkt arisch aus!«

»Ich bin arisch!«, antwortete sie scharf.

Darauf blätterte er herrisch in den ihm vorliegenden Papieren, ließ sich ihre Personalien bestätigen und entgeisterte sich: »Aber Sie sind ja Reichsdeutsche!«

»Ja.«

Jetzt schien seine Geduld ein Ende zu haben. Wütend schlug er mit der flachen Hand auf die Unterlagen: »Und dann setzen Sie sich für diese Polenschweine ein?«

Darauf wurde die Stimme der Mutter ganz sanft: »Entschuldigen Sie bitte, mein Herr, haben Sie eine Mutter?«

Das folgende Schweigen dröhnte in ihren Ohren, denn wahrscheinlich war sie in ihrer Empörung zu weit gegangen. Gerade als sie fest davon überzeugt war, dass das blutrot angelaufene Gesicht ihres Gegenübers Unheil ankündigte, beugte es sich über die Anträge, und ein eiliger Füllfederhalter setzte unter jedes Blatt Papier die erlösende Unterschrift und den dazugehörenden Stempel.

Sie hatte instinktiv seine verwundbarste Stelle getroffen! Busia, Wuja, unzählige Kisten und gar einige kleine Lieblingsmöbel durften die Flucht antreten – in den Schutz der Bombenhauptstadt. Dort versuchten sie, es sich in Ehrhardts Zimmer gemütlich zu machen. Bei den gemeinsamen Mahlzeiten hatte die Mutter von nun an einen nervigen Balanceakt zu bewältigen, denn sie sah sehr wohl des Vaters leicht gerunzelte Stirn, wenn die beiden Flüchtlinge ausschließlich polnisch mit ihr sprachen. Die große Tochter verstand nur einzelne Wörter wie »tak« (ja), »nie« (nein), »poviadam« (hat er gesagt) und solche immer wiederkehrenden Kleinigkeiten; denn leider hatte schon der Lehrer bei Ehrhardts Schulantritt energisch verboten, den Jungen zweisprachig aufwachsen zu lassen, da er im Unterricht alles durcheinanderwirbeln würde. Mutter antwortete fast immer in deutscher Sprache, damit keine Missstimmung aufkommen sollte; aber das war einfach nicht mehr der liebenswürdige Onkel, den sie in Posen gekannt hatten. Mürrisch und misstrauisch ging er dem Rest der Familie aus dem Weg. Irgendwie machte er pauschal alle Deutschen dafür verantwortlich, dass er aus seiner geliebten Heimatstadt fliehen und nun auch noch von den Schuldigen beschützt werden musste.

Sie war noch zu jung, um all diese Zusammenhänge richtig sortieren zu können und war außerdem mit eigenen schier unlöslichen Problemen beschäftigt.
In der Schule waren Lehrer und Kinder durch die nächtlichen Belastungen zermürbt, das Hurrageschrei war beredtem Schweigen gewichen, das Inferno von Stalingrad (Wolgograd) steckte allen Menschen in den Knochen, die Berichte in den Feldpostbriefen niederschmetternd, die Todesnachrichten häuften sich. Da verkündete im Sommer des vierten Kriegsjahres der Propagandaminister mit harter Stimme über den Reichssender Berlin, dass alle Kinder aus den Großstädten ohne Ausnahme aufs Land zu bringen seien. Für diejenigen, die keine Verwandten dort hätten, würden Kinderlandverschickungsheime (KLV-Heime) eingerichtet.
Noch ehe den Eltern die Tragweite dieser Ansprache zum Bewusstsein kam, rief schon Onkel Richard an und sagte kurz und knapp: »Die Mädels kommen zu uns!«
Lang und breit wurde diese umwälzende Nachricht von allen Seiten beleuchtet.
Eine total fremde Perspektive tat sich auf: Allein mit Monika zu der gütigen, stillen Tante Mariechen, die keine

eigenen Kinder großgezogen hatte? Weg von der schützenden Familie, den Schulfreundinnen, fort von Magdas strafender Hand, ihren zurechtweisenden allgegenwärtigen Blicken? Wie sollte das gehen? Negative und positive Aussichten vermischten sich mit der längst vergessenen Angst aus früher Kinderzeit, allein für die schwierige kleine Schwester geradestehen zu müssen.

Unklare Furcht kroch hervor und ließ sie nicht wieder los! Da half auch nicht die Freude drüber hinweg, dass sie beide mit der Mutter in den vor der Umsiedlung liegenden Sommerferien noch einmal an die Ostsee fahren durften.

Am Sonntag vor der Abreise ins Seebad Misdroy sammelte sich die erweiterte Großfamilie wieder einmal in Segefeldt.

Dort waren in den großen Restaurant-Räumen Soldaten untergebracht, Panzer standen auf den vorderen Rasenflächen.

Als sie dann teils neugierig, teils gelangweilt umherstrich, bat sie ein junger Soldat, ihr seine Feldpostnummer geben zu dürfen, damit er sich auf Post freuen könne, da es schon morgen wieder in Richtung Ostfront ginge.

Schüchtern gab sie ihm das Versprechen.

Nach dem Mittagessen fühlte sie sich plötzlich total matt, trotz herrlichsten Sonnenscheins begann sie zu frieren.

Mit einem Buch in der Hand legte sie sich in einen der Liegestühle, deckte sich mit einer Wolldecke zu, obwohl alle unter der Hitze stöhnten. Das war sicher ihre Angst vor der ungewissen Zukunft, die sie mit niemandem besprechen konnte. Sie zog sich in sich selbst zurück, versuchte die innere Unruhe loszuwerden, die jedoch immer stärker wurde, die vor ihren Augen Sonnenkreise tanzen ließ, die sie zu schütteln schien. Das Zittern geriet außer Kontrolle, wurde so stark, dass die Zelltuchbespannung der Liege zerriss und die Familienmitglieder sie bewusstlos auf der Wiese vorfanden, das Gestell zusammengeklappt über ihr. Hohes Fieber und rote Flecken im Gesicht bedeuteten Unheil, und ohne lange zu zögern, machte sich die Mutter mit ihr sofort auf den langen, nicht unbeschwerlichen Heimweg.

Glücklicherweise erschien der herbeigerufene Hausarzt umgehend und versetzte ihr eine segensreiche Spritze.

»Diphtherie«, lautete seine Diagnose, verbunden mit der Mahnung, die Kranke garantiert etwa sechs Wochen zu isolieren, wenn eine Krankenhauseinweisung vermieden werden sollte.

Ade Misdroy, ade Sommerferien!

Magda bezog mit Monika das wunderschöne Hotel an der Ostsee – sie dagegen das Elternschlafzimmer und genoss nach den ersten schmerzhaften Beschwerden die volle Aufmerksamkeit der Mutter. Alle anderen durften das Zimmer nicht betreten!

Wenn es ihre Kräfte zuließen, verschlang sie ihre Jungmädchenbücher: Else Urys »Nesthäkchen«, die Magda trotz Goebbelsverbot vollzählig besorgt hatte, oder die anderen, die von Komtesserln auf herrlichen Landsitzen, von bezaubernden Kommerzienrats- oder Arzttöchtern handelten.

Sie beneidete diese Mädchen nie um ihr glanzvolles Leben, sondern stets nur um ihre – angeblich – warmherzigen, verständnisvollen Mütter, bei denen die sich alles von der Seele reden konnten, oder um kluge Großväter, die ihnen alle ihre Fragen beantworteten. Vaters

Vater war zwei Jahre vor ihrer Geburt gestorben, und den Djadja hatte sie als Kleinkind bis ans Grab begleitet und »geidegeidegeide« hineingerufen, was ihr wohl sehr polnisch vorgekommen sein musste.

Ihre eigenen Eltern jedoch nahmen ganz fest an, dass mit ihren Kindern alles in bester Ordnung war und kamen gar nicht auf die Idee, dass da offene Fragen oder gar Ängste vorhanden sein könnten.

Der Vater war neben anderen Ehrenämtern als gradliniger, gerechter Handwerks-Jugendrichter ein bekannter, geachteter Mann, dessen Rat von vielen eingeholt und geschätzt war – aber seine Kinder hatten seiner Meinung nach keinerlei Probleme.

Wenn sie in der Dämmerung das Buch zur Seite gelegt hatte, empfand sie keineswegs das Gefühl ihrer Einsamkeit, sondern liebte es, das letzte Zwitschern der frechen Spatzen zu hören, unterlegt mit den beruhigend gleichmäßigen Schritten der Polizeistreife. Das waren für sie ganz ungewohnte Einschlafgeräusche, denn das Schlafzimmer der Eltern lag nach »vorne raus«, und durch die Fenster hörte man in der stillen Straße sogar das leise Rascheln des Windes in den Lindenwipfeln.

Nach vier Wochen waren die Ostseereisenden braungebrannt zurückgekehrt. Monika hatte heimlich die Nase in das Krankenzimmer gesteckt, und auf inständiges Betteln der Kranken brachte sie regelmäßig in der Blumengießkanne das verbotene, aber heiß ersehnte Wasser, woraufhin diese sich sehr schnell erholte. – Eine ähnliche Genesungsgeschichte hat sie später über Martin Luther gelesen!

Ostsee war zwar verboten, aber Erholungsferien mussten nach Meinung des zackigen Arztes sein, der für die
erwachsenen Frauen immer einen Witz parat hatte, der
diese mal in verschämtes, mal erlöstes Lachen versetzte.
Die Mutter sollte bei dieser Nachkur gleichzeitig ihren
ersten Rheumaanzeichen eine Moorbäderkur entgegen-
setzen, und so hieß das zauberhafte Ziel Marienbad.
Ferien allein mit der Mutter!
Was machte es da schon aus, dass für eine Zwölfjährige
eigentlich nichts »los« war, und der aufregendste Teil
des Tages der war, wenn sie am Vormittag allein von
Hotel zu Hotel gehen und ganz nach ihrem eigenen
Geschmack an den aushängenden Speisenkarten aussuchen durfte, wo das Mittagessen stattfinden sollte. Allzu
schwer war das insofern nicht, als die meisten Hotels
zu Lazaretten gemacht waren, und die wenigen anderen
fast alle die gleichen, recht kläglichen Speisen anboten.
Meistens endete die Suche bei Spaghetti mit Tomaten-
sauce, wobei es bei der eigentlichen Lieblingsspeise doch
immer einer leichten Überwindung bedurfte, die böhmi-
sche Süße der Sauce zu akzeptieren.
Ungetrübte Freude dann aber in einem der fürstlich aus-
gestatteten Cafés, in denen nur die Zucker- und Kuchenmarken, die man für die köstlichen Karlsbader Oblaten
hergeben musste, an das Kriegselend erinnerten, das in
nicht weiter Ferne so grausam herrschte. Die pracht-
vollen Hotelbauten, an denen der Glanz langsam abbrö-
ckelte, die weiten Arkadenhallen, in denen sie wie die
Kurgäste den frischen sprudelnden Ambrosiusbrunnen
aus einem feinen Kristallglas schlürfend auf und nieder
wandelte, die wunderschönen Panoramarundwege an
den Waldhängen mit der Goethebank »Über allen Gip-

feln ist Ruh«, und vor allem das schwungvolle Spiel des Kurorchesters, dessen eingängigen Melodienreigen sie möglichst nie versäumten – da saßen ältere Musiker im dunklen Anzug neben jungen in Feldgrau –, diese vornehme Atmosphäre über der ganzen Stadt, in der gar die Menschen nur halblaut sprachen, das alles prägte sich tief in ihr empfängliches Gemüt und weckte eine beständige Vorliebe für Kurorte.

In Panik suchte sie eines Morgens nach der Mutter, um sie etwas Wichtiges zu fragen. Freundliche Badefrauen öffneten ihr Kabine für Kabine, in denen jeweils ein schwitzender roter Kopf aus der mit schwarzem Moorbrei gefüllten Wanne ragte. »Nein, das ist nicht meine Mutti«, sagte sie nun schon zum achten Mal, als endlich die Nummer neun ein Zerrbild des mütterlichen Gesichts zu sein schien.

Viel besser gefiel ihr dann, dass die Masseurin der Mutter ihre Wohltaten im großzügigen Hotelzimmer verabreichte. Hinter dem Rundumvorhang, der das Himmelbett umgab, hörte sie mit großem Interesse: »An schenen Ricken hams, gnä Frau!«

Nach Anwendungen und Mittagessen promenierten sie auf den gepflegten Wegen der Kuranlagen, als wären tiefste Friedenszeiten. Doch die vielen Verwundeten, die aus den Lazaretthotelfenstern hinter den jungen Frauen herpfiffen, waren nicht zu übersehen. Hastig bat sie die Mutter um einen Kamm, weil sie ihr verwehtes Haar glattstreichen wollte. »Wer guckt schon nach dir!« war der Ruck, der sie wieder zur Erde brachte, und der ihr in jeder vergleichbaren Situation geholfen hat, etwaigen Komplimenten keinen Glauben zu schenken. So war sie tief beeindruckt von dem italienischen Kellner im großen

Speisesaal und ließ beim Gang zum Tisch kokett mit den Händen links und rechts nur leicht die Falten ihres Pepitaröckchens springen. »Das machst du nicht noch einmal!«, flüsterte die Mutter so laut, dass die Tischnachbarn es hören konnten, und sie war für Jahre davon überzeugt, dass sie ein ziemlich verwerfliches Mädchen war.

Ohne großes Aufsehen zu machen, dirigierte Paul Lincke in jenen Tagen das Kurorchester; das waren all die fröhlichen Melodien, die sie auswendig kannte, und die Freude war atemlos.

Unvergessen bleibt ihr, wie der berühmte Komponist ihnen mit zwei Begleitern auf der Kurpromenade entgegenspaziert kam. »Ich sag' ihm jetzt Guten Tag«, entschloss sich die Mutter. Dem Kind wurde heiß vor Schrecken, denn wie ein Blitz durchfuhr sie die Erinnerung an einen Tag in Potsdam, als sie mit Eltern und Geschwistern auf einem der breiten Parkwege vor dem Großen Palais spaziert war. Fünf lebhaft diskutierende Herren waren ihnen entgegengekommen, Vater hatte ehrerbietig den Hut gezogen, während die die ganze Bürgerfamilie rücksichtslos über den Rand des Weges auf den angrenzenden Rasen gedrückt hatten. Sie sah immer noch die spiegelblanken Stiefel, mit denen sie fest ausgeschritten waren, hörte Vaters verlegenes »In der Mitte, das war der Kronprinz«.

Bis heute konnte sie sich nicht erklären, warum jeder von denen eine andere Uniform getragen hatte, von feldgrau bis tiefschwarz, der in der Mitte senffarben. Und nun ging Mutter möglicherweise einer ähnlichen Demütigung entgegen; doch während ihrer Rückwärtsträumerei waren sie schon an der Herrenriege vorbei, und Mutters

Extragruß hatte nicht stattgefunden. »Die haben nicht mal hochgeguckt«, war die Erklärung.

Daheim wieder angekommen, war das große Kofferpacken ausgebrochen. Auch riesige Kisten mit der silberglänzenden Aussteuerwäsche für die Mädel, von der Mutter vorsorglich gehortet, gingen mit auf die Reise nach Weißwasser.

IV

Evakuierung

Vater und Mutter brachten sie ins bombenfreie Exil und ließen sich ihre Gedanken nicht anmerken.

Monika wurde von ihnen ohne Zögern in der ersten Klasse der Mittelschule, die Große in dem sehr schönen Bau der Volksschule angemeldet. Da wehte ein sehr viel anspruchsvollerer Erwartungswind als in Berlin! In sämtlichen Fächern diktierte die Klassenlehrerin seitenlange Abhandlungen, die zu Hause auswendig zu lernen waren. Man wusste nie, welche Schülerin am nächsten Tag unerbittlich aufgefordert wurde, das Gewünschte fehlerlos vorzubeten. Nein, für Hitler brauchten sie hier nicht zu beten, aber streng nach dem Alphabet kam jede mal dran, den Wehrmachtsbericht des Vortages herunterzuschnurren.

Da war nun nicht mehr von Siegen und Eroberungen, eher von planmäßigem Rückzug die Rede. Gefühllos für versenkte Bruttoregistertonnen, zehn mehr oder weniger abgeschossene Feindflugzeuge, verlorene oder zurückeroberte Städte haspelten sie diese Nachrichten herunter. Bloß keine verkehrten Zahlen bringen, was sie bedeuteten, wusste keine von ihnen!

Dass Menschen zersprengt, ertrunken, vernichtet worden waren, Kinder ihre Väter verloren hatten, von all dem hatten die Schulkinder keine Vorstellung. Über dieses Grauen hat man mit ihnen niemals gesprochen; das durften die Lehrkräfte ganz sicher nicht!

Dass immer nur ein Dutzend Männer, das sich nicht einig werden konnte, Millionen bluten ließ! Von immer schlimmeren »Vergeltungswaffen VI und V2« wurde geflüstert. Noch mehr Feinde sollten damit umgebracht werden. Wer mochte diese Waffen nur herstellen? Wo waren die Fabriken dafür? Darüber dachte sie oft nach, immer ohne jedes Ergebnis. Unheimlich war das!

Alles war hier völlig anders als in Berlin. Kaum waren sie polizeilich gemeldet, erhielten sie die Aufforderung, zu den Hitlerjugendstunden zu erscheinen. Monika war indessen alt genug, in eine eigene Gruppe aufgenommen zu werden, sie selbst geriet aufgrund bekannt gewordener bester Schulleistungen in die »FA-Schaft«, Führerausbildungsschaft.

Sie sangen da Volks-, Wander- und Marschlieder, oder eines der Mädchen las rührende Geschichten vor von den standhaften Wolgadeutschen, ohne dass eine ahnte, dass die schon längst von Stalin nach Sibirien in Arbeitslager verschleppt worden waren statt aufrecht, ehrenhaft und bienenfleißig das Deutschtum an der Wolga vertreten zu können!

Gleichzeitig bastelten sie stabiles Holzspielzeug für arme Kinder, strickten Pulswärmer und Ohrenschützer für den Sieg aus der Wolle aufgetrennter alter Pullover. Im Sommer wurden sie von strammen »Führerinnen« über den Sportplatz gejagt. Laufen, Springen, Klettern, Völkerball und Weitwerfen, überall erwarteten die Höchstleistungen. Besonders beim Werfen hatte sie fatale Schwierigkeiten, denn jeder noch so geschickt abgefeuerte Ball landete stets wieder zu ihren Füßen. »Ein deutsches Jungmädchen muss jede Sportart meistern!«, schnarrte die entgeisterte Vorgesetzte, die nicht mehr als zwei Jahre älter war. Die hatte keinen Schimmer davon, wie die von ihr zur Schnecke Gemachte innerlich bebte bei dem Gedanken, dass herauskommen könnte, dass sie ja zur Hälfte eine Polin war und deshalb nicht werfen konnte! Es gab ohnehin schon genug Reibungsflächen mit diesen regimetreuen Strukturen, denn auch hartnäckigstes Bitten bei Telefonaten mit der Mutter hatte diese nicht umstimmen können. »Nein, Uniform kommt nicht infrage! Meine Mädels laufen nicht in den Mostrich-Affenjäckchen herum! Auch Männerhemden und enge Damenröcke sind nichts für euch. Wenn die Weiber euch nicht in Ruhe lassen, werde ich mir was überlegen!«, lenkte sie letztendlich ein.

Da kam dann eines der heißersehnten und jubelnd begrüßten Pakete, das Mutters Version einer Jungmädchenuniform enthielt, selbstgenäht natürlich: weiße Seidenbluse, dunkelblauer Faltenrock und dunkelblauer Blazer. Mit allergrößter Überzeugungskraft brachte sie »die Weiber« dazu, nachgiebig dem Märchen Glauben zu schenken, dass man in Berlin so zum Dienst gehen dürfe.

Es gab immer wieder Gelegenheit für ungefährliche »Opposition«. Eines Gruppenabends sangen die Kameradinnen aus voller Brust ihr Heimatlied: »Oberlausitz, geliebtes Heimatland, Glück und Reichtum bist du mir...«
An dieser Stelle merkte die Führerin, dass die drei Berliner Bombenflüchtlinge auf ein Zwinkern der Anführerin hin nicht mitsangen. »He, was ist mit euch los? Warum singt ihr nicht?«

»Das ist nicht unser Heimatlied!«

»Ach, ja, da ihr keins habt, singt ihr dann den Schlager von der ›Berliner Luft‹, was?«

Soviel Dummheit konnte sie nicht gelten lassen und belehrte die edle Chefin: »Aber ihr singt doch auch kein Lied über eure Stadt, sondern die Oberlausitz. Unser Brandenburger Lied ist ›Märkische Heide, märkischer Sand ...‹«

Das Argument musste die Gruppenleiterin zwar akzeptieren, aber zornig geißelte sie die Undankbarkeit der Evakuierten, die in ihrer Stadt so freundliche Aufnahme gefunden hätten, was natürlich nicht von der Hand zu weisen war.

Einer weiteren Bestrafung konnte sie mit eben diesen Berlin-Ausflüchten entgehen, als sie angezeigt worden war, auf der Straße die Leute nicht mit »Heil Hitler« zu grüßen. Schriftliche Vorladung zum Bürgermeister! Ein freundlicher Herr lächelte ihr im Rathaus von seinem Schreibtisch aus entgegen. »Armes Kind«, begann er, »so weit weg von den Eltern. Hast du es gut bei den Verwandten?«

»Ja, sehr!«

»Sieh mal, ich muss so einer Anzeige nachgehen, die eine Mieterin deines Onkels hier gemacht hat. Außerdem weiß ich, dass sie stimmt, denn du grüßt mich ja auch immer mit ›Guten Tag‹ und einem Knicks, wie das früher mal so üblich war!« Mitten in ihr »Aber in Berlin sagt man immer so« wurde er kühl und amtlich, weil auf ein kurzes Klopfen seine Vorzimmerdame hereingekommen war. »Ab sofort grüßt du jeden mit ›Heil Hitler‹, sonst muss ich andere Seiten aufziehen. Eine Ohrfeige wäre dir dann sicher. Hast du das verstanden?«

Der Bürgermeister bekam auf der Straße sein »Heil Hitler« mit Knicks, alle anderen gewöhnten sich daran, dass man das »in Berlin eben nicht so machte«.

Das unerbittliche Gedächtnistraining in der Schule, wo die Lehrerin auch ihre Leichtigkeit in Deutsch und Musik entdeckt hatte, sowie warmes, liebenswürdiges Anerkennen guter Leistungen hatten ihre scheue Zurückhaltung aufgetaut.

Vergessen war dieses Gefühl, das geduldige Kind in der zweiten Reihe sein zu müssen, sie war plötzlich ein eigenständiger Mensch, war gern gesehen, wurde gar in mancher ihrer vorsichtig geäußerten Meinungen bestätigt. Sie durfte auch mal allein eine Freundin besuchen, musste nicht überallhin Monika mitschleppen. In Berlin hatten die Freundinnen gesagt: »Du bist herzlich eingeladen; aber bring bloß nicht deine Schwester mit!« Da war die Einladung mit einem Schlag hinfällig geworden.

Die Tante war um Gleichberechtigung bemüht und strich ihr auch manchmal lobend über den Kopf; denn als wäre ein Tor aufgestoßen worden, gingen ihre Leistungen wie mit Flügeln aufwärts. Neben Gesang, Klavierspiel und Gedichtvorträgen gab es in jedem anderen Fach die besten Noten. Daheim machte sie der überforderten Schwester die Mittelschularbeiten, einschließlich derjenigen in der ihr unbekannten Fremdsprache Englisch, die jedoch anhand von Monikas Schulbüchern ihr neugieriges Interesse weckte.

Da waren Gespräche statt ständiger Maßregelung, zärtliche Zuwendung statt pflichtgemäßer Pflege, Lachen statt Zurückweisen, Lob statt Desinteresse, Freude statt steter Angst vor Fehlern, keine unnahbaren Erwachsenen wie dauerbeschäftigte Eltern und Personal.

Ein freies selbstbewusstes Leben begann: Alles war Sonne, obgleich in einen unumstößlichen Zeitplan gefasst: früh aufstehen, früh zu Bett gehen, pünktlich essen, restlose

Erledigung der Schularbeiten – dazwischen aber Spielen, Toben in frischer Waldluft, in den Freibädern, beim Rodeln auf dicht verschneiten Hügeln. Die Tante wollte nur über Ort und Zeit der Abwesenheit informiert werden und konnte sich der dankbaren Befolgung ihrer Anweisungen sicher sein.

Einmal in der Woche fuhr sie im schicken Reisekostüm mit der Bahn nach Spremberg zum Klavierunterricht bei einem Lehrer, der aussah wie ein uralter Hitler. Das war jedes Mal ein Ausflug in total abgehobene Freiheit! Kaum zu erwarten das Ende der Klimperstunde, denn dann durfte sie mit Kuchenmarken bewaffnet in eine Konditorei gehen, da der Zug noch auf sich warten ließ!

Ihr Klavierspiel war nicht gerade überragend, kam nicht weit über »Mondscheinsonate«, »Träumerei« und Sonatinen hinaus, gab ihr aber eine stille Freude und machte ihre Ohren sensibel für gute Musik im Vergleich zu Marschtröterei.

Dass sie da fast zu empfindlich war, sollte sich zeigen. Ein Zirkus hatte sein Riesenzelt vor dem Schützenhaus aufgebaut, und Tante Mariechen erlaubte den beiden Nichten, die Vorstellung am Sonntagnachmittag zu besuchen. Sie hüpften und rannten durch die stillen Straßen, bis sie unerwartet wunderschönen Gesang vernahmen.

Zwischen Stadtrand und dem Schützenhaus am nahen Wald hatte man auf dem freien Feld ein Gefangenenlager für die »abtrünnigen Italiener« errichtet. Von weit her hatte sie schon öfter solch ein Singen gehört, es jedoch für Radiomusik gehalten. Nun aber stand sie trotz Monis Zerren wie festgewachsen ganz dicht an dem hohen Drahtzaun, sah zwar niemanden, fühlte sich nur fortgetragen von einem herrlichen Tenor, dessen kraftvolle

Stimme untermalt wurde von einem ebenso wundervoll singenden Männerchor. Die kleine Schwester mahnte verständnislos zum Weitergehen, aber sie krallte sich an dem Draht fest, fühlte noch, wie die Arme runterrutschten, ihr nicht mehr gehorchten, sodass sie auf den grünen Wegrand sank.

Als sie die Augen öffnete, sah sie ein älterer unbekannter Herr mit besorgtem Dackelblick an. »Da ist sie ja wieder!«, flüsterte der Arzt mit der Tante, die neben der Couch stand. »Nach Ihrer Schilderung schließe ich auf Nervenfieber. Sie braucht absolute Ruhe, und haben die da hinten ihren Feierabend, die Rollläden runter! Das Mädel darf das zunächst nicht mehr hören!« Monika hatte Hilfe herbeigerufen und sie bewusstlos nach Hause tragen lassen. Sie wurde ins stille Gästezimmer gebettet, wo ihr hohes Fieber die liebevolle Pflege durch die Tante, Traum und Wirklichkeit, Tag und Nacht durcheinanderwirbeln ließ. Gedankenüberfülle und abstrakte Phantasien schienen während der Genesung ihren Kopf zersprengen zu wollen; doch nach zwei Wochen war alles vergessen. Der helle Tag forderte sein Recht, die Realität hatte sie wieder!

Die Weihnachtsferien kamen heran, und ungeachtet der Bombennächte wurde sie mit Monika in Berlin erwartet. Erstens glaubten die Eltern, dass das Fest der Liebe wie schon in den vergangenen Jahren die Flieger milder stimmen würde, zweitens konnte man Weihnachten nicht ohne die Kinder feiern! Jedenfalls sollte alles unverändert nach der alljährlich praktizierten Tradition ablaufen. Zuerst hieß das natürlich, im Betrieb helfen, wo die hohe Zeit der Pfefferkuchen – teilweise liebevoll bemalt mit

Zuckergusssprüchen von Liebe bis Spott –, der ungezählten Christstollen und Berliner Pfannkuchen jede Hand dringend benötigte.

Feierlich machten sich danach Vater und Kinder auf den Weg, an irgendeinem Verkaufsstand unterm »Magistratsschirm« – so nannte man die endlosen breiten Mittelstreifen, über denen die Hochbahn hinwegrauschte – die schönste, die höchste Edeltanne auszusuchen und heimzuschleppen. Der bis an die hohe Alt-Berliner Zimmerdecke reichende Baum wurde am Stamm gesägt und gespitzt, bis er endlich in den vom Vater selbstgeschnitzten Ständer passte. Zusätzliche Äste mussten zur vollkommenen Schönheit eingebohrt, und die auf langen starken Drahtstangen sitzenden Halter für die großen weißen Kerzen in den Stamm gesteckt werden. Das machte so viel Arbeit, Unordnung und Staub, dass Magda fluchend mehrmals den Staubsauger schwingen musste. Aus »Rache« gab es Heiligabend mittags Kartoffelsuppe oder Würstchen mit Butterschrippen.

Als sie noch nicht zur Schule gegangen waren, folgte nach der Fertigstellung des Prachtwerks alle Jahre wieder der Spaziergang mit dem Vater durch den tiefverschneiten Friedrichshain. Wohlverpackt in Teddymäntelchen, passende Strickmützen und weniger geliebte Wollstrümpfe trippelten und schlitterten sie über die mit plattgetretenem Schnee bedeckten Bürgersteige. Die wenigen Autos glitten fast geräuschlos auf dem festgefahrenen, gefrorenen Weiß an ihnen vorüber.

Endlich in dem schneeverzauberten Hain angekommen, schauten sie mit enttäuschten Augen zu, wie die fröhlich kreischenden Kinder die kleinen Hügel hinabrodelten, denn wie ebenfalls Tradition, hatten sie Heiligabend aus Schicklichkeit keinen Schlitten mitgenommen; und wie gehabt, zerrissen diese Blicke dem guten Vater das Herz. Mit einer großen Zigarre in der Hand bat er einen der am Hang stehenden Väter, seinen Mädeln eine Abfahrt mit dem Schlitten seines Kindes zu schenken.

Zum Ritus jener Nachmittagswanderungen gehörte auch ihre unterdrückte entsetzliche Angst, dass der Weihnachtsmann sicher längst da gewesen war, ohne die Kinder unterm Weihnachtsbaum anzutreffen. Schließlich war allgemein bekannt, dass der Vater die Ruhe weg hatte. Bei Abfahrten aller Art, egal ob zum Sonntagsausflug oder zu einer weiten Reise, stellte Magda alle Uhren eine halbe Stunde vor, um sein fast zwanghaftes Zuspät aufzufangen. Die Mutter lachte, wenn der Vater dieses »unmögliche Theater« bemerkte, aber für ein Kind war es ziemlich beängstigend, Magdas Kommentar zu des Vaters Zurechtweisung zu vernehmen und richtig einzuordnen.

Ja, und nun machte er mit ihnen immer noch einen Extraweg, um die Figuren rund um den Märchenbrunnen in ihrer Schneeverzauberung zu bewundern – er meinte es so herzensgut! Erst, wenn sie in der Dämmerung innerlich längst auf jegliche Weihnachtsfeier verzichtet hatte, ging es mit festem Schritt heimwärts. Fast erfroren – die so eisigen Hände und Füße tauten in der warmen Stube schmerzend auf – ließ sie sich willenlos und traurig in die Badewanne und ins Bett bringen.

Wie riesig war dann aber auch jedes Mal die Überraschung, wenn Magda sie weckte, in festliche Kleider steckte und auf ein Klingeln mit ihnen hinunterging, wo sich wie von selbst die hohe Wohnzimmertür öffnete.

Die lange Tafel vor dem Weihnachtsbaum war fürstlich gedeckt, und die Mutter klatschte zum Platznehmen in die Hände, denn dies war ausschließlich ihre Festabendsleitung mit Verteilung der von ihr gesegneten Oblaten vor dem andächtigen Verspeisen des streng nach polnischem Rezept zubereiteten Karpfens in Pfefferkuchen-Biersuppe mit köstlichen Schwemmklößchen. Jetzt musste man nur noch durchhalten bis zum edelbitteren Schokoladenpudding mit Vanillesahne, beim Abräumen helfen, und dann endlich ertönte der Befehl: »Kinder raus!«

Kichernd und tobend die Erregung bekämpfend, spielten sie zu dritt im Herrenzimmer verrückt. Ehrhardt probierte Vaters großen Brockhaus auf dem Kopf seiner Schwester aus, sodass sie kaum noch unterscheiden konnte, ob die Sterne vor ihren Augen daher rührten oder von dem lauten Herzschlag, den die Freude über das soeben erfolgte erneute Klingeling hervorrief.

Weltvergessen stand sie vor dem Zauber der flackernden Kerzen in dem dunklen Grün, das als Einziges wirklich zu sein schien; die Menschen und Möbel um sie herum gab es nicht mehr.

Erst das furchterregende, donnernde Klopfen an der Wohnungstür löste dieses Paradies in Angst und Schrecken auf, denn das bedeutete: Weihnachtsmann, Gedichtaufsagen, Ermahnungen! Welches Kind hat kein schlechtes Gewissen?! Erst vor kurzem hatte die Mutter doch gesagt, dass der liebe Gott ihr berichtet habe, dass ihr böses Mädchen schon wieder mal die angebissene Schmalzstulle hinter dem Holzhauklotz auf dem Hof versteckt hätte. Die merkten eben alles, und deshalb bat sie den großen roten Mann mit dem langen weißen Bart, der da polternd in diese Zauberwelt eingedrungen war, er möchte doch erst zu Traudchen im Seitenflügel gehen. »Aber nein, mein Kind, da war ich schon!«

Mutter nickte aufmunternd; also Knicks und »Denkt euch, ich habe das Christkind geseh'n ...«, bis irgendwo die Stimme versagte, der Vater sich verstohlen seine Rührung aus den Augen wischte, auch dreimal Knicksen den Text nicht wiederbrachte, und der Weihnachtsmann wohlwollend auf den Rest verzichtete. »Besser essen und alle Leute freundlich grüßen« war so alles, was er ihr mahnend auf den Weg geben konnte, weil sie vor Schüchternheit zwangsläufig ziemlich artig war.

Monika weigerte sich hartnäckig, ein Gedicht aufzusagen und erhielt auch keine Ermahnungen, weil sie sich auf Magdas Schoß unsichtbar zu machen versuchte. Ehrhardts langes »Markt und Straßen steh'n verlassen« war auch endlich zu Ende, – und dann kniete sie vor ihrer Puppe Schneewittchen mit den langen schwarzen Haaren, die die Mutter entzückend neu eingekleidet und der Puppenmutti damit ein inniges Glücksgefühl geschenkt hatte.

Ein Knicks vor Vaters freundlicher, aber wortkarger Mutter, die etwa zwei Köpfe größer war als die polnische Oma. Sie war die Nachfahrin eines schwedischen Soldaten, der im Zuge des Dreißigjährigen Krieges seine Wahlheimat in Thüringen gefunden hatte. Diese Oma hielt nun mit zitternden Händen ihr großes schwarzes Portemonnaie den Kindern stumm lächelnd entgegen, in dem wie jeden Heiligabend drei Fünfmarkstücke funkelten, und jedes Enkelkind durfte sich eins rausangeln. Ein bunter Teller mit Naschereien, ein Malbuch mit Stiften – und die Aufregung war wieder einmal lebendig überstanden!

Jetzt kam das geliebte Musizieren. Ehrhardt spielte Klavier, der Vater begleitete mit seiner Mandoline den singenden Rest der Familie, der mit teils piepsigen, teils kindlichen, teils zittrigen Stimmen darum bemüht war, ja keines der allbekannten Weihnachtslieder auszulassen.

Das war herzliche Übereinstimmung bei jeder Feier mit Onkel, Tanten, Cousinen und Cousins, dass nach dem Festessen gemeinsam musiziert wurde, ohne hohe Ansprüche an die Qualität zu stellen. Jeder bekam das Büchlein »Des deutschen Volkes Liederschatz«, um auch ja alle Strophen ablesen zu können, und hatte das Gefühl, gut genug zu sein, um sein Teil beizutragen. Als die Kinder noch nicht lesen konnten, folgten sie einfach ihrem Gehör. – Letztere Praxis hatte dann später bei den Jungmädeltreffen gar dazu geführt, dass sie immer fleißig sang: »... und Reax schon erschossen.« Sie wusste nichts von Reaktion und vermisste das auch nicht. Bei den ihr unverständlichen und blutigen Texten war ihr dort lediglich klar geworden, dass der bekannte Spruch unbedingt geändert werden musste in: »Wo man singt, da lass dich nicht gleich nieder, böse Menschen haben auch ihre Lieder«.

Bei diesem Weihnachtsfest in ihrem ersten Evakuierungsjahr wollte sich jedoch trotz großen Baums, gesegneter Oblaten und »Karpfen polnisch« nicht die gewohnte festliche Stimmung einstellen. Niemand verschwendete einen Gedanken an den langen Weg über Trümmerhaufen zwischen geknickten Laternen und aufgerissenen Straßen, vorbei an elenden Häuserruinen, um im zerstörten Friedrichshain die schneebedeckten Bombenkrater zu besichtigen.

Die große Oma war schon vor drei Jahren in Weißwasser verstorben, die kleine Busia wenige Monate nach ihrer Übersiedlung von Posen nach Berlin. Da fehlten ganz wichtige Festglanzmittler und außerdem gab es die bedrückende Gewissheit, dass Ehrhardt, der seinen Arbeitsdienst beendet hatte, sofort nach Neujahr zur Wehrmacht einrücken musste. So sehr hatten sie alle gehofft, dass er für diesen Krieg zu jung sein würde! Stille Dankbarkeit erfüllte sie lediglich für das Geschenk, dass in der Nacht kein Bombenalarm den Schlaf zerriss.

Sylvester fing für die ganze Familie sehr früh am Morgen an, denn es galt, die alljährliche Pfannkuchenschlacht zu bestehen. Ungezählte Bällchen wurden in die großen blanken Kupferkessel geworfen, in denen das heiße Fett sprudelte. Füllen, glasieren, zuckern, dicht gedrängt auf Bleche setzen und ab in den Laden, wo trotz geringer Lebensmittelmarkenzuteilung die Hausfrauen Schlange standen, um für eine zünftige Sylvesterfeier zu sorgen. Bis der Andrang bewältigt und danach alle Spuren restlos beseitigt waren, blieb nicht mehr viel Zeit für die Verwandlung in eine Festgesellschaft, das liebevoll bereitete Abendessen, im Christbaumschein die obligatorische »Neunte« von Beethoven und dann das Glockenläuten zur Jahreswende im Radio und durch das geöffnete Fenster. Von Feuerwerk hatten alle bis an ihr Lebensende genug! Lange saßen sie diesmal in Gespräche vertieft, und als dann die so früh geöffneten Augen ihre Lider nicht mehr hochhalten konnten, sagte Ehrhardt: »Geht schon zu Bett. Ich bleibe auf, bis die letzte Kerze erlischt!« Nach innen weinend ließen sie ihn mit seinen Gedanken an eine ungewisse Soldatenzukunft allein.

Bis zum Zoobunker begleiteten ihn Eltern und Schwestern; dann ein letztes Winken – und Ehrhardt zog in den Krieg!

Die Mutter hatte im Zoobunker gewitzt gelauscht und packte zwei Tage später ihre Mädel unter den Arm, reiste mit ihnen nach Schwedt an der Oder, um ihrem Jungen nochmals Lebewohl sagen zu können. In der Kaserne wurden sie zu einer riesigen Halle gewiesen, und dort fanden sie in einer gesichtslosen grauen Masse, die auf den dicht bei dicht auf dem Fußboden ausgelegten Strohsäcken saß oder lag, einen fassungslosen Jungsoldaten, der nun seine dicken Tränen nicht mehr zurückhalten konnte.

Zurück in der bombenfreien Glasstadt stand die Schule aufgrund der strengen Anforderungen im Mittelpunkt. Schon kurz nach sieben Uhr früh begann der Unterricht, machte aber großen Spaß, weil der Erfolg auch sichtbar wurde.

Witzig und fast nicht zu glauben war, dass sie mit einem großen Aufsatz zum Thema »Vollkornbrot«, den alle siebten Schuljahre des Landes als Propagandamaßnahme schreiben mussten – es gab immer weniger weißes Mehl –, den ersten Preis bekam. Der Aufsatz wurde an die Reichsbäckerinnung nach Berlin geleitet, wo der Vater in der Jury sitzend, vor Überraschung fast seine Fassung verlor.

Bald darauf bekam die Pilotin Hanna Reitsch für Verdienste bei der Erprobung von Kriegsflugzeugen das Ritterkreuz mit »Verzierung« – und Weißwasser verneigte sich vor der Heldin mit einer reichlich großen Rauchglas-Bodenvase, die der hier ansässige Professor Wagenfeld entworfen hatte. Den dazugehörigen Brief durfte die Vollkornprotagonistin schreiben und sorgte dafür, dass aus dem Berliner Luftfahrtministerium ein Dankesbrief der Fliegerin an die Glasstadt kam, in dem sie besonders dem kleinen »Bombenmädchen« dankte.

Ein sehr niederschmetterndes, bedrückendes Erlebnis hatte sie an einem regnerischen Tag, als sie unter ihrem schützenden Schirm den knappen Kilometer bis zum Gemüseladen zurückgelegt hatte und gerade dabei war, das Regendach zusammenzuklappen. Eine fremde Hand fasste unter ihren Rock – und ohne einen Sekundenbruchteil zu überlegen, schlug sie mit dem Schirm blindwütig auf diese Hand, den dazugehörenden Arm und schließlich auf den gebeugten Rücken, der sich da vor ihr bückte. Nur nebelhaft nahm sie das vom polnischen Großcousin bekannte P wahr und rannte in den Laden. Dort schimpften mindestens drei Frauen auf sie ein: »Aufgehetzte Nazigöre! Son armen Polenjungen mitn Schirm verkloppen; umgekehrt wär besser!« Sie schämte sich, den Grund zu nennen, lief heim und verlor auch dort kein Wort darüber.

Der biologische Neuanfang aus der Nacht des Totalenkriegsanfangs hatte die Voraussetzung geschaffen, dass nun der Erfolg einer Augenregulierung gesichert schien. Warum der sie all die Jahre in Berlin betreuende Arzt jetzt auf eine baldige Operation gedrängt hatte, wurde ihnen erst Monate später klar. In den Osterferien hatte die Mutter sie die breiten teppichbelegten Stufen zu der Arztpraxis am Senefelder Platz hinaufgezogen, denn in panischer Angst weigerte sie sich plötzlich, die so heiß ersehnte Hilfe anzunehmen. Örtliche Betäubung, den Augapfel anheben und den ausgeleierten Muskel mit feinfühligster chirurgischer Sorgfalt verkürzen, den Zugangsschnitt vernähen – viele Jahrzehnte später erkannte ein völlig aufgeregter Augenarzt die Handschrift des von ihm angebeteten Meisters! –, liebevolles Zureden, endlich ein mächtiger Kopfverband über beide Augen, um das gesunde Auge nicht zu überanstrengen, und die Mutter konnte ihren Angsthasen nach Hause führen. Geführt werden musste sie auch in den folgenden Bombennächten bis hinunter in den Keller.

Nach Tagen ersetzte der Arzt den Kopfverband durch eine Augenklappe, stellte einen weiteren Tag später den vollen Erfolg seiner Arbeit fest – und Professor Dr. Oppenheimer war in Berlin nicht mehr zu finden! Er war bis dahin Reichsmarschall Görings Augenarzt gewesen, und die Hoffnung seiner dankbaren Patienten ging dahin, dass der »Herr Meier« – so wollte Göring heißen, wenn auch nur eine Bombe auf die Reichshauptstadt fallen würde! – dem Arzt noch eine sichere Ausreise verschafft hatte. Solch ein unerwartetes, unverdientes Glück hatte sie also gehabt!

Nach den Osterferien großes Hallodri in der Schule: »Los, mach mal deine Klappe hoch! Uui, das sieht ja grausig aus!« Blitzeblauunterlaufen war alles rund um das Auge, um die Pupille ein dunkelroter Rand, und es dauerte einige Wochen, bis sie sich geraden Blicks und glücklich im Spiegel betrachten konnte.

Vorbei diese unbarmherzigen Verfolgungen mancher Straßenkinder: »Schielewipp, der Käse kippt!«, oder die viel schmerzlicheren Reaktionen der Familie, wenn sie in der Bahn nach Kinderart fremde Menschen angeschaut hatte und brüsk herumgedreht worden war: »Guck gefälligst mich an!« Eine etwas primitive Kundin war einmal in den Laden gestürmt: »Also uff det Jrüßen von Ihre Tochter kann ick jlatt vazichtn!« Mutter: »Wieso? Hat sie denn nicht gegrüßt?« »Hattse, aba wenn die mir nochmal so anschielt, hau ick ihr n' paar in de Fresse, dit sagick Ihn!« Knall, Ladentür zu, und die Mutter vorwurfsvoll: »Du kannst doch auch Guten Tag sagen, ohne die Leute anzugucken!« Dabei hatte sie sich ja schon meistens nicht gewagt, Fremde beim Gutentagknicks anzusehen und oft auch deren Verurteilung gehört: »Na, die ist aber verstockt! Dagegen ist ja die Kleine ein Sonnenstrahl!«

Sogar der gütige Vater hatte sich einmal zu einer ungeduldigen Zurechtweisung hinreißen lassen, als sie ihren Blick beim Essen über den Tisch hatte schweifen lassen: »Nun reiß dich mal ein bisschen zusammen und schiel hier nicht über den Tisch!«

Es war außerdem nicht nur einmal passiert, dass sie schnell ins Kinderzimmer abgeschoben worden war, weil Besuch gekommen war, der nicht unbedingt wissen sollte, dass dem Töchterchen manchmal das eine Auge etwas verrutschte.

Sie hatte sich geschämt, solange sie zurückdenken konnte, weil sie nicht imstande war herauszufinden, wie sie es anstellen könnte, einfach nicht mehr da zu sein. Auf ihrem aussichtslosen Weg hatte sie darum versucht, so unauffällig wie möglich dazuzugehören!

Das alles sollte jetzt nur noch ein langer böser Traum gewesen sein?

Ja, es war wieder eine Neugeburt! Das Leben war einfach herrlich!

Auf ihre verschiedenen Erfolge hin begann die Klassenlehrerin, sich Gedanken zu machen, was wohl nach dem
nahen Ende der Schulzeit – es gab nur acht Volksschul-
jahre – aus dem Mädel werden sollte.

Sie selbst hatte noch nie über dergleichen nachgedacht.
Nach der Lektüre eines Jugendbuchs über Zirkusleben
wollte sie als Zirkusreiterin zu gern mit wehendem Haar
in der Manege rundherumreiten! Aber nun? Brötchen
verkaufen? Konditorin lernen? Die Eltern hätten das vielleicht gern gesehen, obgleich sie einem verwaisten Neffen
das Gymnasium ermöglicht hatten und dessen Schwester zu einer Anwaltsgehilfin hatten ausbilden lassen. Nur
über ihre Zukunft war noch nie gesprochen worden!

Gern wäre sie Lehrerin geworden und äußerte diesen
Gedanken der hocherfreuten mütterlichen Freundin. Mit
ihren Noten würde sie ohne Prüfung in einer Lehreraus-
bildungsanstalt Aufnahme finden.

Aufgeregt vertraute sie diese herrlichen Aussichten, die die
Tante ebenso positiv beurteilt hatte, ihrer besten Freundin Gerda im Konfirmandenunterricht an. Die schaute
sie mit ihren kugelrunden Augen eine Weile nachdenk-
lich an, um dann kurz und knapp »Quatsch« zu sagen.
Auf das entsetzte »Warum?« malte sie der Ratlosen einen
überirdischen Plan aus.

»Du kommst auf unsere Oberschule! Ich helfe dir, alles
nachzuholen, was nötig ist. Ich rede mal mit meinem
Vater!« Dieser war der gefürchtete Mathematik- und Musiklehrer an der Knabenoberschule, die auch für einige Mädchen zugängig war, die sich für eine Art Kadettenanstalt
stark genug vorkamen. Sonst blieb für Mädchen nur der
Weg ins Spremberger Lyzeum.

Die Fügung wollte es so, dass Gerdas Vater und noch

zwei andere Herren schon seit Jahren mit ihrer Klassenlehrerin Hausmusik machten; er spielte wundervoll Klavier, sie liebte das Geigenspiel.

Tatsächlich erfolgte eine Konferenz zwischen den Lehrern beider Schulen, der sich nach Prüfung des Zeugnisses der Bewerberin eine weitere große Konferenz mit Direktor und Rektor anschloss.

Man einigte sich schließlich auf den Versuch dieses einmaligen Vorgangs unter der Bedingung, dass die Schülerin nicht ihrem Alter gemäß in die Tertia, sondern in etwa vier Monaten, also nach den Sommerferien in die Quarta übernommen werden sollte, falls es ihr gelänge, bis dahin zwei Jahre Englisch, ein Jahr spezieller Quinta-Mathematik nachzuholen und sofort mit dem Lateinunterricht zu beginnen.

Verständnislos nahm sie diese Auflagen entgegen, denn sie hatte keine Vorstellung von all dem.

Zunächst war sie sich einzig darüber im Klaren, dass die Eltern ganz gewiss nicht einverstanden sein würden, obgleich sie ja eigentlich noch nie so verwöhnt wurden wie jetzt aus der Ferne: Tante Mariechen bekam Unterhaltsentgelt, die Mädel Kuchenmarken zum Vernaschen und ihnen bis zur Evakuierung völlig unbekanntes Taschengeld. Fast jede Woche trudelte ein Paket mit Gebäck, Kleidung und Büchern ein. Regelmäßig wurden ausführliche Briefe ausgetauscht, und täglich wanderten die Schwestern vom Haus am Waldrand bis in das Kleinstadtzentrum, um im Hotel »Deutsches Haus« am Bahnhof ein Ferngespräch nach Berlin anzumelden, da Onkel Richard keinen Anschluss hatte. Jeden Tag dieselbe Angst, ein Glas Brause und Herzklopfen, bis endlich die Verbindung da war, die Mutter überlaut nach dem Befinden fragte – und sie die Bestätigung hatten, dass ihre Lieben noch einmal für eine Nacht den Bomben entkommen waren. Der Boden für eine milde Erlaubnis war also nie günstiger gewesen, doch woher den Mut nehmen?

Heute nahm ihr das Herzklopfen fast die Besinnung. Sie dachte nicht an Bomben und gefährdete Eltern. Ihr sauste nur ein Gedanke wie ein Sturmwind durch den Kopf, von dem sie Monika vorsorglich nichts verraten hatte. Die hatte ihr schon zu viel im Vorhinein zerstört, – vielleicht nicht immer mit böser Absicht; aber das sollte bei allen guten Geistern diesmal nicht passieren können! Sie dachte nur an die Zusage, die sie sich so brennend wünschte. »He, euer Gespräch!«, rief der Kellner, der seine jungen Stammgäste stets voller Mitleid freundlich bediente. »Hallo, ja, Mutti? Geht es euch gut? War es schlimm letzte Nacht?«, und ohne eine Antwort abzuwarten: »Mutti, ich kann hier auf die Oberschule gehen. Darf ich?«
»Aber ja, mein Kind. Du darfst alles, was du möchtest, wenn es euch nur gut geht. Alles, alles, und der liebe Gott soll euch schützen. Bis morgen! Gib Monilein einen Kuss!«
Das Gequengel der Schwester war für sie ganz weit weg, als sie ziemlich rücksichtslos davonrannte in Richtung der nahegelegenen Wohnung von Gerdas Familie.
Von dem Tag an trug sie ihr gesamtes Taschengeld dorthin, denn mit klugen, geduldigen Anweisungen brachte diese Gleichaltrige es fertig, ihr den nachzuholenden Lehrstoff zu vermitteln, den sie mit heißem Willen aufsog und mit fast pausenlosem Studium befestigte. Für die Mathematikaufgaben musste Gerda oftmals ihren Vater

um Hilfestellung bitten, die der mit leicht ergrautem Haarkranz Versehene bereitwilligst gab, indem er sich eng neben die Nachhilfeschülerin setzte und nicht verstehen wollte, warum diese erst wieder mitzuarbeiten imstande war, wenn er seine Pranke, die zentnerschwer auf ihrem Knie lastete, endlich wieder wegnahm. Hässlich war das und zum Weglaufen, aber das leuchtende Ziel war stärker.

Nach diesen Stunden begleitete sie die recht mollige Freundin, die es zum italienischen Eiscafé zog, wo sie sich für ihr soeben sauer verdientes Geld Süßstoff-Wassereis schmecken ließ. Wenn Gerda nichts mehr reinbekam, hüpfte sie zwanzigmal auf ihrem Gartenstuhl auf und nieder – und konnte genüsslich die Augen verdrehend die nächste Portion verzehren.

Die freundschaftliche Zusammenarbeit ging bestens voran, und es lagen ja noch die großen Ferien vor ihnen, für die sie schon feste Pläne entwickelt hatten.

Da geschah das Unvorhergesehene! Als »Überraschung« standen sie plötzlich bei Tante Mariechen vor der Tür: Vater, Mutter, Magda. Sie strahlten vor Glück, die »armen« Kinder in die Arme schließen zu können.

Es war ihnen gelungen, vom Ernährungsamt die Erlaubnis für dreiwöchige Betriebsferien zu bekommen, da der verringerte Personalbestand kein paralleles Weiterlaufen des Geschäfts zuließ. Zwei Hotelzimmer in Bad Landeck im Glatzer Gebirge waren guten Beziehungen zu verdanken. Wie gelähmt und völlig entgeistert die Mutter anstarrend, murmelte sie: »Ich kann aber nicht mitkommen. Ich muss lernen!«

»Was musst du? Lernen? Wieso das denn, jetzt sind doch schon zwei Wochen Ferien!« Ihre Berliner hatten überhaupt nicht zur Kenntnis genommen, was ihr Kind vorhatte. Das für sie so wichtige Telefonat hatte die Mutter nicht verstanden. Tante Mariechen, ihr guter Geist, musste sich schwer ins Zeug legen mit ihrer Überzeugungsarbeit. Zum guten Schluss mit Erfolg!

Aber mitfahren musste sie unbedingt, weil die Lernerei »schon nicht so schlimm sein würde und auch dort gemacht werden konnte«. Also jagte sie noch einmal zu Gerda, ließ sich zeigen, was noch alles zu machen war, und packte die Bücher in den Ferienkoffer.

Von der so gehorsam besuchten herrlichen Gebirgswelt hatte sie recht wenig, denn wann immer sie sich nicht unbedingt den Familienvergnügungen anschließen musste, saß sie im Wintergarten des Hotels und handelte eine Lektion nach der anderen ab.

Da vernahm sie, wie Vater, Mutter und Magda in höchster Erregung miteinander flüsterten, und suchte sich ein gutes Lauschplätzchen: Attentat! Abgehakt, da unbekannt. Hitler ist tot! Das war schon eher eine verheißungsvolle Sensation! Krieg hört auf! Bomben gibt es nicht mehr – und Mutter fährt mit ihnen nach Italien!

Da im Hotel keine Gelegenheit war, schickte man den Vater in einen Versammlungsraum, wo er die Radionachrichten hören konnte. Er nahm seine Große mit, und da hörte sie diese bellende Stimme – zwar etwas gedämpfter als sonst –, die sehr lebendig von der »Vorsehung« krächzte.

Stumm verließ der Vater sofort mit ihr den Raum und strebte mit Riesenschritten durch die stillen, dunklen Straßen dem kleinen Hotel zu, wo Mutter nach seiner Nachricht ihre Tränen versteckte, und Magda im Bad verschwand, um unentwegt »Vorrsehung! Schüttelhubers Vorrsehung« zu verkünden.

Am nächsten Morgen wurde vor den beiden Mädeln nicht mehr darüber gesprochen, und so traten für sie die Bücher wieder in den Vordergrund, bis sie endlich, geschmückt mit ihrem schwarzen Samtkostüm und der dazugehörenden »Wagnerkappe« – jede Frau, ob alt oder jung, musste derzeit eine solche haben – ihr kleines Köfferchen von drei Soldaten ins Gepäcknetz des Zuges nach Weißwasser gehievt bekam.

Monikas Schule fing erst ein paar Tage später an, und so konnten die anderen noch etwas ihre Ferien genießen.

Es hatte eine gehörige Portion Hartnäckigkeit gekostet, die vorgezogene Abreise erlaubt zu bekommen.

Lustiges Geplänkel mit den jungen Soldaten verscheuchte ihre bangen Gefühle, die beim immer kleiner werdenden Bild der Winkenden aufkommen wollten, und verkürzte die Fahrt auf verwunderliche Weise.

Sie fühlte sich in die Welt der Erwachsenen aufgenommen!

V

Lebenswende

Glänzende Morgensonne verzauberte die lange, breite Baumriesenallee, an der links und rechts in großen Gärten von solider Wohlhabenheit zeugende Villen lagen, und an deren Ende das kleine Schlösschen stand, das ehemals einem jüdischen Porzellanfabrikanten gehört hatte, – das nun aber zu einer Zweigstelle der Oberschule umgewidmet worden war.

Selbst die sie begleitende Tante war ehrfurchtsvoll verstummt, als sie dort nach dem Gang durch den vorderen Teil des Parks die hohe Eingangshalle und dann das Direktorenzimmer betreten hatten.

In einem lichtdurchfluteten, getäfelten kleinen Saal mit bodenlangen Fenstern erhob sich hinter einem mächtigen Schreibtisch ein vornehmer Herr mittleren Alters: »Na, nun mal keine Angst, kleine Rose!«, sagte er wohlwollend zu dem im rosa Organzatraum zitternden Mädchen.

Dann saßen sie sich am Schreibtisch gegenüber, während der Direktor, eine Melodie aus dem Film »Sophienlund« pfeifend, ihr letztes Zeugnis betrachtete. »Kenn' ich doch schon alles. Werden sehen, was du daraus machst. Leicht wird's nicht!«, und ohne große Umschweife geleitete er seine Besucherinnen wieder aus dem Saal.

Da Gerda ein Schuljahr höher war, konnte sie ihre »Schülerin« nicht weiter beschützen und hatte sie daher vor einer ihrer künftigen Klassenkameradinnen gewarnt;

auch andere Mädchen, die sie aus weiteren Gruppen kannte, hatten ihr anvertraut, dass sie gegen das Regiment dieser Inga nichts unternehmen könnten, denn sie gehörte nun mal zu den »oberen Zwanzig« – einer hochgeachteten Glasfabrikantenfamilie, der Weißwasser den Aufstieg zu verdanken hatte, und sei deshalb wahnsinnig hochmütig. In ihrer Funktion als »Gesetzgeberin« hätte sie an die Klasse bereits den Befehl erlassen, »dieses Proletenweib aus der Volksschule zu ignorieren«.

Als sie dann am ersten Schultag die Quarta betrat und die neugierigen Blicke der Schüler auf sich gerichtet sah, war sie daher nicht überrascht, dass die fünf Mädchen wegschauten, eines mit dicken blonden Zöpfen in der ersten Reihe gar gelangweilt auf die Armbanduhr – für sie eine unerreichbare Kostbarkeit – sah; unter hochgezogenen Augenbrauen hatte die die Klasse dabei fest im Blick. Das musste sie sein, die Prinzessin!

Ihren schulterlangen Lockenkopf provokativ nach hinten werfend, begab sie sich sofort zur letzten Bank, denn die anderen hatten ihr erzählt, dass ihre Gegnerin ganz schnell und energisch den freien Platz neben sich mit einer anderen Schülerin besetzt hatte, die sie eigentlich nicht mochte, weil deren Mutter Hebamme war.

Den Triumph sollte die nicht genießen, dass sie sich ihren Schmerz und ihre entsetzliche Unsicherheit merken ließ. Das war so ein entscheidender, hart erkämpfter Tag für sie, ein waghalsiger Schritt in eine völlig veränderte Zukunft, den sie ganz allein entschieden und mit freundschaftlicher Hilfe bis hierher gegangen war; nun durfte sie solch ein dämlicher Hochmut nicht schrecken!

Der Direktor kam mit dem Klassenlehrer herein; mit einem Ruck kam das strammstehende »Heil Hitler, Herr Direktor, Heil Hitler, Herr Oberstudienrat«, und dann erklärte der Erstbegrüßte die besonderen Umstände des Neuzugangs, und dass das Mädel vier Wochen lang von jedem Lehrer, der eine Freistunde habe, herausgerufen werden dürfe, um schriftliche und mündliche Prüfungen abzulegen. Bei manchen bedeutete das leise Murren, das danach erfolgte, nicht nur Schadenfreude, sondern auch Mitleid.

Einen kleinen Aufschub gaben ihr die zwei Wochen »Kriegsdiensteinsatz«: Bis auf die drei obersten Jahrgänge, die zum Siegen geschickt worden waren, mussten am nächsten Morgen alle Schüler mit Eimerchen und Proviant auf dem Schulhof antreten und dann in Dreierreihen zum Blaubeerensammeln in den Wald wandern. Das hatte sie bereits in etwas brutalerer Form in der Volksschule kennengelernt, als sie bei glühender Sonne stundenlang gebückt Kartoffelnachlese halten mussten! Dieses Erntegebiet dagegen lag im schattigen, duftenden Kiefernwald, und unter munterem Gequassel füllten sie die Gefäße, die sie beim jeweiligen Klassenlehrer – die hatten es sich mit einem Buch in der Hand auf gefällten Baumstämmen gemütlich gemacht – in einen großen Eimer kippen mussten, wofür es immer ein Häkchen auf der Namensliste gab. Weiter ging danach die pusselige Bückarbeit, bis auch die »Kleinen« mitbekommen hatten, dass man durchaus auch dann ein Häkchen bekommen konnte, wenn man hinter dem Rücken der Pauker sein leeres Eimerchen aus den großen Sammeleimern vollfüllte und nach ein paar Minuten vorne wieder abgab. Glücklicherweise trauten sich das nicht alle, es wäre sonst für die »Schieber« nicht möglich gewesen! Wegen der »Diskriminierung« hatte sie am ersten Tag ziemlich einsam vor sich hinsingend ihre ungewohnte »Schularbeit« erfüllt und war recht erleichtert gewesen, als wieder zum Abmarsch gepfiffen worden war. Vor ihr stolzierte Inga und stritt mit ihrer Nachbarin Gisella über Lage und Zustände in Kurorten. Ihre einmalig guten Ohren hatten bestens mitgehört, und wenn sie an Marienbad dachte, musste sie Gisella Recht geben und sagte das auch. Verwundert drehte sich Fräulein Hochmut um: »Was, du warst schon mal in einem Bad?« Als sie den beleidigenden Unterton tapfer überhörend nun lebhaft von ihren Ferienerlebnissen und -beobachtungen erzählte, scherte Inga unmerklich aus ihrer Reihe aus, lief neben ihr durch den knisternden, zwitschernden, grüngold durchleuchteten Wald – und die große, einmalige Freundschaft war ausgebrochen!

Nach der Blaubeerernte saßen die beiden unzertrennlich nebeneinander auf der Schulbank, machten nachmittags gemeinsam die Hausaufgaben, und das in der märchenhaft anmutenden hellen Villa, die in der Mitte des großen Parks lag, der angrenzend an das Fabrikgelände auch das große Haus von Ingas Großvater, sowie ganz am Rande die großzügige Mehrfamilienhauszeile des Betriebs mit weiten Rasenflächen und alten Bäumen beschützte und bezauberte. Wie in einem Wunderland taumelnd hatte sie Ingas Traum in Weiß – ihr Jungmädchenzimmer – bestaunt. Sogar einen eigenen Schreibtisch besaß sie, musste nicht Vaters oder Onkels benutzen. Ihre jugendliche Mutter erinnerte an eine ziemlich energische schöne, blonde Fee, achtete streng auf Erledigung aller Aufgaben und lud zur Belohnung zum Kakao.
Die vier Prüfungswochen mit dem urplötzlichen Öffnen

der Klassentür: »Hallo, Mathematik!«, »Raustreten für Englisch«, »Deutsch ist dran!« waren erfolgreich vorübergegangen. Es geschah sogar, dass sie von einer überglücklichen Inga in der Klasse umarmt wurde, wenn diese statt einer »sechs« eine »vier« geschrieben hatte, weil sie ihr zu dieser Verbesserung verholfen hatte; denn sie machte seit dem Tage der Versöhnung die Hausaufgaben für dieses Glied des »Imperiums«, von dem die Lateinlehrerin wütend behauptete, dass es nicht das Recht habe, sich auf den Lorbeeren des tüchtigen Großvaters auszuruhen.

Das waren vergoldete Wochen, glückliche Monate, die eine Ewigkeit zu umfassen schienen!

Im September gab es nochmal einen Kriegsdienst: Die Schüler mussten die Schulbank mit den in der Sonne glühenden Feldern zur Heuernte tauschen; aber auch solche anstrengenden Zwischenspiele konnten ihren Frohsinn nicht trüben.

Für ihr neues Leben spielte es überhaupt keine Rolle, dass die Tante sorgenvoll versuchen musste, die Lebensmittelrationen gerecht zu verteilen, dass es an Wochentagen keine Fleischgerichte gab, weil die Marken nur für Wurstbelag reichten, dass jeden Sonntag immer nur Hammelbraten aus eigener Zucht und Schlachtung auf den Tisch kam, dass die Brotscheiben gezählt wurden und sogar die selbstgekochte Marmelade zugeteilt wurde.

Wenn die geduldige Tante wirklich mal jammerte wegen der knappen Lebensmittel, winkte der Onkel ab: »Ach, tu ock nie räd'n, Marie, denk an die Jungs!« Er hatte aus erster Ehe drei Söhne: einen bei der Marine, einen bei der Infanterie, und einer passte in Mostrichuniform in einem wunderschönen Ferienort auf die Heimat auf.

Einmal in der Woche fuhr sie mit dem leider schon etwas

veralteten Fahrrad der Tante – Moni hatte gleich zu Anfang der Evakuierung ein funkelnagelneues bekommen, da sie einen weiteren Schulweg hatte – sieben Kilometer durch den Wald in das nächste Dorf. Das erste Mal war der Onkel mitgefahren und hatte ihr den Weg zu seinen sorbischen Verwandten gezeigt, die dort einen Bauernhof bewirtschafteten. Sie gaben für die gelieferten Kartoffelschalen und Gemüseabfälle ein großes Stück Speck mit für Tantes Haushalt und verwöhnten sie mit paradiesischen Eierpfannkuchen und Ersatzkaffee, »Muckefuck« genannt. Vor allem lernte sie gern von den geschickten Bauerntöchtern, wie man am einfachsten Herrenhemden bügelt, Hefeteig macht und eine bestimmte Art, Kartoffeln zu schälen. Moni war und blieb für derlei »Pflichten« zu jung; aber darüber dachte sie niemals nach, sondern suchte in allem, die Vorteile herauszufinden.

Ehrhardt war bald nach seiner Einberufung den Offiziersanwärtern zugeteilt worden, da er einen sehr guten Realschulabschluss hatte.
Als er jedoch bemerkt hatte, was da auf ihn zukam, hatte er um Rückversetzung zum einfachen Schützen gebeten. Trotz listiger Zurückhaltung à la »Schwejk« konnte er doch nicht verhindern, dass ihm der »Gefreite« angeheftet wurde, und er nach Russland abgeschoben, von wo er sich nach kurzem grauenvollen Fronterlebnis schwer verwundet mit Splittern in der Lunge in ein Thüringer Lazarett bringen lassen musste.
Entsetzt erfuhr sie davon in ihrem Bombenexil und schrieb ihm – unwissend und unschuldig – einen langen Brief, von Vaterlandsdank, Schwesternstolz und herzzerreißendem Mitgefühl triefend.

Neben der Mutter besuchte den Bruder auch dessen allerbester Freund, der als Marineleutnant gerade auf Heimaturlaub war. Der bekam den Mädchenbrief zu lesen und bat begeistert für sich und den dritten Freund im Bunde, Leutnant bei der Wehrmacht, um Feldpostverbindung mit ihr.

Dem jungen Soldaten aus Segefeldt hatte sie oft geschrieben, kleine Päckchen geschickt und rührenden Dank erhalten. Dann schrieb er eines Tages, dass sein schlesischer Name Jeporek »eingedeutscht« werden musste in den Namen seiner Großmutter Fiedler. Als rein »deutsches« Kanonenfutter war er wohl ganz nach vorn geschickt worden – sie hat nie wieder von ihm gehört.

Den Marineleutnant strich sie von der Liste, da er ihr Ostern in Berlin leicht affig vorgekommen war, als er sich vor lauter Eitelkeit geweigert hatte, den schmucken Marinemantel auszuziehen und sich stattdessen fast mit dem daranhängenden Säbel den Allerwertesten zerschnitten hatte, nachdem sie ihn gebeten hatte, Platz zu nehmen.

Ehrhardts Freund Wolfgang dagegen war schon immer ihr ganz heimlicher Schwarm gewesen; aber in normalen Zeiten übersah man ein kleines Schulmädchen, das sieben Jahre jünger war. Doch sie war in den Bombennächten durch ein Fegefeuer aus Angst, Selbsterhaltung, Hilfsbereitschaft, Kameradschaft, Schlaflosigkeit, Mitleiden, Schreckensbildern und Verzicht auf kindliche Vergnügen gegangen und dadurch – für sich und ihre Umgebung unbemerkt – erwachsen geworden. So gab es gar kein verschämtes Zieren. Zwischen dem jungen Leutnant an der Ostfront und ihr entwickelte sich ein reger Briefwechsel. Sie hatten Fotos ausgetauscht, und ab sofort machte sie keinen Schritt ohne ihren Talisman in schicker Ausgehuniform, vor junger, ausdrucksstarker Anziehungskraft blitzend!

Von ihrer Seite aus waren das sicher sehr naive Alltagsberichte, ihre edelsten Gedanken über Leben, Krieg und vor allem Frieden. Ab und zu packte sie ein kleines Feldpostpäckchen mit Schokolade, selbstgebackenen Keksen und Zigaretten, die die Tante heimlich gestiftet hatte. Es muss dem jungen Menschen in seinem Dreckloch aber hilfreich gewesen sein, denn er erwiderte sofort mit Schilderungen seiner Erlebnisse und freundlichen Kommentaren zu ihren Briefen.

In der Schule war wieder ein weiterer Jahrgang aufgelöst worden, Wehrertüchtigungslager und dann ...

Die Zurückbleibenden waren traurig – so traurig, dass da innen immer etwas Unbestimmbares wehtat, das zur Seite geschoben werden musste, weil in der Schule keine Rücksichten genommen wurden; zumindest gab man sich den Anschein. Da es keine neuen Schulbücher zu kaufen gab, beerbten die unteren Klassen die oberen, und da die Zahlen nicht immer aufgingen, stand für zwei Schüler nur ein Buch zur Verfügung.

Wenn sie dann mit Inga aus ihren gemeinsamen Büchern die Hausaufgaben fertig hatten, gab es gemütlichen Tratsch zwischen den Freundinnen in Ingas schönem Reich. Die schwärmte für ihren neuen fünfzehnjährigen Stiefonkel, dessen charmante Mutter ihr Großvater vor einem Jahr geheiratet hatte, nachdem Ingas Großmutter nach jahrzehntelanger Rollstuhlqual verstorben war. Die Freundin weinte sich bei ihr über das nachlassende Interesse des jungen Mannes an ihr aus und suchte nach

Erklärungen. Dann fühlte sie sich stark, Inga liebevoll und gönnerhaft zu trösten, denn sie hatte ja diesen alles überstrahlenden Leutnant auf dem Foto und im Herzen! Den jungen Stiefonkel hatte sie flüchtig kennengelernt, nachdem er vom Ostwallschippen zurückgekehrt war: Groß, schlank, wache braune Augen, dunkelbraunes dichtes Haar, erstklassiges Benehmen. Es fiel ihr nicht leicht, die Blicke dieses lebendigen Prachtmenschen zu ignorieren, und sie konnte Ingas Schmerz sehr gut verstehen. Mit seinem Cousin Peter ging er in die letzte Klasse, die noch Unterricht hatte.

Sie hatte sich indessen den völlig anderen Verhältnissen in der Schule angepasst, wenn sie auch gegen mancherlei innerlich heftig protestierte.

Da knallte der Deutschlehrer, mit Hut und dickem Schal seine schlimme Erkältung vorführend, die Klassentür hinter sich zu und warf per Hitlergruß die fünf Bücher, die er unter dem Arm gehabt hatte, auf den Fußboden. Zwei, drei der wohlerzogenen Jungen sprangen nach vorn, um sie aufzuheben, da schrie der: »Verdammt nochmal, die Bücher haben dort liegen zu bleiben, wo ich sie hinlege!« Oder ein Lateinpauker drückte einem Schüler die Kehle zu und fragte ihn nach der u-Deklination; der Englischlehrer »half« einem Unsicheren, indem er ihm das Ohr umdrehte und brüllte: »Partizip heißt das, Partizip!«

Wenn, was öfter praktiziert wurde, ein Junge sich zwischen die Bankreihen stellen musste, um den schwungvollen Tritt eines sadistischen Paukers entgegenzunehmen, der sich für diese Handlung mit den Händen auf den linken und den rechten Tisch stützte, dann verbarg sie voller Mitleid ihr Gesicht in der Armbeuge und handelte

sich dafür höhnischen Spott ein: »Brauchst keine Angst zu haben! Weiber dürfen wir nicht schlagen!«
Verständnislos stellte sie fest, dass es bei den »Proleten« in der Volksschule wesentlich vornehmer zugegangen war. Das Miteinander dort war geprägt von Respekt und gegenseitiger Achtung.

Die erste Stunde begann schon kurz nach sieben Uhr, und so konnte sie einmal – als eigentlich geborener »Spätmensch« – ein Gähnen nicht unterdrücken genau in dem Augenblick, als der Mathelehrer sich von der Tafel aus umdrehte: »Aufstehen und nachsprechen: Ich bin ein hässlicher Pimpf!« – So hießen die jüngsten Hitlerjungen. – Sie stand stramm auf und sagte: »Ich bin ein normales Jungmädchen!« Unterdrücktes Gelächter. Der Pauker schrie und tobte, außer sich über diese Frechheit. Als er auch das Glucksen und Kichern nicht eindämmen konnte, murmelte er schließlich erschöpft: »Das is 'ne Marke«, ließ die Hefte verteilen und diktierte die Aufgaben für eine gepfefferte Mathearbeit. »Klassenkeile«, wurde flüsternd angedroht, aber wegen der Freude über ihren mutigen Widerstand nicht ausgeführt.

Nun konnte sie sich plötzlich genau vorstellen, was ihre Freundin Gerda damit gemeint hatte, wenn sie ihr geraten hatte, die Befehle von deren Vater besser zu befolgen. Immer wieder hatte sie sich bei Gerda darüber beklagt, dass er sie stets bat, ihm die Klassenarbeitshefte nach Hause zu bringen, obgleich er diese ohne Schwierigkeiten auf seinem Motorrad hätte mitnehmen können; oder dass er ihr befahl, ihn morgens in seiner Wohnung in der Stadtmitte abzuholen, ohne Rücksicht darauf zu nehmen, dass sie am Stadtrand ganz in der Nähe der Schule wohnte. Dann erlebte sie mit, wie eine kleine zierliche Mutter

mit streng zum winzigen Knoten zurückgekämmten asch-
blonden Haar, notdürftig gekleidet im gestreiften Baum-
wollkittel, die Augen ängstlich aufgerissen, zwischen vier
Schulkindern und dem Schullehrergatten hin und her
sauste. Jeder schrie nach irgendetwas Gesuchtem: »Mutti,
wo ist mein zweiter Strumpf?« der achtjährige Sommer-
sprossenkönig. »Ich habe mein Lateinbuch gestern auf
den Flügel gelegt. Jetzt ist es weg!« vorwurfsvoll Gerdas
älterer Bruder. »Da gehört's auch nich hin!«, vernahm
man die Stimme des Herrn von irgendwo. »Machst du
mir meine Zöpfe?«, jammerte das Nesthäkchen, das den
Schulranzen bereits auf dem Rücken hatte; aber die arme
Frau lag im Schlafzimmer unter dem Bett und suchte
einen Manschettenknopf des Despoten, während Gerda
im Stehen aus einem unförmigen Blechtopf noch schnell
ihren Kräutertee trank, ihren Mantel anzog, eine warme
Mütze überstülpte, Handschuhe und Schultasche griff
und mit »Bis nachher« eilig die Treppen hinunterlief, um
die Verspätung im Dauerlauf wieder einzuholen.
Sie atmete erleichtert auf, wenn endlich der Chef der
Truppe sein Motorrad bestieg, sie sich ängstlich auf den
Rücksitz begeben konnte, und es orkanartig sausend gen
Schule ging – begleitet von Spott und Häme der Schüler,
die sie überholten.
Wenn Musik angesagt war, ging es im Höllentempo durch
bis zum Schlösschen.
Gerda gegenüber war ihr diese vermeintliche Bevorzu-
gung schrecklich peinlich, aber die meinte beschwörend,
dass er innerhalb der Familie noch mehr verrückt spielen würde, wenn sie ihm diese Freude verweigerte. So
tat sie sich der Freundin zuliebe, der sie so viel Hilfe zu
verdanken hatte, diesen Opfergang immer wieder an.

Der Winter meldete sich mit dichtem Schnee, und sehnsüchtig dachte sie zurück an die Kinderjahre, als der Vater im winterlichen Berlin regelmäßig mit ihr zum Friedrichshain gelaufen war, wo er mit seiner unvermeidlichen Zigarre an der Bande stehend, seiner Großen zugesehen hatte, die unter der Führung ihres Privattrainers schon allerlei Eiskunstlauf-Figuren beherrschte. Hier gab es zwar zwei kleine Seen, die zugefroren jedoch nicht die glatte Fläche bildeten, die für Kunsteislauf erforderlich gewesen wäre. Aber in der Turnstunde wurde sie von ihren Mitschülern immer wieder aufgefordert: »Los, mach mal Pirouette!«, wenn sie in der Schlange anstehend, auf die nächste Übung warten mussten. Dann wirbelte sie auf einem Bein im Kreis herum, dass sich die Halle für sie in einen Strudel verwandelte, und sie weder den begeisterten Beifall noch den Protest der Sportlehrerin wahrnehmen konnte – bis einmal die Turnschuhsohle sich als Bremse erwies, der Körper sich aber halb weiterdrehte, und sie nach einigen Minuten unter den besorgten Blicken der Lehrerin, die die Mädchen betreute, und des Direktors, der die Jungs über die Geräte scheuchte, auf einer Turnmatte erwachte.

Das Knie war völlig verdreht, sie konnte nicht auftreten und wurde links und rechts flankiert von den Lehrern nach Hause gebracht. Große Heiterkeit brach unter den restlichen Sportlern aus über das Bild, das die hinkende Gruppe abgab: In der Mitte die verunglückte Pirouettenpuppe und rechts der am Stock gehende »Woodbeenschwinger«, wie der humpelnde, kriegsversehrte neue Schulleiter liebevoll genannt wurde. Der schneidige Direktor, der sie vor vier Monaten aufgenommen hatte, war als älterer Reserveoffizier doch noch eingezogen worden.

Wochenlang war das Knie trotz Kühlens mit Tante Mariechens professionellen Wechselbandagen rot, dick und
schmerzend und brachte ihr den charmanten Namen
»Hinketratsch« ein. Da kein Arzt damit belästigt wurde,
sollte ihr diese Verletzung zum ewigen Andenken erhalten bleiben.

Kurz vor den Weihnachtsferien und der wieder geplanten
Heimfahrt erhielt sie von Wolfgang einen Feldpostbrief,
dessen merkwürdigen Stempel auf dem Umschlag sie vor
freudiger Erregung nicht wahrgenommen hatte, in dem
er von einem gefährlichen Spähtrupp berichtete, zu dem
er soeben eingeteilt worden war; aber danach werde die
Sonne wieder scheinen, und ob sie sich dann vorstellen
könnte, ihn lieb zu haben. So endete dieser Brief, und sie
saß da in einer stillen Ecke des Esszimmers, damit weder
Moni noch Tante ihr über die Schulter sehen konnten,
und konnte vor Erschütterung keinen Gedanken fassen.
So etwas Unfassbares hatte noch nie irgendjemand zu
ihr gesagt oder geschrieben, vielleicht auch noch nicht
einmal gedacht! Diesen Brief durfte niemand lesen, was
sie sonst gern zuließ. Schnell steckte sie ihn wieder in
den Umschlag, um ihn irgendwo gut zu verstecken, denn
mit diesem letzten Satz hatte er das Tageslicht verwirkt.
Da entdeckte sie den Stempel »Gefallen für Führer, Volk
und Vaterland«.
Sie lag unter imaginären Trümmern – kam erst zu sich,
als die Tante sanft fragte: »Kind, was ist denn mit dir
passiert?« Wortlos gab sie den Brief aus der Hand.
In der Schule und im Konfirmandenunterricht, wo sie
schon manches Mal voll verschämten Stolzes sein Bild
herumgereicht hatte, wurde sie mit scheuem Mitleid wie

eine Soldaten-Witwe behandelt – dabei gab es doch nur diesen einen Satz! Die winterliche Eiseskälte verband sich mit ihrer inneren Leere, sodass sie diese Tage bis zu den Ferien nur wie im Traum wahrnahm.

Im entsetzlich zerstörten Berlin angekommen, war sie erstaunt, von der Mutter so viel Verständnis für ihren Kummer zu finden.

Diese erlaubte dem traurigen Mädchen gleich nach seiner Ankunft, die Mutter des Gefallenen zu besuchen.

Nach vier oder sechs Haltestellen sprang sie ungeduldig aus der Straßenbahn und musste nicht lange suchen, bis sie das Handarbeitsgeschäft der unglücklichen Frau gefunden hatte. Eine stattliche Dame mit hochgestecktem vollen, dunklen Haar empfing sie freundlich und war wesentlich gefasster als das Mädchen, das ihr schluchzend den letzten Brief des Sohnes mit dem eiskalten Stempel entgegenhielt. Die Frau saß kerzengerade, las ganz ruhig die ahnungsvollen Zeilen, faltete den Brief zusammen und sagte leise: »Kleines Fräuleinchen, bitte schenken Sie mir den Brief von meinem Jungen, denn er hat für Sie nichts zu bedeuten. Bitte, weinen Sie nicht, weinen Sie nicht um ihn. Wenn es auch für mich ein entsetzliches Unglück ist, einen meiner Zwillingssöhne so grausam zu verlieren, so ist er doch Ihnen gegenüber nicht ehrlich gewesen. Er hat in Kiel eine Freundin und ein Kind. Er hatte kein Recht, Ihnen so viel Herzeleid zuzufügen!«

Sie konnte sich später nicht mehr erinnern, ob sie sich von der armen Mutter verabschiedet hatte. Sie merkte erst, dass sie noch lebte, als sie bereits laut weinend die Hälfte des Heimwegs hinter sich gelassen hatte. Blindlings rennend hatte sie mehrere Kreuzungen passiert, ohne auf den Verkehr zu achten, und völlig außer Atem sank sie ihrer Mutter in die Arme, die schnell mit ihr den Laden verließ, sie in die Wohnung führte und ohne Worte zu trösten versuchte.

Mit absichtlicher Rücksichtslosigkeit wurde sie voll in den üblichen Weihnachtsarbeitsrummel eingebunden, und die harte Mitteilung dieser klugen Frau hatte letztlich dazu geführt, dass ihre freundlichen Gefühle für den Leutnant zu einem Nichts zusammenfielen.

Auf ein stilles Weihnachtsfest – die Sorge um Ehrhardt, den man schnell zusammengeflickt mit seinen Splittern in der Lunge wieder an die Front geschickt hatte, war über allem – und auf die gewohnte Pfannkuchenschlacht folgte die Sylvesternacht, die aufgrund des nächtlichen Bombenterrors nur im kleinsten Familienkreis gefeiert werden konnte.

Mitleidig hatte sie lange betteln müssen, bis sie endlich die Erlaubnis bekam, nach dem Abendessen ihre zwei Jahre ältere Freundin Sabine mit ihrer Mutter für die letzten Stunden des Jahres einladen zu dürfen, da sie sie ein Stockwerk höher einsam wusste. Sabines Mutter war mehr als erstaunt: »Dit globick nie im Leben, dass deine Mutta sich det ausjedacht hat; dit warst du janz bestümmt. Aba wir komm natürlich jerne runter. Bloß, wat zieh ickn da an, Mensch? Kiek ma in mein Schrank. Sabine, du bleibst, wie de bist, det is jut so, aba ick? Am liebsten würdick dit Blaue anziehn, aba da meckert Sabine wieda, det ick imma detselbe anziehe. Wat meenstn zu dit Jeblumte?«

»Ja, findick gut. Aber meine Mutter hat wirklich gesagt, dass ihr runterkommen sollt!«

»Ach, weeßte, du brauchst keenen in Schutz zu nehm.

Dir ham se doch nie uffn Arm jenomm. Immer nur dit Monichen, du standst imma bloß daneben. Ick hab dir denn oft jenuch hochjenomm. Hör bloß uff, Mensch!« Dennoch freuten sich alle, als die beiden strahlend in dem lichterglänzenden Raum erschienen, in dem Magda schon Gebäck und Punsch servierte, und der Vater seine geliebte Mandoline stimmte.

Die bedeutete ihm neben dem Lesen dicker Geschichtsbücher am meisten und war seine liebste Freizeiterholung. Die Kinder waren glücklich, wenn er sie zur Hand nahm, denn dann blieb alles Unheil draußen, legte sich ein warmes Gefühl der Geborgenheit auf alle Herzen.

Wie oft hatte er erzählt, dass sie ihm Zuflucht und Elternhausersatz gewesen war, als er schon als Vierzehnjähriger von seinem Onkel von Siersleben – wo sein Vater Kupferbergsteiger gewesen war – nach Berlin geholt worden war. Dieser hatte ihm in der Potsdamer Hofbäckerei eine Lehrstelle besorgt. Dort war mit der allerfeinsten Ausbildung harte, lange Arbeitszeit einhergegangen. Um vier Uhr früh war er von Kollegen geweckt worden, hatte ein hastiges Frühstück eingenommen, sich dann erst mal am Backen der Brötchen beteiligt, die stets der jüngste Lehrling in die feinen Villenhaushalte austragen musste, egal bei welchem Wetter. Manchmal sei er halb schlafend unterwegs gewesen und erst bei der Rückkehr durch scharfe Zurechtweisung der Gesellen wieder hellwach geworden.

So hätte er lange gespart, um sich einen Herzenswunsch erfüllen zu können: Mit einem gemieteten Ruderboot auf einem der vielen zauberhaften Gewässer rund um Potsdam zu gleiten, wie er es so oft sehnsüchtig bei anderen Leuten beobachtet hatte. Zu jung bis zur Erschöpfung im Arbeitsprozess eingespannt, war er nach ein paar Minuten eingeschlafen, hatte ein Ruder verloren und war an den ungeweinten Tränen fast erstickt. Da hatte ein mitleidiger Kollege ihm gezeigt, wie man Mandoline spielt, und so war seine Leidenschaft geweckt worden, sein Lebensziel der Erwerb eines solchen Instruments.

Viele dunkle, traurige, einsame Stunden hat seine Mandoline ihm dann erhellt und verzaubert. Alles, was er je an Melodien gehört oder gesungen hatte, übertrug er in »konzertante« Instrumentalmusik, komponierte Variationen und schier unerschöpflich eigene Tänze, Walzer, Polka ebenso wie leise Melodiefolgen zum Träumen. Seine Mandoline hatte ihn begleitet, als er mit Hilfe seines Onkels als Berlins jüngster Meister eine Bäckerei kaufte – später das sie umgebende große Mietshaus dazu –, sie war auch im Weltkrieg mit ihm in Frankreich, wovon seine alten befreundeten Kriegskameraden noch immer dankbar schwärmten.

Magda war das, was man einen »Brummer« nennt, und so war sie die Einzige, die in stetem Protest zu dem von ihr abgelehnten »Gnidderholz« stand, und dieses, wann immer es ihr gelang, so perfekt versteckte, dass der ruhige, gütige Mann schon mal etwas bestimmter danach fragen musste.

Aber heute war Sylvester, und da die Tommys offensichtlich auch lieber feierten, war es eine Nacht ohne Alarm.

Nach der »Neunten« nahm der Vater seine Mandoline in den Arm, und sie war selig, dass sie mit Sabine ohne Pause zu Vaters Musik tanzen konnte, denn Moni zeigte kein Interesse.

Er spielte eine Melodie in die andere ohne Übergang, bekannte, alte, neue und dazwischen immer wieder seine eigenen mal verträumten, mal temperamentvollen Fantasien. Letztere waren immer neu, stets im Augenblick für den Augenblick geboren! Das alles, ohne je Notenlesen gelernt zu haben.

Der Musiker hörte nicht auf zu spielen, die Freundinnen hörten nicht auf zu tanzen. Die Mutter saß still in ihrem Sessel und dachte an Ehrhardt. Wo mochte er jetzt sein, wie und in welchem Gesundheitszustand erlebte er diese von ihm so geliebte Nacht? Das war mit Sicherheit auch der Grund, weshalb Vater sein Instrument nicht zur Seite legen wollte. Er betäubte damit seine Sorge um den Sohn – denn er wusste, wie es »draußen« zuging.

Alle anderen hatten sich leise zurückgezogen, die Mutter hatte ein gnädiger Schlaf in die Arme genommen, nur die wie in Trance der Musik Folgenden fanden kein Ende.

Vor brennenden Schmerzen erwachte sie am folgenden Vormittag. Keine Ahnung, wann und wie das »Fest« beendet worden war. Ihre rechte Fußsohle blutete, am großen Zeh war die Haut »abgetanzt«.

Als sie nach den kurzen Weihnachtsferien in Weißwasser aus dem Zug stieg, hatte sich die »Sylvesterfreude« in ein ausgewachsenes Geschwür verwandelt. Zum Behandeln, zum Schneiden musste sie täglich zum Arzt gebracht werden, auf dem Schlitten – gezogen von der Tante, von Monika, von einer Freundin. Da kein Schuh mehr passte, zwängte sie den Fuß mit dem dicken Verband in einen Gummiüberschuh des Onkels, war wieder einmal »Hinketratsch«.

Ingas Stiefonkel Lukas hatte sich diese blendende Möglichkeit der Annäherung nicht entgehen lassen, sich einmal angeboten und von da an mit Genehmigung der Tante den täglichen Schul- und Arzttransport der

unglücklichen Tänzerin übernommen. Da knisterte nicht nur der Schnee, jede nur mögliche gemeinsame Minute wurde zum himmlischen Schwebezustand.
Aus Freude und Schmerz war wundersam schmerzende Freude geworden!

Aufgrund ihrer »Behinderung« konnte der Mathepauker sie nicht mehr zur Motorradfahrt beordern, hatte sich aber einen Ersatz dafür ausgedacht. Er hatte als Musiklehrer einen recht guten Schulchor gegründet, der montags im Schlösschen die ersten zwei Stunden beherrschte.
Das war es, was sie faszinierte.
Männerchorgesang hatte ihre Kindheit begleitet wie eine Selbstverständlichkeit; aber erstmals gespannt aufhorchen ließ sie die »Ode an die Freude« in Beethovens Neunter! Was waren das nur für engelsgleiche Töne, die da über den Männerstimmen schwebten? Wohl niemals würde sie das erfahren!; aber sie konnte wenigstens hier eifrig die Handzeichen für die Töne lernen und nachsingen: do-re-mi-fa-so, oder die vom Lehrer mit hoher Geschwindigkeit an die Tafel gemalten Noten der dreistimmigen Chorlieder – jede Stimme hatte ihre eigene Farbe – absingen. Herrlich war das!
Im morgendlichen Dunkel wurde sie zwischen der schneeballwerfenden Chorhorde durch die lange Allee von ihrem zweibeinigen Schlittenmotor gezogen, oft schnitt ein bitterkalter Schneesturm wie mit Messern das Gesicht. Wenn sie dann in den warmen Chorsaal kam, begann ihre Nase dunkelrot zu glühen. Dann stand dieser Pauker neben dem Flügel und rief: »Osram, nach vorne kommen!« Humpelnd folgte sie dem Befehl, bemüht, sich nicht über die wispernde Häme zu ärgern wie »Vitschkas Lieb-

ling«. Vitschka war sein seltsamer Spitzname. Sie hörte dann auch »he, wat kost Berlin uff Abbruch?« Sie flüsterten, denn der Diktator da vorn konnte ziemlich gemein werden, wenn er einen erwischte. Er hatte ihre Singstimme gehört, und nun empfand er irgendwie Freude daran, wenn sie die zwei Chorstunden neben ihm am Flügel stand und die Sopranstimmen anführte.

Sie hätte viel lieber mitten im Chor gestanden, weil da unter den fünf durcheinandergewirbelten Jahrgängen so wunderbar viel Blödsinn gemacht wurde. Das war ein Flüstern und Kichern, bei dem sie zu gern geholfen hätte. Da wurden auch reichlich ernsthafte Parolen weitergereicht. Sie sangen lauthals »Sie sollen ihn nicht haben, den freien deutschen Rhein ...« »Sie haben ihn schon!«, zischten die Söhne des Küsters, der es wagte, regelmäßig Radio London abzulauschen. Sicher taten das auch andere, aber die gaben es nicht zu. So richtig glauben wollte das hier auch niemand, denn in dem idyllischen Nest war die Welt so wunderbar in Ordnung, dass sie aus allen erdenklichen rosa Wolken fiel, als Ende Januar die Mutter vor der Tür stand und den fassungslosen Mädchen kurz und bündig erklärte, dass sie schon am nächsten Tag für immer nach Berlin zurückkehren würden!

Tante Mariechen kochte mit zittrigen Händen etwas Kaffeeähnliches, und Mutter erzählte, dass Magda vor zwei Tagen einen ihrer berühmten Ausbrüche gehabt habe: »Frau Meister, was muss noch passieren, dass Sie die Mädels nach Hause holen? Die Russen sind doch bald in Weißwasser!« Sie hätten das so nicht gesehen, denn schließlich hatten doch die Regierungsheinis so viele Sicherheitsschwüre abgegeben, dass sie als redliche, wahrheitsliebende Menschen nicht an Lügen glauben wollten; aber Magdas »Dalli, dalli« habe ihr klare Augen und Flügel verliehen, und je näher sie dann der Oberlausitz gekommen war, um so entsetzter wäre sie gewesen über ihr zu langes Zögern.

Tante Mariechen bekam feuchte Augen, Monika freute sich wahrscheinlich auf Magdas Verwöhne, aber sie dachte nur an Lukas.

Nicht nur die Trennung stand da im Vordergrund, vielmehr die Angst, was geschehen würde, wenn die Russen wirklich kämen. Am Tag der Abreise erreichte sie mit wichtigem Gesicht, dass sie noch einmal zur Schule gehen durfte – sie brauchte nun kein »Fahrzeug« mehr –, schickte Abmeldung und Zeugnisabholen vor, nur um zu versuchen, Lukas ein Zeichen zu geben. Um so erstaunter war sie, dass er ihr mit seinem Cousin auf dem Fahrrad auf halber Strecke entgegenkam: »Die Schule ist geschlossen, wird zum Lazarett eingerichtet. Wir müssen uns bei der Einsatzstelle melden. Breslau ist besiegt. Zu diesem unglücklichen Zeitpunkt liegt Inga krank im Bett.« Das war unverkraftbar viel auf einmal und ging teilweise einfach unter. Als sie dann noch von ihrer Abreise sprach, sagte Lukas mit geschlossenen Lippen: »Ein Schlag nach dem anderen.«

Da standen sie nun in der stillen Seitenstraße, wussten nichts Vernünftiges zu sagen, hatten keine Ahnung, welches Unglück auf sie wartete.

Wie auf ein stummes Stichwort begann es von Weitem zu grummeln, und die beiden liebenswerten, baumlangen Kerle sprachen von Kanonendonner.

Adresse? Ihre Hausnummer merkte sich Lukas, indem er sich umdrehte und, in der Ferne den Fabrikschornstein seines elterlichen Betriebes entdeckend, die Steigringe abzählte; – die Zahl stimmte genau! Bis kurz vor den »Tante-Mariechen-Einsichtspunkt« brachten sie das traurige Mädchen – so ein ungenehmigtes Treffen mit Jungs musste natürlich streng geheim bleiben –, danach ein letztes Winken, und der kindliche Frohsinn war Vergangenheit.

Es wurden nur die Schulsachen und das Nötigste, Beste, Kostbarste so zusammengepackt, dass das Tragen gerade bewältigt werden konnte, denn an Gepäckaufgabe war bei dem Chaos, das die Mutter bei der Herfahrt gesehen hatte, nicht im Traum zu denken, und außerdem trug die Invalidin immer noch Onkels Überschuh.
Zurück blieben all die Teppiche, die Wäsche und Silbersachen, die Ruth noch, bevor sie ausgebombt wurde, hier in »Sicherheit« gebracht hatte.
Zurück blieben auch die Kisten mit der Aussteuerwäsche der Mädel. Nur einmal hatte ein großes silberglänzendes Teil davon das Licht der Welt erblickt, als sie es sich zu einem königlichen Gewand gerafft hatte für ihre Rolle als »Kriemhild« in Hebbels »Nibelungen«.
Zurück blieb – und das tat ziemlich weh – das neue Fahrrad. Der liebe Weihnachtsmann, der nach seinem letzten Besuch vor drei Jahren nicht mehr aus dem Himmel zurückgekehrt war, hatte aber ihren heißen Wunsch nicht vergessen und ihr am vergangenen traurigen Heiligabend das Rad hinstellen lassen. Schnee und Verwundung hatten dafür gesorgt, dass sie es noch nie ausprobiert hatte.

Es war vier Uhr am Morgen, als sie schnell noch einmal auf den Bahnhofsvorplatz trat. Da lag im Winterdunkel schneeverzaubert die kleine Stadt, die ihr so unendlich lieb geworden war mit all ihren kleinen, großen, schönen und schweren Erlebnissen. Schräg links noch ein wehmütiger Blick auf Ingas und Lukas' Familiensitz.

Aus dem Gasthof gegenüber wurden die englischen Kriegsgefangenen mit Bewachung zur Arbeit geführt. Hocherhobenen Hauptes, wie immer zum Ärger einiger Spießer, marschierten sie durch die Stadt. Ihre stolze Haltung hatte jeden gerechten Menschen erschüttert und in Bewunderung versetzt. »Ihr habt nun doch gesiegt«, durchzuckte es sie. Wenn der Krieg auch noch nicht entschieden war, so konnte man das Ende absehen.

Das noch weit entfernte Pfeifen des Zuges riss sie aus ihren traurigen Gedanken. »Lebe wohl, liebes kleines Refugium, mit all deinen lieben Menschen, meinen Freunden; und Dank für alles!«

VI

Flucht zurück in den Krieg

Der Zug fuhr nur bis Cottbus, wo die Mutter die beiden
Schwestern mit dem gesamten Gepäck zwischen die
Flüchtlingsmassen setzte, mit denen die Umsteigegänge
total überfüllt waren. Sie wollte sich um eine Weiterfahrt
kümmern.

Große und kleine Kinder schliefen erschöpft neben schrei-
enden Säuglingen, die die Mütter vergeblich zur Ruhe
zu bringen versuchten – sie hatten einfach keine Milch
mehr. Alte Menschen hockten zusammengekauert dazwischen, stierten ohne Blick auf die hässliche Tunnelwand;
hungrig, schmutzig und übermüdet waren sie unfähig,
über den Fortgang des Elends nachzudenken.

Die meisten hatten eine grauenvolle Flucht aus allen
möglichen deutschen Ostgebieten hinter sich und waren
indessen ohne Hoffnung, hier irgendwelche Hilfe bekommen zu können.

Nach zwei Stunden hatte die Mutter einen Zug ausfindig
gemacht, der nach Berlin fuhr, und so packten sie ihre
Sachen, rannten, so gut sie konnten mit vielen anderen
treppauf, treppab, stiegen in den Unterführungen über
die traurig Wartenden, bis sie den rettenden Zug erreicht
hatten. Ihr Klumpfuß bereitete ihr beim Besteigen ihres
»Fahrstehplatzes« große Schwierigkeiten, denn sie passte
mit Monika noch so eben auf den Gepäckberg, mit dem
das Abteil vollgestopft war, musste gleichzeitig einen Kinderwagen festhalten, der über ihrem Kopf baumelte, den

permanenten Schmerz des Geschwürs mit Lippenbeißen unterdrückend. Auf einem Bein nach Berlin!

Endlich tauchten die ersten hässlichen Häuserreihen auf, denen man die Gleise vor die Fenster gesetzt hatte. Trotz des vielen Leids, das sie bisher schon gesehen hatte, kam in ihr wieder das Mitgefühl auf, das sie von klein an mit diesen Menschen hatte, die dort wohnen mussten. Natürlich gab es keine Möglichkeit, zu Hause anzurufen, denn die Reparaturen der zerstörten Leitungen dauerten mal Tage, mal Wochen.

Wider Erwarten hatten sie am Görlitzer Bahnhof das Glück, dass eine, wie jetzt üblich, mit Brettern und Pappe »verfensterte« Straßenbahn erschien, und mit einmal Umsteigen erreichten sie ihre Heimathaltestelle. Kundschaft erkannte die Flüchtlinge und holte Hilfe.

Magda schrie: »Herrje, Herrje«, als sie die fast vier Wochen lang falsch behandelte Wunde der Großen sah, und wusch sie immer wieder mit reinem Alkohol, egal wie laut die jammerte – und nach vier Tagen war sie Geschwür und Schmerzen los. Die Wunde heilte schnell, nur die Schnittnarben des klugen Arztes blieben ihr als hartes Andenken.

Fast ohne Übergang rutschte dann das Leben wieder in die Bahnen der Zeit vor der Evakuierung. Ab sofort gab es kein Taschengeld oder Extrazuwendungen anderer Art mehr.

Auch die telefonische Zärtlichkeit der Eltern war wieder freundlicher Distanz gewichen.

Das Nesthäkchen wurde wieder zum Baby, das gewaschen und angekleidet werden musste, und das jeden Willen erfüllt bekam. Immer nur kühl als die »Vernünftige« eingestuft zu werden, schmerzte zwar, aber mit der Selbstverständlichkeit, mit der dies hier geschah, brachte es letztlich eine natürlich gewachsene Rücknahme der eigenen Person mit sich, Verzicht und Verantwortungsgefühl.

Stete Zurücksetzung kann ebenso gut – oder schlecht Mucker und Aufsässige hervorbringen; aber bei ihr entstanden dadurch nie versiegendes Verständnis und Hilfsbereitschaft für Benachteiligte, für Hilflose. Sie hatte zudem ein wundersames Bad in Drachenblut gehabt und nichts mehr von ehemaligem Minderwertigkeitsempfinden. Sie ging einfach nur geradeaus!

Schulunterricht gab es nicht mehr, und deshalb bekam sie immer öfter eine schneeweiße Schürze umgebunden, um im Laden oder in der Bäckerei zu helfen, in der sich nun der Vater allein mit einem älteren Gesellen und dem mürrischen Wuja abmühen musste. Er trug jetzt weiße Bäckerkluft; die schwarze Hose und die gestärkte Konditorjacke warteten im Schrank auf bessere Zeiten.

Die Backmaterialien wurden nur noch teilweise geliefert, der Rest musste von den verschiedenen Lagern abgeholt werden, und so schob sie den Handwagen über Straßen, Kreuzungen, um Sperrungen und Trümmerhaufen bis weit hinter den Friedrichshain – wie gut, dass sie den Weg im Schlaf kannte! Mit schwerer Last ging es den Prenzlauer Berg wieder hinauf.

Da war nichts mehr übrig von romantischen Mondnächten während der ersten Verdunklungsjahre, sondern da lief die Angst mit vor plötzlichem Fliegeralarm, vor schwachsinnigen Verbrechern, vor versagender Kraft in der schnell hereinbrechenden tiefen Dunkelheit.

Lichtblicke bildeten die Englischstunden, zu denen Mutter Monika und sie schickte. Tante Lenchen durften sie die Dame nennen, die bei einer Kundin in einer Kreuzungsstraße der Metzer wohnte. Das war eine vornehme Frau mittleren Alters mit einem gepflegten silbernen Bubikopf, die ihnen nicht nur Englisch, sondern auch so manchen fundierten Rat für ihr zukünftiges Leben nahebrachte, wofür in dem heimatlichen Geschäftstrubel nicht genügend Zeit vorhanden war. Sie verehrte Tante Lenchen als ganz großes Vorbild und freute sich, dass diese mit ihrer Freundin bei jedem Alarm zu ihnen in den Luftschutzkeller kam, weil – wie der Vater der Hausgemeinschaft verkündete – deren Keller nicht sicher genug war. Wuja hatte jedoch nicht das Gefühl, dass der Keller seiner Schwester sicher genug sei und zog bereits bei Voralarm mit seinem Köfferchen zum Bunker im Friedrichshain. Mutter zuckte die Schultern und ließ ihn ziehen: »Vielleicht bleibt dann wenigstens einer von uns übrig!« Aber wie oft hatten sie gehört, dass in diesen wirklich bombensicheren Bunkern sich die Menschen totgetrampelt hatten, wenn nach der Entwarnung sofort wieder neuer Alarm gegeben wurde. Dann waren die einen noch beim Herausgehen, während die von draußen schon wieder hineinstürmten und vor Angst keine Rücksicht kannten.

Ernster wurde das Leben mit jedem Tag. Bis tief in die Nacht saßen sie beim Markenkleben. Wann würde das ein Ende nehmen! Voller Entsetzen hörten sie von dem Dresdener Inferno fast zum zweiten Jahrestag der Proklamation des »Totalen Krieges«. Kurz darauf erreichte Magda ein Telegramm ihrer ostpreußischen Familie: »Wir sind gesund in St. Peter Ording angekommen«. Der

Vater telegrafierte ohne zu zögern zurück: »Alle sofort zu uns kommen«. Es waren drei Schwestern, eine Schwägerin und vier Neffen von Magda, die dann mit verschämtem Lächeln vor der Tür standen. Sie gehörten zu den zwölf Millionen Ostflüchtlingen, die ihre Heimat verloren hatten.

Soviel Leben hatte es in der Wohnung noch nie gegeben. Allein im Kinderzimmer schliefen statt zwei nun sechs Personen. Ähnlich fröhlich ging es im Herrenzimmer zu, und sie liebte vor allem die Kleinsten mit ihrem breiten Dialekt. Wenn sie ihnen in den ersten Vorfrühlingstagen vorschlug: »Geht doch mal raus und spielt dort mit den anderen Kindern«, dann bekam sie zur Antwort: »Ai, die Barliner Jungens schlajen!« Besonders angstvoll drängten sich die Ostpreußen bei dem für sie ungewohnten Alarm im Keller zusammen, wenn rundherum die Hölle los war; aber ebenso waren sie fleißige und wertvolle Helfer, wenn sie Wasser schleppen halfen durch die brennende Untermetzer, deren rechte Seite es mehrmals erwischte. Sie halfen bei den Aufräumarbeiten in der verwüsteten Wohnung und das immer wieder durch den Luftdruck der Bomben herausgerissene Holzschaufenster mit der kleinen Scheibe an seinen Platz zu setzen, fungierten als Verkäuferinnen im Laden und setzten sich vor allem bei der Vor- und Nachbereitung der Mahlzeiten für diese Riesenfamilie ein.
Den Eltern gelang es innerhalb weniger Monate mit Geschick, alle in einer eigenen Unterkunft unterzubringen – bis auf die jüngste, erst zwanzig Jahre alte Schwester Friedel, die zur angenehmen Freundin für alle wurde. Sie war auch diejenige gewesen, die ihre Lieben zur

rechtzeitigen Flucht bewegt, die Karawane geleitet, den jungen Müttern die Pelze ausgezogen und die Kleinen darin eingewickelt hatte. Sie hatte ihnen beigebracht, wie man sich bei Tieffliegerattacken blitzartig in den Graben neben der Landstraße wirft – und schließlich konnte sie durch die Freundschaft zu einem Soldaten alle auf ein Flüchtlingsschiff verfrachten. Danach hatten sie das Glück gehabt, mit nur kleinen feindlichen Treffern nach der Fahrt über die eisige Ostsee das rettende Ufer Schleswig-Holsteins zu erreichen.

Wären nicht die zertrümmerten oder ausgebrannten Häuser, die hochgetürmten Schuttberge auf den Promenaden und Parks gewesen, die verbretterten Fenster, stillgelegte Strecken des öffentlichen Verkehrs, die leeren Geschäfte, auf Krücken gehende Uniformierte zur Gewohnheit geworden, hätte man glauben können, das normale Leben sei ungestört, denn jeder eilte zu seinem Arbeitsplatz, die Behörden funktionierten. Zum Beispiel hatte sie die Aufforderung ihrer Kirchengemeinde bekommen, sich zum Konfirmandenunterricht einzufinden. Von dem Unterricht in Weißwasser war nicht ein einziger Satz in ihrem Kopf zurückgeblieben. Dort hatten sie ausschließlich Blödsinn gemacht. Sie wusste nicht einmal mehr genau, wie der Pfarrer ausgesehen hatte. Wahrscheinlich war er so unfähig gewesen, dass sie ihn übersehen und nur die Gemeinschaft mit den Freundinnen gesucht hatte; schließlich hatte durch diese ihre große Lebenswende begonnen.

Für ihre vielen Fragen war der Unterricht auch hier nicht aufschlussreicher. Die Texte blieben für sie entweder unverständlich oder graue Theorie, und so fand sie nur einen einzigen Ausweg aus dem Wirrwarr der Schuldgefühle: Sie sprach nach und betete nur noch, was sie meinte, glauben zu können. Der von ihr bewunderte Jesus von Nazareth hatte Nächstenliebe, Barmherzigkeit, Dankbarkeit, Demut und Liebe als »Güte«, als »Gott« bezeichnet. Wer dieses Göttliche in sich hege und bereit sei, nach außen zu tragen, der sei Gottes Kind, also ein Gotteskind, wie auch er sich als Gottessohn bewahren wolle. Was nun die Kirche aus dieser Reinheit des Denkens und Handelns in zweitausend Jahren mit blutigen Kreuzzügen, Inquisition, Hexenverbrennungen, Legendenbildung und Glaubenskriegen gemacht hatte, konnte nicht im Sinne des großen Predigers sein, der außerdem ja nur einer von vielen zu seiner Zeit gewesen war. Durch diese entsetzliche Kreuzigung war er als Märtyrer herausgehoben; durch die viele Jahrzehnte nach seinem Tod begonnene, verzerrte und oft widersprüchliche Berichterstattung im »Neuen Testament« bekannt und aufgrund sehr menschlicher Verfälschungen missbraucht worden zum Zwecke von Machtbildung und deren Erhalt in einer neuen Institution, Kirche genannt.

Da alle Menschen in diesen Wochen übernervös und erschöpft ihren Alltag bewältigen mussten, drang auch niemand weiter in ihre Gedankengänge, drohte keiner mit Strafen; es gab schon Gewalt und Diktatur genug. In früher Kindheit hatte sie bereits so einige Zweifel bei diesem Thema gehabt. Die katholische Mutter schlug vor und nach dem ehrwürdigen Vaterunser das Kreuz: Im Namen des Vaters – Kopf, Magen, des Sohnes – linke Brust, des Heiligen Geistes – rechte Brust, Amen. Vater, Sohn, das kannte sie natürlich, wer aber sollte dieser heilige Geist sein, vor dem es sie immer so gruselte wie in

Magdas Lieblingsmärchen »Von einem, der auszog, das Gruseln zu lernen«, was ihr auch nie so ganz klar geworden war? Da hatte sie den Vater stets viel besser verstanden, wenn er – leider zu selten – mal an ihrem Bett mit tiefer Stimme gesungen hatte: »Müde bin ich, geh zur Ruh, schließe beide Augen zu. Vater, lass die Liebe dein über meinem Bette sein.«
Vaters gute Augen konnte sie sehen und fühlte sich sicher unter deren Blick. So hatte sie es schließlich bei diesem Unterschied zwischen Mutters und Vaters Beten belassen, ohne weiter nachzudenken.

Jetzt vor der Konfirmation fragte sie Vaters Schwester, warum es überhaupt dergleichen Differenzen gäbe und erfuhr die schier unglaubliche Geschichte über ihre Konfessionszuordnung: Bei der katholischen Trauung der Eltern hatte die katholische Braut versprechen müssen, dass trotz des gnädigst geduldeten evangelischen Bräutigams alle Kinder aus dieser Verbindung katholisch getauft werden würden. Zwei Jahre nach Hannis Taufe sei also die Mutter mit dem Bündel Ehrhardt zum katholischen Pfarrer gelaufen, um ihn zur Taufe anzumelden und deren Ablauf zu besprechen. Da habe dieser gegrinst: »Na, hat der Bäckermeister wieder eins geschoben?«, worauf die Gefragte mit zornrotem Kopf ihr Kind an sich gedrückt habe und fluchtartig heimgelaufen sei. Das war der Grund, warum Ehrhardt und seine jüngeren Schwestern evangelisch getauft worden waren!
Wenn man also glaubte, derart leichtfertig mit den Gefühlen seiner »Gläubigen« umgehen zu dürfen, konnte das Fundament nicht sehr vertrauenswürdig sein, war für sie keine Hilfe und Antwort in Glaubensfragen zu erwar-

ten, und so baute sie sich eine eigene Schutzburg, in der nur die Lehren des Künders der Wahrhaftigkeit und Bescheidenheit Platz hatten, in denen all das ausgesprochen wurde, was sie ohne Umwege stets als gut empfunden hatte. Zu allem, was die Kirche ausgeschmückt und grausam verteidigt hatte, fand sie keinen Zugang.

Sie fragte, warum Glauben vortäuschen, wenn man aufrecht wissen kann?

Einer der Konfirmanden begrüßte den Pfarrer einmal verschmitzt mit »Heil Hitler, Herr Pfarrer« und formte dabei mit der »Erhobenen« das V-Zeichen für Victory. »Sei still, du Verrückter«, zischte der und sah den Jungen angstvoll an. Die waren sich einig, und selbst die Parteispitze war sich darüber im Klaren, dass die Berliner nicht ihre größten Freunde waren, sondern den »böhmischen Gefreiten« gern wieder exportiert hätten; aber wo waren diese Pfarrer eigentlich nach jener »Kristallnacht«, warum haben sie am Bußtag nicht von den Kanzeln gewettert? Dieser abergläubische Österreicher mit seiner »Vorsehung« wäre vielleicht doch in die Knie gegangen?! Der eine Feigling fürchtet eben den anderen Feigling!

Lange mussten sie auf Nachricht von Ehrhardt warten; aber dass die Mutter fast einen Schreikrampf bekommen sollte, als sie ihn am Telefon lakonisch sagen hörte: »Mutter, ich bin in Berlin: Holt mich vom Bahnhof Halensee ab«, damit hatte niemand gerechnet. »Junge, wo bist du? Was ist los? Hast du Urlaub?« Letztere war eine absurde Frage, denn Urlaubssperre, Rekrutierung alter Männer und der Fünfzehnjährigen waren allen bekannt. Er nannte seinen Aufenthaltsort, seine Schwester wurde mit Fahrgeld versehen nach Halensee geschickt und stand dann verlegen vor den beiden Soldaten: Ehrhardt mit Gipsbein und »sein« Leutnant mit einem leeren Uniformärmel. Der Leutnant sah sich auf dem Bahnsteig unmerklich, aber höchst unruhig um, denn die zu zweit patrouillierenden »Kettenhunde« nahmen jeden verdächtigen Fahnenflüchtigen rigoros in Gewahrsam, das zum Kriegsgericht führte.

Ehrhardt packte ihn am gesunden Arm, verteilte das Gepäck auf alle freien Hände und sagte: »Geht schon alles in Ordnung, Herr Leutnant!« Auf Fragen legte er nur den Finger auf den Mund und erst daheim kam heraus, dass sie beide auf einen Verwundetentransport in den Spessart verladen worden waren. Ehrhardt war dem jungen Offizier als Helfer zugeteilt worden und hatte ihn nach langer Fahrt plötzlich geweckt: »Aussteigen, Herr Leutnant. Halensee! Wir sind zu Hause. Gepäck habe ich schon aus dem Fenster geschmissen!« Kaum hätte er den Widerstrebenden aus dem Zug geschubst gehabt, als der sich wieder in Bewegung gesetzt habe.

So, da hatten sie nun zwei Deserteure im Haus. Der eine grinste vergnügt, der andere fürchtete Schlimmes, rief seine Eltern in Dahlem an und versprach, ihnen später seine Lazarettadresse zu nennen. Er wollte sie mit diesem Intermezzo nicht beunruhigen.

Mutter rief den Familienfreund an, der bisher stets in letzter Minute geholfen hatte, und noch am gleichen Tag konnte sie die beiden Helden nach Tempelhof bringen, wo ein von Namen und Gesinnung adliger Professor als Lazarettchefarzt seine Arme zu heimlichem Schutz ausbreitete.

Seit Monaten war es zur Gewohnheit geworden, dass innerhalb der Verwandtschaft nach jedem Alarm nachgefragt wurde, ob man noch mal davongekommen sei. Ging das eigene Telefon nicht, suchte man so lange, bis ein funktionierendes gefunden war. Wuja hatte einen polnischen Freund aus den Berliner Jugendtagen, der gar zu Fuß immer wieder einen langen Weg auf sich nahm, um nach dessen Wohlergehen zu schauen. Der fluchte, wenn er gerade beim Essen war, dann lagen sie sich in den Armen, küssten links, küssten rechts die Wangen, in ihrer Muttersprache lachend und weinend: »Mein lieber Freund!«

Indessen gab es zwei- und dreimal täglich Fliegeralarm. Koffer und Taschen mit dem Liebsten, was man retten wollte, ließ man immer in allernächster Nähe.
Dennoch wagte sie mit Friedel einen dringenden Ausflug. »Organisieren« hieß das Zauberwort, wenn der triste Alltag mal etwas aufpoliert werden sollte. Friedel konnte reden wie ein Maschinengewehr, und auf diese Weise muss sie es auch geschafft haben, eine Woche vor der Konfirmation zwei nicht mehr ganz junge Fahrräder auf »Pump« aufzutreiben für sich und die Konfirmandin. Sie schwangen sich drauf und strampelten bis zu einem Dorf hinter Strausberg, fast eine kleine Weltreise! Dort gab es durch heimliche Vermittlung einen Hammel für das geplante Festmahl. Erschöpft, aber erfolgreich stiegen sie am späten Abend mit ihrer Beute von den Drahteseln, und Magda konnte sich mit hilfreichen Geistern an die Aufbereitung machen.

Wenn sie auch keine direkte zärtliche Verbindung mit ihren Eltern hatte, die von ihr verehrt auf einem ziemlich hoben Sockel standen, so sah sie doch keinen Anlass, eine fremde Jungfrau als ihre »Mutter« anzubeten; konnte sich nicht dazu bringen, vor dieser Gräueltat niederzuknien, die das Kruzifix zu steter Erinnerung zeigte. Sie empfand es eher als Sadismus, dieser Darstellung in ungezählten Variationen begegnen zu müssen. Ein einfaches Kreuz zur Erinnerung an den einzigen Christen, den es je gegeben hat, war für ihr Empfinden ehrlicher als das Einknicken vor dem Abbild des leidenden bloßen Männerkörpers, des blutenden Leichnams – bis zum totalen Abstumpfen. Ihr waren die daneben aufrechten Aussagen und hilfreichen Taten ihrer Eltern verehrungswürdiges Vorbild. So würde sie auch gern sein wollen! –

Sie ging noch nicht zur Schule, als der Vater sie gelehrt hatte:

Vor allem eins, mein Kind, sei treu und wahr,
Lass nie die Lüge deinen Mund entweihn.
Von alters her in unserm Volke war
Es höchste Pflicht, getreu und wahr zu sein!
Leicht schleicht die Lüge sich ans Herz heran,
Zuerst ein Zwerg, ein Riese hintenan ...

Wie es weiterging, hatte sie vergessen, aber diese einfachen Zeilen waren immer in ihr.

Und so stand sie am ersten Sonntag im März in der gewaltigen Halle der Immanuelkirche vor dem Altar, bekam den Segen und folgte dann dem Spruchchor des Glaubensbekenntnisses nur bis zum »Schöpfer des Himmels und der Erden«. Sie schloss die Lippen, denn jeder sollte sehen, dass sie bereit war, zu ihrer Haltung zu stehen; aber wie immer achtete kein Mensch darauf, was sie trotz ihrer erst knapp vierzehn Jahre darin bestätigte, dass

170

jeder nur für sich selbst entscheiden muss, und dass niemand das eigene Gewissen ersetzen kann. Alles andere kam ihr vor wie geistiger Terror, den sie als zumindest überflüssig nicht bereit war zu akzeptieren. Ihr Rückgrat gehorchte nur ihrem eigenen Denken, und das sprach nicht von Krümmen, nicht von Glaubenvortäuschen, um anderen zu gefallen.

Wie ein Wunder war dies der einzige Konfirmationssonntag des Jahres ohne Alarm, ohne die schreiend aus der Kirche stürmenden Gottesdienstbesucher, die die von den Konfirmandinnen fortgeworfenen Maiglöckchensträußchen zertrampelten, um den nächstbesten Luftschutzkeller zu erreichen.

Dieser Tag brachte jedenfalls äußerlich noch allerlei schöne Dinge mit sich:

Ehrhardt war mit Krücke zu Fuß von Tempelhof angehumpelt gekommen mit einem armseligen Primeltöpfchen in der linken Hand. Alle weinten vor Freude. Die Bedeutung dieses stundenlangen Opfergangs wurde ihr erst viel später voller Dankbarkeit bewusst.

Dann gab es das schwarze Seidensamtkleid, von der Mutter so wunderschön geschaffen, dass sie es noch viele Jahre zu Opern-, Theater- und Partyveranstaltungen tragen konnte; weiterhin brauchte sie ab sofort nie wieder wollene Strümpfe am weißen Baumwollleibchen anzuknöpfen, sie durfte immer ihre einzigen hochhackigen Pumps tragen, die Kundschaft im Laden sagte »Sie« zu ihr, und nun blieb wieder mehr Zeit, bei Tante Lenchen englische Geschichtchen zu studieren.

Der Vorfrühling zeigte sein freundlichstes Gesicht, und neue Hoffnung auf irgendein Ende des Kriegsgrauens wagte sich schüchtern hervor. Alles wollte man hergeben, nur das Morden sollte aufhören!

Die Mutter flehte: »Ich will im Rinnstein sitzen und trockenes Brot essen, wenn dafür keine Bomben mehr fallen!« Eine hämische Antwort war in der folgenden Nacht das brennende Nebenhaus. An Feuerwehr war nicht zu denken, die Luftschutzwarte hatten resigniert: »Da is nischt mehr zu machen!« Da nahm Mutter einem von ihnen den Helm ab, stülpte ihn über ihren Kopf, und nachdem sie die entsetzt schauenden Kinder alle wieder in den Keller gescheucht hatte, stieg sie, alle herumstehenden Erwachsenen zum Helfen auffordernd, so weit wie möglich zur Brandstelle in der dritten Etage hinauf. Eine Kette wurde gebildet, gefüllte Wassereimer weitergereicht, die das körperlich schwächste Glied da oben in die Flammen goss, laut schreiend: »Weiter! Weiter! Wir schaffen es.« Indessen hatten die kräftigen Ostpreußinnen noch zwei Ketten zustande gebracht, die der Vater anführte. Wie lange hat es gedauert? Niemand wusste es hinterher, denn vor Freude und Erschöpfung hatte keiner auf die Uhr geschaut. Alle aber wussten, dass es Mutters Zähigkeit und der Tapferkeit der anderen zu verdanken war, dass das Feuer nicht auf den Seitenflügel, nicht auf ihr Haus nebenan und nicht auf die unteren Stockwerke übergegriffen hatte. Im Sonnenschein des nächsten Morgens sah man nur noch das schwarze Loch in der Nebenfassade.

Eine Woche später machte Ehrhardt ihnen wieder einen bejubelten Besuch. Zur Freude der großen Familie schleppte er einen kleinen Leinensack voller Speckseiten an. Obgleich leicht ranzig trotz Mutters Mangansäurebad, aßen sie alle voller Genuss davon. Ehrhardt war einer der wenigen im Lazarett, die schon wieder gut auf den Beinen waren; deshalb hatte man ihn zu Hilfsdiensten eingeteilt. Ihm fiel die schmerzvolle Aufgabe zu, die verstorbenen Soldaten sorgfältig in Leinentücher zu wickeln und mit ihren Identifikationspapieren versehen zur Beerdigung weiterzugeben. Oft mussten Hinterbliebene ausgemacht und herbeigerufen werden, weil die metallene Erkennungsmarke fehlte. Erschütternde Szenen hat er da erleben müssen, denn den Toten waren noch tagelang Haare und Bärte nachgewachsen, sie waren unkenntlich geworden.

Bei seinem ersten Fronturlaub hatte Ehrhardt noch so jung ausgesehen, dass man ihn trotz Feldgrau nicht in einen Film gehen lassen wollte, der nur für Leute über achtzehn Jahre erlaubt war. Einmal wurde er während des Films »Mutterliebe« bei einer angedeuteten Augenoperation ohnmächtig aus dem Kino getragen. Und nun all die schrecklichen Prüfungen seines mitleidigen Nervenkostüms! Diese hatten aber offensichtlich eine schützende Hornhaut um seine milde Seele gebildet, sodass er nun schmunzelnd gestehen konnte, dass er jenes Leinensäckchen zwischen den Toten versteckt gefunden und heimlich an sich genommen hatte, so, wie er es im Überlebenskampf in Russland gelernt hatte.

Weitere zehn Tage vergingen, bis die Eltern alle vor das Haus riefen: »Hört nur, es wird geschossen. Das ist ›Übungsschießen‹ der Flak – Flugzeugabwehrkanonen –, so steht es heute in der Zeitung!« Immer mehr Leute gesellten sich zu ihnen bei heller Sonne. »Son Quatsch«, hörte man. »Dit könn' die doch längst!« Aus eigenem Erleben wusste ihre Familie, dass Ehrhardt schon als Sechzehnjähriger auf dem Dach der nahegelegenen »Reichsjugendführung« als Flakhelfer Dienst tun musste. »Det sind die Russen, Menschenskind!« und »für wie doof halten die eenen eigentlich?« hörte man. Angstvoll zerstreute sich die Menge wieder, denn es war sogar gefährlich, sich solche Kommentare anzuhören.

Über Nacht waren auf verwunderliche Weise Panzersperren entstanden, Mauern, die den Fahrdamm an verschiedenen Stellen unbefahrbar machen sollten. Die wurden bestaunt, begutachtet, wegen der Unbequemlichkeit für die zivilen Verkehrsteilnehmer bemeckert, – und endlich verlacht: »Wie lange braucht 'n russischer Panzer, um det Hindernis zu bewältigen? Fünf Minuten. Vier Minuten, um vor Lachen wieda Luft zu kriejn und eene Minute, um dit Ding umzulegen!«

»Dit is jenau wie mit dit Knäckebrot. Joebbels spricht: Und wenn meine Feinde behaupten, das deutsche Volk müsse verhungern, so ist das eine infame Lüge! In Wannsee steht noch ein ganzer Waggon voll Knäckebrot.«

»Ja, jenau. Und wenn meine Feinde behaupten, ich hätte einen Klumpfuß, so ist das eine infame Lüge. Es ist nur die Batterie zu meiner großen Schnauze.« Es wurde nur verhalten gelacht; erstens kannten die meisten diese Witze, und zweitens hatte kaum jemand noch viel Grund zum Lachen.

Die nächtlichen Bombenangriffe ließen in ihrer Stärke etwas nach, dafür hörte aber der Lärm des Beschusses, das singende Pfeifen der »Stalinorgel« genannten russischen Geschütze Tag und Nacht nicht mehr auf. Das Leben spielte sich seit dem »großen Geburtstag« des Gröfaz ganztags im Keller ab. Nur für kurze Erledigungen rannten die Menschen hinauf in ihre Wohnungen, immer unter höchster Lebensgefahr.

Gerade hatte sie sich mal wieder aus dem Keller geschlichen und stieg oben aus der wohligen Flut der Badewanne, als ihr Leben beendet schien. Eine ungeheure Detonation hatte sie durch die zersplitterte Badezimmertür gedrückt. Ohrenbetäubendes Bersten und Krachen um sie her. Dunkelgrau-klebrig ihr frischgebadeter Körper, dem sie auf den Dreck hastig ihren Trainingsanzug überzog, den sie unter den Spiegelscherben laut schreiend hervorgewühlt hatte. Sie blutete und verkroch sich bei dem erdbebenartigen Rumsen und Getöse unter der Wendeltreppe, kauerte sich zu einem Ball zusammen, mit dem Katzenbuckel alles zu schützen versuchend. Mitten am Tag ein völlig unerwartetes Bombardement hatte die vierte und dritte Etage des Seitenflügels zerstört, deren Bewohner, glücklicherweise im Keller sitzend, verschont geblieben waren.

Laut nach ihrem Flüchtling rufend, kamen die Eltern in die Wohnung gerannt und fanden sie mit einem Schock in der Küche sitzen, wo ein wüstes Durcheinander herrschte von Speisen, zerbrochenem Geschirr, Glas- und Holzsplittern, zentimeterdickem gelbgrauem, grobem Puder. Den gab es im ganzen Haus, wie dann mit schweren Seufzern festgestellt wurde. Am saubersten war es wie stets nach solchen nahen Einschlägen in der großen Backstube, deren Wände, Decke und Fußboden weiß gekachelt waren. Überall zog es unerträglich, denn weder Fenster noch Türen hatten diesem Druck standhalten können. Dieser Sog führte zu unkontrollierbarem Funkenflug, und plötzlich entdeckten sie Rauch, der aus des Onkels Zimmer drang. Sein brennendes Bett erstickte Mutter mit einem dicken Kissen. Er dankte ihr stumm; seine Wanderungen zum Bunker hatte er einstellen müssen, weil gerade dort der Kanonendonner herkam. So saß er nach der Arbeit in der Bäckerei mit versteinertem Gesicht in einer Ecke des Schutzraums.

Nach dem Entwarnungston liefen sie auf die Straße, den Kopf wieder geschützt mit Skimützen, das Gesicht mit feuchtem Chiffon, um zur Pumpe zu laufen, nach Wasser anzustehen. Fünf brennende Häuser, deren Flammen der heiße Feuersturm immer von Neuem nährte, hatten die Straße am frühen Frühlingsnachmittag in ein gespenstisches hellgelbes Licht getaucht, der Himmel war pechschwarz. Die Besitzer der Molkerei waren hinter zwei Kühen her, die sich nicht einfangen lassen wollten. Tränenlos starrten wieder neue Bombengeschädigte in das Feuer, das ihr Eigentum verzehrte.

Jetzt endgültig ohne Telefonverbindungen sprach sich doch nach jedem Angriff in Windeseile herum, welche Gegend es am schlimmsten erwischt hatte, und so lagen sie sich weinend in den Armen, als Ehrhardt plötzlich gegen Abend dastand, um aufräumen zu helfen. Er war schwer hinkend zwei Stunden durch die Stadt gelaufen – viele direkte Straßenzüge waren wegen Einsturzgefahr gesperrt.

Von nun an durften Kinder nicht mehr auf die Straße, Tante Lenchen ging mit ihrer Freundin gar nicht mehr nach Hause, der Geselle kam nicht mehr zur Arbeit.

Bisher hatten sie immer wieder diejenigen bewundert, die tagtäglich unter schwierigsten Verhältnissen an ihrem Platz ihre Pflicht getan hatten, diese riesige schwerkranke Stadt mit Lebensmitteln, wenigstens stundenweise mit Strom und Wasser zu versorgen.

Die Kollegen gaben per Mundpost weiter, dass hier und da Vorräte lagerten, aber keinerlei Transportmöglichkeiten mehr gegeben seien. Das war für die beherzte Mutter wieder einmal das Signal zu handeln ohne zu fragen! Sie setzte sich einen Stahlhelm auf und schob trotz heftigsten Protests des Vaters den Handwagen durch die unter Beschuss liegenden menschenleeren Straßen bis zur Bäckereinkaufsgenossenschaft im hinteren Hof des Pfefferbergs, wo sie ein paar Sack Mehl holen durfte. Der Vater arbeitete nun allein mit dem Wuja, wirkte ohne Strom nur mit der Kraft seiner Arme die schweren Teigmassen und buk in dem von Hausbewohnern kohlebeheizten Backofen Brote, Brote, Brote – immer wieder hastig in Deckung gehend, wenn Pfeifen und Detonieren zu nahe kamen. Sein Heldentum hatte sich schnell herumgesprochen. Jeder, dem die Verzweiflung den Mut dazu gab, flitzte über die gefährlichen Straßen und huschte ab morgens um vier Uhr in den ersehnten Hausflur, wo sich allmählich eine Schlange bildete, die sich über alle Etagen schraubte und erst in der vierten endete. Das morgendliche Flüstern und Raunen wuchs im Laufe des Tages an zu einem Radau, wie sie ihn nur einmal bei einem Eishockeyspiel im Berliner Sportpalast erlebt hatte. Vor Bomben hatte man am Tage keine Angst, und da wurde das Wispern zum Reden, das Reden zum Lachen, das Lachen zu einem unheimlichen Getöse von Menschenstimmen – zu einem einstimmigen Aufschrei, wenn in der Nähe Granaten einschlugen. Hier in dem sicheren Treppenhaus warteten hauptsächlich Frauen stundenlang geduldig, aber auch viele alte Männer saßen auf den Treppenstufen, dazwischen sah man manch ängstliches Gesicht eines Schulkindes.

Sie half im Laden, so gut sie konnte, in größtmöglicher Entfernung von Tür und Holzschaufenster. In genauen Zeitabständen schlüpften immer acht Personen aus der Haustür in den Laden. Mutter, Magda und Friedel bedienten die armen Menschen, indem sie in gebückter Haltung Brot über den Ladentisch reichten, während sie in der Hocke Bezahlung und Brotmarken kassierte – alles in Körbe werfend, die auf dem Fußboden standen.

Sobald die Brote des Tages ausverkauft waren, machte sich der Vater allein an die nur geringfügig leichtere Arbeit, mit einem zufällig entdeckten Vorrat an Zucker und Weizen Zwieback herzustellen, der ausschließlich an Mütter mit Säuglingen und Kleinstkindern verteilt wurde. Dankbar küsste ihm manche die Hände – und musste doch Tage später den Tod des Kindes ertragen!

Der lahmende Luftschutzwart entdeckte bei einem seiner Kontrollgänge, dass in dem halbzerstörten Treppenaufgang des Seitenflügels ein Blindgänger lag, der jedoch jederzeit noch explodieren konnte bei entsprechender Erschütterung. Zunächst herrschte große Ratlosigkeit, doch dann kam der gewitzten Mutter der rettende Einfall, dass ihre große Tochter gemeinsam mit ihrer Freundin Sabine ihren »Freund« um einen Gefallen bitten sollte.

Auf der Promenade hatte es sich an einer noch von Schutt freien Stelle nämlich ein riesiger deutscher Panzer mit einem einzigen Soldaten gemütlich gemacht. Letzterer trug in diesen herrlichsten aller Frühlingstage eine dicke, mit Schafspelz gefütterte Lederjacke und kam sofort über den Fahrdamm geschlendert, wenn die Mädchen mal, um kurz Luft zu schnappen, vor der Haustür erschienen, bat um Badbenutzung, mal um eine Tasse Kaffee und erzählte ausführlich von seinen Heldentaten.

Ihn sollten die Mädel nun lieb bitten, den Blindgänger zu entfernen. »Joa«, meinte der mit zynischer Freundlichkeit, zeigte auf die Promenade und sagte: »Grabt's amal a Loch!« »Aber nein, wir dürfen doch nicht raus in den Beschuss!« »Joa, denkt's, i groab a Loch dazua?« Aus dem Liebesdienst wurde nichts; er schaute gar mit verschränkten Armen zu, wie die Eltern mit dem Luftschutzwart alles selbst taten!

Allerdings versuchte er die Mädchen davor zu schützen, dass sie mitbekamen, wie Zivilisten mit aufgerissenem Leib vorbeigetragen wurden. Im gleichen Moment kam Magda atemlos angelaufen und schrie, dass sie soeben beim Leeren des Mülleimers eine Leiche ohne Kopf auf dem Hof gefunden hätte. Der Österreicher zuckte nur die Schultern, drehte sich weg und stieg wieder in seinen Panzer.

Sie erhielten in diesen Tagen sogar eine Zeitung, den »Panzerbär« im DIN-A5-Format. Das Bild in der Mitte der ersten Seite wird sie nicht vergessen: Auf einem Trümmerberg ein Soldat mit Gewehr im Anschlag, darunter der Text »Auf den Trümmern Berlins werden wir siegen!« Rätselhaft blieb, wer das noch wo druckte. Es war eine völlig überflüssige Verschwendung von Papier, Zeit, Fleiß, Geld und Pflichterfüllung, denn jeder empfand es lediglich als Beleidigung des menschlichen Verstandes.

Immer wieder tauchten ganze Flüchtlingsgruppen mit kleinen weinenden Kindern, deren Anblick einem das Herz zerriss, aus den Nachbarbezirken auf, in denen bereits Straßenkämpfe tobten. Chaotische Wortfetzen malten entsetzliche Szenen von Kampf, Tod, Vergewaltigungen. Sie blieben höchstens eine Nacht zusammengekauert im Keller, dann flüchteten sie angstvoll weiter – und neue kamen.

Die Mutter beruhigte: »Das mit den Frauen sind Lügenmärchen von Goebbels. Ich kannte genug polnische und russische Soldaten. Die Offiziere sind edle Menschen aus besten Familien.« Der Fantasie der Tochter fiel es nicht schwer, sich wundervolle junge Männer vorzustellen – und alle Angst war dahin.

Da kaum noch Gefahr bestand, aufgrund des Bombenluftdrucks durch die Wohnung geschleudert zu werden, schloss sie sich ihrem Vater an und nächtigte statt im Keller auf dem Teppich im Wohnzimmer, denn es wurde nun nach Wochen immer unerträglicher, diese Ansammlung von sechundzwanzig Familien mit den unterschiedlichsten Leutchen Tag und Nacht um sich zu haben.

Also gingen die beiden »Dickschädel« – von der Mutter aufgegeben – diesem Umstand so oft wie möglich aus dem Wege. Es wurde auch nicht mehr lange kommandiert oder diskutiert, denn dieser unaufhörliche irrsinnige Kriegslärm, dies ewige Explosionskrachen, gemischt mit dem nachfolgenden Pfeifen der nächsten Granaten, die nächste Detonation, hatte alle so mürbe gemacht, dass kaum noch zu unterscheiden war, welches Verhalten nun richtig oder falsch war. Gottergeben und voller Resignation erwartete man die folgende Stunde.

Lange lag sie auf ihrem harten Lager wach und versuchte, irgendeinen Gedanken zu fassen, aber auch ihr Kopf schien völlig ausgehöhlt.

Da, plötzlich, mitten in der Nacht hörte dieses infernalische Kanonengedonner – die Kämpfe hatten sich im Friedrichshain festgebissen – ohne jeden Übergang auf. Stille. Ein einsamer Gewehrschuss. Stille. Diese Stille war nicht auszuhalten. Diese Stille tat weh! Ihre Ohren dröhnten, und die Mittelfinger auf die schmerzenden Stellen drückend, fragte sie: »Vati, was ist denn draußen los? Die schießen doch gar nicht mehr!«

»Vielleicht kurz Waffenstillstand. Da holen sie die Verwundeten raus«, antwortete der Weltkriegssoldat.

Beide traten ans Fenster, zogen langsam und fast geräuschlos die Rollläden hoch, um auf die Straße zu schauen. Ruckartig drehte der Vater das Mädchen herum: »Nicht rausgucken! Schnell, leg dich wieder hin!« Aber es war zu spät. Sie hatte es schon gesehen, das Grauen. An einigen ihrer lieben Linden hatte sie Soldaten hängen sehen mit weißen Plakaten vor der Brust. »Die armen Teufel«, war Vaters letztes Wort in dieser Nacht. Die Erschütterung machte ihn stumm und erstickte all ihre Fragen. Wie bewusstlos versank sie sofort in einen gnädigen Tiefschlaf.

Sehr früh, es war immer noch still draußen, zog Vater die Rollläden wieder auf, legte sich aber sofort zurück auf seinen Platz. Die Morgensonne tauchte die beiden Teppichschläfer in goldenes Licht, als die Mutter vom Frühstückszimmer aus die Wohnzimmertür aufstieß und rief: »Hitler ist tot! Der Krieg ist aus!« Damit war sie wieder verschwunden. Wieder diese dröhnende, erschlagende Stille. »Ich werd' verrückt, Vati!«

»So schnell wird man nicht verrückt, mein Kind!« Nichts. Lieber Himmel, wie sollte man denn nur diese Stille ertragen? Ihre Gedanken flüchteten: Krieg ist aus? Das konnte ja bedeuten, dass sie endlich Post von Lukas bekommen würde. Wo mochte er jetzt stecken, wie mochte es ihm gehen? Das war der schönste, heroischste Gedanke für sie in diesen geschichtsträchtigen Minuten.

Verlegen räumten sie ihr Lager, falteten die Decken, ordneten die Kissen. Weder Vater noch Tochter wussten, was nun zu tun oder zu sagen sein sollte. Frieden?

Sie lief zum Fenster und wollte dem österreichischen Panzerbär ein Zeichen geben, dass der Krieg vorbei sei, aber von dem war nicht mehr die geringste Spur zu sehen.

Die Toten waren bis auf einen verschwunden. Es war unmenschlich, wie der da hin und her bewegt wurde vom Wind, sich mal drehte und wieder zurück. Sie legte sich weit aus dem Fenster, konnte nicht den Blick lösen von dem entsetzlichen Bild. Das war ein Mensch, ein Sohn, vielleicht ein Vater. Wer hatte das getan? Was hatte er getan?

Mit einem kräftigen Ruck zog Magda sie zurück ins Zimmer.

VII

Nachkrieg

Der Krieg war aus!

Ein Familienmitglied nach dem anderen, einschließlich Tante Lenchen mit ihrer Freundin, kam mit hohlen Augen und lächelndem Mund aus dem Keller herauf, und in Kürze war das Wohnzimmer mit Menschen gefüllt wie zu einem großen Fest.

Keiner setzte sich, keiner sprach.

Ungläubig und ganz vorsichtig lächelnd standen sie im Kreis.

Hurraschreien bei dem Wissen, dass Onkel Richard seinen jüngsten Sohn, Ehrhardt so viele Freunde verloren hatte, dass der Wuja und die Ostpreußen aus ihrer Heimat flüchten mussten, dass die Busia in ihrem Schmerz verstorben war, dass Ruth und Tante Lenchen ausgebombt waren, dass Ehrhardt so oft verwundet und immer noch im Lazarett war, dass das Elternhaus teilweise zerstört war?

Da war aber diese unglaubwürdige Hoffnung, keine Bomben, keine Granaten mehr fürchten zu müssen!

Jeder grübelte über etwas anderes nach, bis die Mutter zu Tante Lenchen trat und den Wuja mitnahm, deren Hände ergriff und hochstreckte: »Zwei Sieger haben wir hier unter uns: meinen lieben Bruder Wadek und unsere liebe Tante Lenchen, Frau Rechtsanwältin Lena Werthold!«

Das war des Rätsels Lösung für das Wunder dieser Lotosblüte in der engen Wohnung ihrer »Freundin«. Sie

war eine Jüdin mit einer Anwaltskanzlei am Kurfürstendamm. Die Eltern hatten im Verein mit Magda dieser
Dame geholfen, bei der Kundin zu überleben, die ihr
Unterschlupf gewährt hatte, ohne sie vorher gekannt zu
haben. Tante Lenchen hatte weder Lebensmittelkarten
bekommen noch hätte sie einen Luftschutzkeller aufsuchen dürfen. Da im Haus der Kundin Entdeckung drohte,
hatten die Eltern ihr den eigenen Schutzraum geöffnet.
Und als wären nun gerade dieser verfolgten, gedemütig-
ten, zierlichen Person Riesenkräfte zugewachsen, strahlte
sie die aufgeregten Menschen gütig beschwichtigend an:
»Also macht euch alle frisch und kümmert euch um gar
nichts. Wenn das Essen fertig ist, rufe ich!« Unter Schock
und verdutzt gehorchten alle sofort.

Magda und Friedel hatten eine lange Tafel gedeckt, und
da saßen sie dann: Sieger, Besiegte, Flüchtlinge, Kinder
– alle fassungslos über die jüngsten Ereignisse und deren
Konsequenzen. Der Krieg, der Krieg sollte beendet sein!
Egal wie, es war ein himmlischer Gedanke, den sie einfach nicht zu denken wagten. Zu sehr hatten sich zumindest innerlich alle geduckt die vielen Jahre. Dieses Neue
als Realität zu erfassen, waren sie zudem körperlich viel
zu erschöpft.

Der Vater sah auf seinen Teller, da er Wujas triumphie-
rendem Blick entgehen wollte. Er hatte ihn über zwei
Jahre geschützt und vor den Behörden verborgen, auf
dessen Lebensmittelkarten vorsichtshalber verzichtend;
er hatte sich im ersten Jahr vier überflüssige Maßan-
züge von dem Schneidermeister anfertigen lassen, damit
der nicht merken musste, dass er in seinem Beruf keine
Chance haben konnte in den schlechten Zeiten, hatte die
Unterhaltungen zwischen den polnischen Geschwistern

in ihrer Muttersprache freundlich toleriert, obgleich ja beide perfekt deutsch sprechen und schreiben konnten, hatte stets Verständnis für den psychischen Schmerz des Schwagers gezeigt und wurde nun schon seit Monaten von diesem gemieden und provoziert, als hätte er allein den Krieg angezettelt.

Heute hatte Wladislaus gesiegt, und das musste er dem deutschen Schwager und den deutschen Nichten doch wenigstens durch ein kaltes Grinsen klarmachen.

Die Mutter atmete schwer und fürchtete Streit.

Tante Lenchen mühte sich klug um Vermittlung, und langsam kam lebhafte Fröhlichkeit auf, denn eine große Last war schließlich von allen genommen worden! Da ging es zunächst um die allernaheliegendste Frage, wie diese es geschafft hatte, in so kurzer Zeit ein dreigängiges Menü auf den Tisch zu bringen: Suppe, Zunge in Rotwein, Pudding. Sie schmunzelte, behielt ihr Geheimnis für sich und ging mit der Freundin zurück in deren Wohnung, die sie nun einige Wochen nicht mehr gesehen hatten.

Als sie am gleichen Nachmittag noch einen Koffer zu Tante Lenchen bringen wollte, kamen ihr zwei deutsche Soldaten mit der Waffe in der Hand entgegen, die sich auf der menschenleeren Straße angespannt umsahen. Sie schrien: »Mädel, verschwinde!«

»Aber der Krieg ist aus! Hitler ist tot!«, schrie sie zurück. Die aufgerissenen, rotgeränderten Augen in den unrasierten Gesichtern glichen Versteinerungen. Es waren offensichtlich Fahnenflüchtige, die die erlösende Nachricht in ihrem Versteck nicht erreicht hatte. Wie vom Satan gehetzt verschwanden sie in einem Hausflur.

Der Krieg war vorbei. Wirklich und wahrhaftig. Es gab keine Bomben, es gab keinen Beschuss, keine Stalinorgeln; aber die Angst war geblieben!

Die Angst hatte jetzt kein Hakenkreuz mehr, sie hatte nun einen roten Stern!

Dieser neuen Bedrohung begegnete Magda in ihrer pragmatischen Art ohne Umschweife. »Pass auf, dass keiner kommt!«, raunte sie und hielt den Briefbeschwerer von Vaters Schreibtisch hoch: Auf einem Glassockel stand aufrecht eine dicke klare Kristallglasscheibe von etwa zwölf Zentimetern Durchmesser, die äußerst kunstvoll geschliffen war. Wodurch Onkel Richards Geschenk an den Vater nicht an Hässlichkeit zu überbieten war, war das eingravierte Hitlerprofil. Magda schwang das Ding über ihrem Kopf, und als das Mädel schrie: »Wir müssen doch erst Mutti oder Vati fragen!«, sagte sie abschätzig: »Wer viel fragt, der kriegt viel Antwort«, und krach, schon hatte sie es auf die kostbaren Fliesen gedonnert, die Mutter vor vielen Jahren mühsam beim Abbruch eines vornehmen Hauses erworben hatte. Hitler blieb unversehrt. »Die Vorsehung. Das tausendjährige Rrreich! Die Vorsehung«, lamentierte Magda, hob das Glasding auf und nochmal – krach. Nur ein kleines Splitterchen war abgesprungen. Beide schrien vor Lachen, achteten überhaupt nicht mehr auf mögliche Zuhörer. Erst beim vierten Attentat zersprang das dicke Glas, und sie fielen erschöpft auf die Küchenstühle. Vater übersah fraglos das Fehlen des nicht sehr geliebten Briefbeschwerers. Er nahm wieder seinen Kupferhirsch auf Marmorsockel.

Mutterkreuz – in der Volksbühne am Bülow-Platz großartig verliehen – und Vaters Verdienstkreuz für Versorgung der Heimat verschwanden ohne Mitwisser. Da murrte der Vater öfter mal, denn er hätte die als leidenschaftlicher Hobbyhistoriker gern als – wenn auch kurioses – Andenken aufgehoben.

Die ersten zwei Wochen durften die Mädchen nicht mehr aus dem Haus. Es war zu gefährlich wegen der mongolischen Kampftruppen, die anstelle von Mutters Galaoffizieren gekommen waren, und die in ihrem Siegestaumel viel Unheil anrichteten und wohl sogar die Erlaubnis dafür erhalten hatten als Belohnung für ihre große, hart erzwungene Tapferkeit. Viele tobten vor allem wegen des überirdischen Wunders, das ihnen widerfahren war: Sie hatten das Grauen überlebt!
Auf Vergewaltigungen konnten sie indessen verzichten, denn bald waren da genug freiwillige Frauen für Zigaretten und Nahrungsmittel bereit, dem Nachholbedarf der Soldaten zu dienen. Durch die kostbare Schweizer Spitzengardine geschützt, verfolgten sie die Straßenszenen: Die von kleinen Pferden gezogenen Panjewagen, die sich um die Panzersperren herumschlängelten, waren hoch voll geladen mit geplünderten Lebensmitteln, auf denen die Soldaten singend herumtanzten. Ab und zu warfen sie irgendetwas über Bord, aber die Frauen, die sich um die Wagen drängten, bückten sich nicht. Sie wollten mitgenommen werden, und hier und da gelang es ihnen auch! Später sagte man, die Danziger Straße sei umgetauft worden in Dimitroffstraße, weil die Mongolen dort gebetsmühlenartig berlinerisch gesagt hätten: »Die mit roff und die mit roff ...«
Sie hatte bei diesen versteckten Studien einmal mit wachem Blick beobachtet, wie eine große Packung schwungvoll auf dem Promenadentrümmerberg gelandet

war, beschrieb es dem Vater, und der kam nach seiner Suche in der Dunkelheit mit etwas für alle völlig Fremdem wieder. Es war ein länglicher Block, schön schwer, sein Stanniolpapier bunt bedruckt, und sie entzifferte »Cheese« und »Chester«. Was »Chester« hieß, wusste sie nicht, aber das Wort Käse erzeugte allseitigen Jubel. An einer Seite war zwar der Abdruck eines Stiefelabsatzes weiträumig abzuschneiden, aber die orangegelbe Köstlichkeit wurde einige Tage lang mit großem Genuss als Brotbelag verzehrt, denn in Erinnerung an den Speck aus dem Totenkeller war dies reinster Luxus.

Die Mongolen verschwanden fast über Nacht von den Straßen. Überall sah man jetzt russische Soldaten, die keine schmal hochgezogenen Augen aufwiesen.
Immer noch durften die Mädel nicht raus, obgleich sie Wunderdinge hörten von fantastischen Plündermöglichkeiten großer Warenlager. Dabei zerstörten die ersten Horden wertvollstes Gut, um nur ja an Essbares heranzukommen. Auch mit Stoffballen und Teppichen über den Schultern sahen sie die Leute über die Straße hetzen.
Angst legte sich über ihre junge, unverbogene Seele: Würde das jetzt immer so sein? Wie sollten sie überleben, wenn sie nicht mitmachten? Nach all den Enttäuschungen über die Machthaber, die per Befehl die »Untertanen« in den Krieg geschickt hatten, um ihre Herrschaft zu sichern, lernte sie jetzt das »brave Volk« als unbarmherzigen Pöbel kennen. Ihr Weltbild stand Kopf!
Da der Vater auch den erwachsenen Familienmitgliedern strikt verboten hatte, an solchen Exkursionen teilzunehmen, blinzelte Tante Lenchens Portier der Mutter zu und kam Stunden später mit einem Klumpen Butter

wieder. Eines dieser Vorratslager hatte er mit tausend anderen Leuten im nahen Wasserturm entdeckt, deren Interesse schlau auf die Marmeladen- und Mehlvorräte gelenkt, während er, auf einem Butterfass sitzend, ruhig gewartet hatte, bis das »Volk« sich verzogen hatte.

Dieser Herr Schmidt klärte die Familie auch darüber auf, dass im Wasserturm während der Hitlerzeit Verhöre und Folterungen stattgefunden hatten – und unwillkürlich drängte sich die Erinnerung an die telefonischen Abrufungen des jungen Schlächters auf, der immer den Weg Richtung Wasserturm gegangen war.

Schmidt war als Kommunist im Untergrund tätig gewesen und wusste Bescheid. Er hatte wohl auch durch seine Organisation das Quartier für Tante Lenchen besorgt, die ihm jetzt nach dem Krieg großzügig ihre Dankbarkeit zeigte.

Wenige Tage nach dem Krieg starb seine Frau, die in ihrem Leben kaum aus ihrer Hinterhauskellerwohnung herausgekommen war. Weil er aber tausendfach allen hilfreich zur Seite gestanden hatte, gingen Tante Lenchen, deren Freundin, Mutter und Magda mit zur Beerdigung der Frau. Vor Lachen schluchzend kamen sie wieder, warfen sich in die Sessel und waren erst nach geraumer Zeit fähig, den Funktionär zu zitieren, der die Verstorbene in seiner Grabrede geehrt hatte: »Emma Schmidt, wir zählen dir zu unsre großen Toten!«

In dem lebhaften Geschäftshaushalt, dessen Betrieb ohne jede Unterbrechung weitergelaufen war, gab es viel zu tun, und sie machte sich selbstverständlich gern nützlich, denn an ein normales Leben mit Schule und dergleichen war wohl nie mehr zu denken. Sehnsuchtsvoll sang sie, wo sie ging und stand, all die Lieder, die sie kannte; besonders gern die sogenannten »Kunstlieder«, die sie in Weißwasser gelernt hatte. Singend schüttelte sie den Staublappen am immer noch verpappten Kinderzimmerfenster aus und bemerkte erst, als es zu spät war, in dem rechtwinklig angrenzenden Treppenhausfensterausschnitt den kahlen Kopf eines jungen Russen, schlug das Fenster zu und rührte sich nicht. Da hörte sie bereits ein Stockwerk tiefer ein herrisches Bummern an der Wohnungstür. Monika kam die Wendeltreppe heraufgestürmt, und beide begaben sich blitzartig in das von der Mutter befohlene Versteck: den mit der passenden Tapete verkleideten Wandschrank im Elternschlafzimmer. Unmittelbar danach rief die Mutter, die Große solle runterkommen.

Ungläubig verließ sie den Schrank wieder, ging zwei Schritte vor und einen zurück, das Rufen wurde ungeduldiger und »Hab keine Angst« war dabei. Mit geschlossenen Augen schlich sie die Stufen hinab. Auf der vorletzten sah sie dann einen jungen russischen Offizier, und bevor sie als Opferlamm ohnmächtig werden konnte, sagte die Mutter: »Hier, der Junge möchte, dass du ihm was vorspielst, weil du so schön singen kannst«, und flüsterte ihr ins Ohr: »Nur Etüden, verstanden?«

Zitternd setzte sie sich auf den Doppelklaviersitz, der Russki schubste sie zur Seite und nahm neben ihr Platz. Mutter: »Nun spiel schön, mein Kind!«

Entsetzt blätterte sie in den Noten und bei diesem fremden Geruchsgemisch von Zigaretten, Leder und Kernseife wurde ihr schwarz vor Augen. Ihr Nachbar stieß sie ungeduldig mit dem Ellenbogen an, und endlich klimperte sie schwungvoll ohne jeden Ausdruck eine Etüde nach der anderen, immer wieder sich ängstlich nach der Mutter umsehend, bis dem Soldaten der gute Czerny auf den Geist ging und ihm der Geduldsfaden riss. Wegen der Ähnlichkeit seiner und ihrer Muttersprache verstand die Mutter seinen Wutausbruch: Er wollte Tanzmusik hören, wenigstens Polka oder Walzer. Auf polnisch: »Das kann die nicht!« und auf deutsch: »Nun geh wieder dahin, wo du eben warst, mein Kind!«, erlöste sie das Lamm, das in seinem Versteck der Schwester von ihrem Erlebnis berichtete.

Es war nicht leicht gewesen, den jungen Kerl von seinem Vorhaben abzubringen, das Klaviermädchen mitzunehmen. In sanften Tönen hatte ihr Schutzengel ihn gefragt, wie ihm denn zumute gewesen wäre, wenn deutsche Soldaten seine Schwester mitgenommen hätten. Da hatte er geweint, und Mutter hatte erschüttert hören müssen, dass SS-Männer ohne zu fragen seine beiden Schwestern missbraucht und verschleppt hätten. Da sie aus ehrlichem Mitleid und Bedauern mitgeweint hatte, war es der Mutter gelungen, ihn behutsam aus der Wohnung zu schieben.

Diese bangen Minuten und die Erzählungen anderer Leute von weit traurigeren Vorkommnissen steckten ihnen allen lange in den Gliedern, und deshalb dauerte es noch einige Zeit, bis die Mädchen die Erlaubnis bekamen, mit einigen Freundinnen in einem Lager der nahegelegenen Brauerei beim »Plündern« mitzumachen, weil es da die dringend benötigten Schuhe geben sollte. Als sie jedoch dort freudig angerast kamen, waren nur noch riesige Filzlatschen und ein paar Herrenledergürtel da. Die zwei Paar Latschen benutzten die Gesellen in der

Backstube, aus den drei Gürteln bastelte ihnen die Mutter wunderschöne Trachtengürtel.

Das war der ganze Kriegsgewinn!

Stattdessen hatten sie einen weiteren Verlust hinzunehmen, den sie nur durch ihre Vorsichtsmaßnahmen erleiden mussten: Alle Wertsachen – Pelze, Spitzenstoffe, Daunendecken, Teppiche, Stoffballen und Silber –, die sie im Weinkeller des »Pfefferberg« am Senefelder Platz vor den Bomben hatten schützen wollen, waren den Frühaufstehern unter den Plünderern in die klebrigen Hände gefallen – auf Nimmerwiedersehen.

Ein Mann kam in den Laden, trug zusammengesuchtes Zivil, ein altes Jägerhütchen und dazu passend einen Rucksack. Er zeigte auf sein Gepäckstück, das prall gefüllt war: »Das ist alles bares Papiergeld, das die bei der Bank aus den Fenstern geschmissen haben. Hab' ich alles in mein' Rucksack gesteckt!« Keiner im Laden gab zu, ihn für verrückt zu halten. Wer hätte gedacht, dass es noch drei Jahre lang Gültigkeit behalten würde!

Verflixt, sie waren für alles zu dumm! Sie mussten im Gegensatz dazu Kredit von diesem alten Geld aufnehmen, um die Seitenflügeletagen wieder aufzubauen und die Vorderfassade sanieren zu lassen, die ein Einschussloch neben dem anderen aufwies.

Danach erstrahlte die Gründerzeitfassade in graumeliertem Altrosé, hellgrau prangten die Stuckfriese, an jedem Stockwerk andere Motive zeigend, bis hin zu den dicken Engelchen unter den Fenstern der ersten Etage.

Zuvor hatten alle Hausbewohner in ihrer freien Zeit geholfen, die Schuttberge, die im Hof aufgetürmt waren, Eimer für Eimer auf den Handwagen geladen, durch den Hausflur über die Straße auf die Promenade zu bringen.

Das geschah in fröhlichster Stimmung, denn das Ende des Grauens, der zauberhafte Frühling, die Freude auf das Neue ließ die rosigsten Blüten treiben.

Die neue Bezirksverwaltung arbeitete sofort mit größter Genauigkeit, und so stellte sich schnell heraus, dass Friedel und die Vierzehnjährige nicht mehr schulpflichtig, aber arbeitsfähig seien. Wenn sie nicht umgehend einen Arbeitsnachweis bringen würden, gäbe es für sie keine Lebensmittelkarten mehr. Friedel bekam aufgrund der Ausbildung in ihrer ostpreußischen Heimat sofort eine gute Stellung bei der Stadtverwaltung, die reichlich Schwierigkeiten hatte, all die Posten mit »Antifaschisten« oder zumindest mit »Unbelasteten« zu besetzen. Aber für sie gab es nur eines: Trümmerfrau!, denn als Backwarenverkäuferin ohne Lehre wurde das Arbeitsverhältnis nicht anerkannt. Sofort teilte man sie ein zum Abbauen der Panzersperren. Mutter befahl: Kopftuch, Schielen und Hinken! Das hielt sie bei der schweren Arbeit auch ängstlich ein, schielte jedoch nur mit dem gesunden Auge aus Angst vor einer Gefährdung der gelungenen Operation. Die Vermummung war notwendig, denn jede Frauenkolonne wurde bewacht von einem russischen Soldaten, der das Maschinengewehr immer im Anschlag hielt, bei jeder kleinsten Pause »rabotti, rabotti« brüllte, und wenn er eine Frau rauswinkte, war sie verloren.
Vor allem durfte man keine Gefühle zeigen, wenn man ganz dicht neben sich einen der übermütigen Russen sah, der vergeblich versuchte, sich auf einem gestohlenen Fahrrad zu halten. Wenn er fiel, warf er es fluchend fort, stahl einem anderen armen Kerl das Rad und scheiterte ebenso. Manche von ihnen hatten beide

Arme voller Armbanduhren, die sie mit »Uri, Uri!« und drohender Kalaschnikow erbeutet hatten. Sie brauchten immer neue, da sie nicht wussten, dass man sie aufziehen musste, wenn sie stehengeblieben waren. Diese jungen Kerle waren ebenso hocherfreut über ihre Eroberungen, wie sie über Wasser und Licht »aus Wand« immer wieder in helles Entzücken gerieten.

Nachdem die Fahrdämme wieder einigermaßen gut befahrbar waren, stiegen die Arbeiterinnen brav auf die Trümmerberge, die sich oft drei Stockwerke hoch türmten. Ganz oben arbeiteten die Tüchtigsten, die jungen Mädel in den Mittelabschnitten, die älteren weiter unten. Jede nahm nun Stein nach Stein des vor ihr liegenden Berges zur Hand, klopfte mit einem Hammer den Putz und Schmutz möglichst restlos ab und stapelte die Ziegel hinter sich. Der Rücken schmerzte, die Sonne brannte, die Hände waren wund und verkrampft und hatten kaum noch die Kraft, den Stein zu halten.

Schön war immerhin, dass die russische Bewachung verschwunden war. So war es also auch nicht verboten, dass sie ihre Lieblingslieder schmetterte, von manchen Arbeitskameradinnen gern mitgesummt. Auf den einmalig schönen Frühling war ein ebenso strahlender Sommer gefolgt. Es schien fast, als würde der Himmel sagen wollen, dass er leider nichts weiter für die Menschen tun könnte, als die Sonne scheinen zu lassen.

Nach Stunden der Mühsal wurde vom obersten Arbeitsposten aus abwärts eine Weitergabekette der sauberen Steine gebildet, sodass zum Feierabend sich die wiederverwertbaren Bausteine an den Rinnsteinen hoch aufstapelten.

Eine Lebensmittelkarte für »Normalverbraucher«, zu denen sie als einfache Trümmerfrau zählte, enthielt die tägliche Zuteilung von zwanzig Gramm Fleisch, dreißig Gramm Nährmittel, fünfzehn Gramm Zucker und sieben Gramm Fett. Eine Tafel Schokolade konnte nur derjenige genießen, der dafür fünfundsiebzig Mark übrig hatte; ein Paar Schuhe kostete vier Monatslöhne.

Um eine Lebensmittelkarte zu bekommen, egal ob für »Normalverbraucher«, »Schwer- oder Schwerstarbeiter«, genügte es mittlerweile nicht mehr, einen Arbeitsnachweis bringen zu können, sondern die notwendigen Stempel des Gesundheitsamts waren erforderlich, die die diversen vorgeschriebenen Impfungen bestätigten. Das zwang die Bevölkerung, in langen Schlangen vor den Bezirksämtern anzustehen, um sich mal gegen Tuberkulose, mal gegen Typhus, Cholera und gegen alle Kinderkrankheiten, die man noch nicht gehabt hatte, impfen zu lassen. Vorbeugende Entlausung war ebenso befohlen wie Aufklärungsvorträge über »Straßenkrankheiten«. Für jede Absolvierung gab es das Wichtigste, einen Stempel!

Bei dem stundenlangen Anstehen in den hohen Magistratssälen wanderten ihre Gedanken zurück zu ihren ersten Schuljahren, als sie in braven Zweierreihen von der Schule hierher zum Schulzahnarzt gelaufen waren und in diesen gleichen Räumen an langen Tischen sitzend, ihre Angst mit den in die Tischplatten eingelassenen Geduldsspielen vergessen hatten.

Eigentlich war damals für sie der Schulzahnarzt überflüssig gewesen, da sie unter bester Beobachtung des ein paar Häuser weiter praktizierenden Dentisten gestanden hatte. Weil es den Eltern peinlich gewesen war, ihre

»Zwangs«-Krankenkasse in Anspruch zu nehmen, hatte sie jedes Mal den Arzt mit den Fünfmarkstücken honorieren müssen, die ihr die Mutter mitgegeben hatte. Und dann der schreckliche Zwischenfall: Nach dem Bohren hatte der Arzt sie aufgefordert: »Nu spuck mal schön!« Da sie so etwas »Ordinäres« nicht zu tun erzogen war, schluckte sie zum Entsetzen des »Zahnklempners« – wie der Vater ihn nannte – das Blut hinunter. Daraufhin brüllte der: »Kannst du nicht hören, was ich sage? Ich weiß doch, dass du spucken kannst; habe dich doch auf der Straße schon spucken sehen!« Für ihn war es ein verzweifelter Scherz gewesen, aber sie hatte sich wochenlang geschämt, dass der Arzt sie offensichtlich mit einem anderen Mädchen verwechselt hatte und womöglich der Mutter die Geschichte erzählen würde.

Zurückgeholt in die Gegenwart wurde sie durch die ziemlich rüde Impfabfertigung vor ihr, die keine Rücksicht kannte auf die Furcht der kleinen weinenden Kinder, für die das Spritzen durch das lange Warten zu unheimlicher Größe angewachsen war.

So hielten diese Nachkriegsbehörden die Menschen fest im Griff, streng im Blick! Dabei hatten alle nach dem ersten erleichterten Gefühl der Befreiung bei der Vernichtung des Hitlerregimes die große Hoffnung gehabt, dass nun alles, alles, alles aufwärts und besser gehen würde. Jetzt mussten sie sehr schnell einsehen, dass sie von einer grausamen Diktatur in eine neue, unbekannte gestoßen worden waren. Überall hingen rote Transparente mit kommunistischen Parolen, aus Straßenlautsprechern tönten kernige Sprüche für eine paradiesische Zukunft zwischen russischer Marschmusik, gesungen von zackigkehligen Soldatenchören oder überlaut getrötet von Bläsern und Pauken.

An jeder Straßenecke waren überdimensionale Plakatwände aufgestellt, die auf einer Seite Stalins Porträt, auf der anderen seine weise Parole zeigten: »Die Hitler kommen und gehen, das deutsche Volk, der deutsche Staat bleibt bestehen!«

Stalin sah nicht ganz so rabiat aus wie Hitler und hätte auf die geschundene Bevölkerung sicher menschlicher gewirkt, hätte man nicht per Flüsterpropaganda von den Unmenschlichkeiten gehört, die er in Russland zu verantworten hatte. Wissenschaftler, Künstler, Offiziere – alle, die nur die geringste Kritik gewagt hatten, waren in sibirische Arbeitslager geschafft oder sofort getötet worden. Also blieb dem Plakat zufolge vor allem die deutsche Angst bestehen, unverändert, resignierend!

Ja, gewiss, man durfte plötzlich Hitler einen Verbrecher, einen Mörder, Verführer nennen – aber Kritik an den neuen Machthabern war tödlich.

Es dauerte lange, all die Veränderungen zu begreifen. Aus dem Radio erklangen neue Töne; es war fast wie ein neues Leben auf einem anderen Stern, auf dem man erst laufen, sprechen und denken lernen musste. Die Lieder aus den rauen Kehlen der hastig marschierenden endlosen Soldatenkolonnen, das harte »ras, dwa, tri«, die offenen Plakatbriefe »an die Bürger« mit den fremden, ungewohnten Inhalten, die unablässige Lautsprecherberieselung schienen, als wollten sie die Gehirne der Menschen niemals zu ihren eigenen Gedanken kommen lassen. Sie sollten nicht allzu schnell wahrnehmen, dass sie gedemütigt zu ertragen hatten, was man ihnen als Kriegstreibern, Naziverbrechern und Sowjetfeinden zur Bestrafung zugedacht hatte.

Wie ein mitleidiger Trost kam da der sonnigste Tag ihres jungen Lebens in dieser rätselhaften Zeit, als der Vater ihr zärtlich übers Haar strich, was seit Jahren nicht mehr der Fall gewesen war: »Da ist ein Brief gekommen aus Weißwasser, und weil ich dachte, es steht vielleicht etwas über das Ergehen von Tante Mariechen drin, habe ich ihn aufgemacht. Da schreibt ein Junge an dich!« Die allererste Post nach dem Krieg waren ein Brief von Lukas und einer für den Vater vom Finanzamt! Wie sollte sie in ihrer Seligkeit dem Vater die Verletzung des Briefgeheimnisses übelnehmen! Er hatte einen guten Grund gehabt, und sie hatte noch keine Geheimnisse. Ihr einziger Friedenswunsch war in Erfüllung gegangen: Er hatte wirklich geschrieben. Da versank alles andere, und in einem ruhigen Eckchen las sie seinen Brief unzählige Male. Wohl aus Vorsicht schilderte er seine letzten Kriegs- und die ersten Friedenserlebnisse nur kurz und undeutlich. Wichtig war allein die Erfüllung seines Versprechens, seine Schrift, seine Grüße, sein Name und die Ankündigung, sich bald wieder zu melden!

Wieder einmal hatten sie Magdas totaler Respektlosigkeit vor der Obrigkeit eine Rettung zu verdanken, als es während der Mittagspause bedrohlich an der Wohnungstür geklopft hatte, und Magda wütend geöffnet hatte. Man durfte nur unter Lebensgefahr sie in ihrer Ruhestellung mit der Hefeschönheitsmaske stören! Da standen ein russischer Soldat mit Knarre und ein deutscher Polizist, der nach dem Meister fragte. In ihrer Wut ob der Störung unterrichtete sie die Männer brüllend, dass dieser nicht anwesend sei, worauf die fluchtartig vor der grausigen Maske davonliefen mit dem Hinweis, ein ander-

mal wiederzukommen. Noch am selben Nachmittag kam
der Polizist allein in den Laden und bat beschwörend,
dass der Meister bitte nie daheim sein solle, wenn er
nach ihm fragen würde. Magda habe was von »Lorbass
verschwindet« geschrien, und da er auch Ostpreuße sei,
wolle er gern helfen. Daraufhin verließ der Vater in der
Dunkelheit das Haus und wohnte für zwei Wochen bei
Magdas altem Onkel in Treptow. Viele andere Männer,
die zu diesem Zeitpunkt abgeholt wurden, kamen niemals wieder.

Die Mutter war auf abenteuerlichen Wegen bis vor das
Tor des Tempelhofer Lazaretts gestapft, wo sie tapfer versuchte, trotz russischer Bewachung Ehrhardt ein Päckchen zukommen zu lassen; aber der Posten schrie nur
mit vorgehaltenem Maschinengewehr: »Itsch, komm!«
»Mein Junge«, versuchte es Mutter auf polnisch, »Itsch
heißt auf deutsch geh, was du wohl auch meinst, aber
›komm‹ heißt, dass ich kommen darf. Was ist nun?«
Doch es half alles nichts: »Itsch, itsch« war die unerbittliche Antwort, und das Liebespäckchen für ihren Jungen
musste mit ihr wieder umkehren. Die Russen betrachte-
ten die Verwundeten als ihre Kriegsgefangenen.
Später lernten sie, dass ›geh‹ auf russisch ›idjom‹ heißt,
und der junge Russki richtig gesprochen hatte.

Das Land wurde ausgesaugt, alles kostbare Nahrungs-
oder Industriegut sofort in die gigantische Sowjetunion
transportiert.
Hier dagegen wurden die Lebensmittel immer knapper,
Kleidung und Schuhe Mangelware. An die zertrümmerten Häuser hatte man sich mit den Jahren bereits

gewöhnt, jeder hatte wieder irgendeine, oft äußerst primitive, Unterkunft und Arbeit gefunden; auf den Trümmerbergen, die auch die breiten Bürgersteige bedeckten, hatten sich schmale Fußpfade gebildet, niemand nahm sich Zeit, sich an den alten gepflegten Zustand zu erinnern. Das war alles nicht wichtig. Da kletterte man mehr oder weniger mühsam auf und nieder, um an sein gewünschtes Ziel zu gelangen. Die Statistiker hatten ohnehin errechnet, dass allein die Beseitigung der Schuttberge zwanzig Jahre dauern würde.

Als unerträglich empfanden die Menschen nur den Mangel. Kleinstkinder und alte Menschen fielen als erste all den Krankheiten zum Opfer, gegen die so heftig geimpft wurde, denn ihnen fehlten die Abwehrkräfte. Außerdem erhielten sie die magersten Lebensmittelkarten.

Uniformen wurden dürftig in Zivilkleidung verwandelt, und jahrelang wechselten Vorhänge und Gardinen ihre alte Funktion als müßige Fenstergucker mit der Aufgabe, junge Mädchen ebenso zu schmücken wie deren Mütter und Großmütter. Wer wie Mutter und Magda die aufgezwungenen Hakenkreuzfahnen im großen Backofen verbrannt hatte, bereute das nun. Wer sie aber vor den russischen Kontrollen gut versteckt hatte, zauberte jetzt Sommerröcke und Dirndlkleider daraus.

Erfindungsgeist und Talente feierten Hochkonjunktur, während schmerzlich auf die Heimkehr der Soldaten gewartet wurde.

Große Konferenzen auf höchster politischer Ebene – von der überlasteten Bevölkerung kaum richtig wahrgenommen – hatten unter anderem zu dem folgenschweren Tausch des von den Amerikanern eroberten – aber wohl

als unwichtig eingeschätzten – Thüringen gegen Dreiviertel Berlins geführt, das die westlichen Alliierten in
einen englischen, einen französischen und einen amerikanischen Sektor aufteilten.

Sie dagegen gehörten innerhalb der Sowjetischen Besat-
zungszone zum Sowjetischen Sektor Berlins, zum
sogenannten Ostberlin, das von Osten her bis zum Brandenburger Tor reichte.

Dieses Wort »Ostberlin« war und blieb ihr verhasst, da
völlig ungenau, denn was da so genannt wurde, war für
sie Berlin. Hinter dem Tor hörte der Kern Berlins bereits
auf. Da begannen die früheren »Außenbezirke«. Wenn
die Leute, die dort wohnten, zum Alexanderplatz fuhren,
sagten sie: »Ich fahre in die Stadt«.

Ein beglückendes Ergebnis für die Familie hatte die Tei-
lung insofern, als sie sich über Ehrhardts Rückkehr freuen
konnten. Am Tage der Übergabe des Lazaretts an die
Amerikaner waren die Russen mit Lastzügen vorgefahren
und hatten alle Verwundeten, die halbwegs laufen konnten, als »ihre« Gefangenen darauf verladen und in eine
ungewisse Zukunft mitgenommen. Da hatte Ehrhardts
Beschützer in Gestalt des Chefarztes ihn geistesgegenwär-
tig auf den Operationstisch legen lassen, wo während
der Russenaktion an ihm eine Blinddarmoperation vorge-
täuscht wurde. So war er davongekommen und zurückgekehrt in eine glückliche Familie voller Dankbarkeit.

Unter dem Druck der sowjetischen Militärs wurden die
Kommunisten und die Sozialisten zu einer Einheitspar-
tei zusammengezwungen. Der Vater, der mit hohen SPD-
Amtsträgern aus der Zeit vor Hitler befreundet war und
immer noch gern mit ihnen Skat spielte, erfuhr aus erster

Hand von dem unbarmherzigen Zwang, von den Qualen, die da mancher durchzustehen hatte, der einerseits seine Parteifreunde nicht im Stich lassen wollte und andererseits nicht gewillt war, den Kommunisten die Hand zu reichen.

Wer konnte, ging in den Westen. Die idealistischen Sozialdemokraten, die ihren Heimatsitz nicht verlassen wollten, sich aber weigerten, diese Vereinigung mitzumachen, verschwanden im berüchtigten Bautzener Gefängnis oder wurden verschleppt. Das geschah ebenso mit den Kommunisten, die sich den neuen Parteirichtlinien nicht anpassen wollten.

Alles war so unwirklich chaotisch. Ost oder West, allen ging es gleich schlecht. Was sollte es schon für eine Rolle spielen, ob der Bürgersteig noch unter französischer und der Fahrdamm bereits unter russischer Kontrolle stand. Niemand war sich der Konsequenzen bewusst; selbst die Besatzungssoldaten fuhren in ihren offenen Jeeps noch gemeinsam durch die Straßen.

Gemeinsam, das war das Zauberwort. Jeder half jedem. Gab es irgendwo etwas zu kaufen, egal in welchem Sektor, sprach sich das sehr schnell herum. Man machte sich sofort auf die Socken und versuchte, nach erfolgreicher Jagd mit Beute zu den gespannt Wartenden heimzukehren.

Die Menschen kannten keinen Neid und mit Berliner Schnoddrigkeit ebenso wie mit humorvoller Gelassenheit trugen sie lachend ihre schier aussichtslose Lage. Das ist immer ein recht sympathisches Erkennungszeichen für einen »echten« Berliner: Wenn er ganz besonders betroffen oder traurig ist, macht er den entgegengesetzten Witz dazu: »Wenn de jetz in Spiegel dein Jesicht sehn könntst, würdeste sofort uffhörn zu weenen!« oder »Wat du da azälst, tut ma zwar furchbar traurich, aba nich weh!« – und sofort danach bietet er seine Hilfe an!

Nur auf diese Weise ließ sich die Nachkriegszeit – von »Frieden« sprach niemand mehr – trotz allem recht gut ertragen. Mit dem fröhlichen Spiel, in jedem Ding das Gute und Schöne zu suchen, erreichte man so viel Kraft und Zuversicht, dass man sich über die kleinsten Erfolge herzlich freuen konnte.

Eine erschütternde Freude erreichte sie, als die Mutter sie an einem Spätnachmittag in den Laden rief: »Komm mal schnell, hier möchte dich ein junges Mädchen sprechen.« Völlig sprachlos stand sie ihrer ersten Schulfreundin Helga Müller gegenüber. Sie drückten sich, weinten und lachten zugleich: »Mensch, Helga, wie wunderbar, dich gesund im Arm zu haben!«

»Nicht Helga, Esther heiße ich, Esther Friedberger. Helga Müller ist mit Hitler gestorben.« Eine stumme Zwiesprache folgte. Ihre Blicke wanderten über diese elegante junge Dame, die in für die derzeitige Lage fast unnatürlich kostbarer Kleidung vor ihr stand. Nur die dunklen Augen blitzten wie früher, während sie hastig und übersprudelnd von dem Martyrium ihrer fünfköpfigen Familie erzählte, wie sie die vielen Jahre in dieser engen Wohnung nach außen die ärmliche Familie Müller gespielt hatten. Nun erinnerte sie sich auch wieder an Esthers Vater, wie er seinerzeit Herrenkleidung bügelnd, bei ihrem Besuch nur kurz traurig zur Tür geguckt hatte – während bei ihrer eigenen Familie die Sonne noch so hoch am Himmel gestanden hatte. Drei Schwestern in verschiedenen Schuljahrgängen, stets fröhlich, oft von ihrer freundlichen jungen Mutter gebracht oder abgeholt. Was waren das für tapfere, starke Menschen! Verlegen standen sich die Freundinnen gegenüber. Irgendwie schämte sie sich, dass sie deren Not damals nicht bemerkt hatte. Doch Esther sprudelte bereits weiter und schilderte weltgewandt, dass schon die Umsiedlung der gesamten geretteten Familie nach Amerika geplant sei – und so blieb sie nur bewundernd und beschämt still und stumm.

In diesen Tagen schrieben die Zeitungen wieder von Schulbeginn, nachdem alle Schulkinder sich schon ganz hübsch an die Freiheit gewöhnt hatten.
Die Mutter übertrug ihrer Großen die Aufgabe, für Monika die entsprechende Mittelschule ausfindig zu machen und sie dort anzumelden. Das war kein sehr leichtes Unternehmen, da die für ihren Wohnsitz zuständigen Schulen zum großen Teil total zerbombt waren, und nun die übriggebliebenen Gebäude mehreren Schulformen Asyl bieten mussten. Die Schultage sollten in zwei bis drei Schichten unterteilt werden.
Zwei U-Bahnstationen liefen sie, sich vorwärts fragend, an einem heißen Sommertag, bis sie endlich hoch im Norden am Ziel waren. Auf dem Schulhof war an einen Baum ein primitiver Zettel angeklebt, auf dem ihr die Anschrift der nächstgelegenen Mädchenoberschule entgegensprang!
Also Monika angemeldet und wieder in die Hitze eingetaucht! Ein Weilchen konnte sie die Schwester über ihre Absicht im Unklaren lassen, aber als sie dann eine fremde Richtung einschlug, begann ein schreckliches Gezeter: »Ich kann nicht mehr laufen! Wo gehst du denn lang?« »Zu meiner Schule, um mich anzumelden!«

»Das darfst du ja gar nicht. Dis sag ich Mutti!«

»Brauchste nich, mach ich schon!« Von da an bekam die liebe kleine Schwester keine Antwort mehr auf ihr Gemecker. Die Anmeldung ging reibungslos vor sich unter schönen alten Kastanien, in deren Schatten lange Tische aufgebaut waren und sechs Lehrer diese Mammutarbeit vornahmen.

Jede Schülerin, jeder Schüler hatte eine andere Kriegsvergangenheit. Die Evakuierten kamen aus allen möglichen ländlichen Teilen Deutschlands, die einen aus Kinderheimen, die anderen aus Privatzufluchten. Eine erstaunlich große Anzahl von Schülern hatte Berlin nicht verlassen und schon seit Jahren nur bei dem täglichen kurzen »Schulappell« ein paar Hausaufgaben bekommen. Die Verantwortlichen fürchteten ein schier unübersehbares Durcheinander, und deshalb mussten alle ihr letztes Schuljahr wiederholen. Abiturprüfungen gab es in dem Jahr nicht. Natürlich waren da die geborenen Schlitzohren, die behaupteten, sämtliche Zeugnisse verloren zu haben und sich so in ein höheres Schuljahr schwindelten. Die meisten von ihnen purzelten später wieder abwärts.

Mit rasendem Puls und rasender Schwester trat sie dann den zwanzigminütigen Heimweg an. Wieder hatte sie ihr Leben fest in beide Hände genommen, wieder kam sie sich unverschämt und rücksichtslos vor; aber sie war fraglos überzeugt, das Richtige getan zu haben, dass sie bereit war, darum zu kämpfen. Als Monika kreischend die Nachricht verbreitete, hatte die Mutter als Einzige dazu einen kurzen Kommentar: »Das Mädel hat schon als Kleinkind immer gesagt: ›Mimmi kann laleine!‹« Dafür bekam die Mutter einen Kuss – und sofort schwirrte sie ins Kinderzimmer, um dort im Spiegel glücklich festzustellen, wie eine Cosima-Wagner-Schülerin aussah. Die Schule wurde später in Käthe-Kollwitz-Schule umbenannt, und da diese große Künstlerin bei ihnen »um die Ecke« gelebt hatte, fand sie das alles ganz normal.

Das Stammhaus ihrer Schule in der Greifswalder Straße war zu Kriegsbeginn in ein Lazarett und nun zum Heimkehrerheim umgewandelt worden, weshalb sie jetzt in der entfernten Jungenoberschule Pasteurstraße einquartiert wurden. Da die Hälfte dieses Schulgebäudes ausgebrannt war, hatten die Mädchen im ehemaligen Luftschutzkeller Unterricht. Weil es selbst im Sommer da unten kalt war, wurde der Keller im Winter zur Eishöhle, denn keinerlei Heizung war dort vorgesehen. Schüler wie Lehrer saßen in Mäntel gehüllt, behielten Schals, Mützen und Handschuhe an, durften alle zwanzig Minuten sich die Beine warm trampeln. Es war schlimm, aber niemals hat sie erlebt, dass sich irgendjemand beschwert hätte. Alle waren froh, endlich wieder »normal« lehren und lernen zu können und diese Kellerräume nicht wegen der Bomben aufsuchen zu müssen!

Immer wieder gingen ihre heimlichen Gedanken in Richtung Lukas.

Sie hatte auf dessen Brief nun schon mehrmals geantwortet, aber von ihm nichts mehr gehört, und jetzt war sie dabei, ihr Innenleben darauf einzustellen, dass sie Abschied zu nehmen hatte von diesen dummen Träumen. Sie beschloss, keinen weiteren Brief mehr an diese aufregende Anschrift zu senden. Am Klavier liefen ihr die Tränen bei der »Letzten Rose« und Schumanns »Träumerei«, wenn sie ihrer mädchenhaften Romantik Futter gab.

So auch mit dem schmerzerfüllten Vers:
Wem nie durch Liebe Leid geschah,
Dem ward auch Lieb durch Lieb nicht nah;
Leid kommt wohl ohne Lieb allein,
Lieb kann nicht ohne Leiden sein!
Ihre seelischen Schwingungen mussten ziemlich starke Kraft besessen haben, denn ganz kurze Zeit danach öffnete sie bebend das Kuvert mit dem Absendenamen seiner Mutter, die sich für ihren Sohn bei dem »lieben kleinen Fräulein« bedankte für die Briefe, die sie ihm nachgeschickt hätte. Nur leider wüsste sie nicht, wo er sich augenblicklich aufhalte. Na, das war also wieder mal verschlüsseltes Angstdeutsch, das sie schon von der Hitlerzeit her kannte, und das nun die Menschen nahtlos weiterpraktizierten. Sie nahm deshalb an, dass in Weißwasser niemand wissen durfte, wo er zu finden war. Sie wusste ja aus eigener Erfahrung, dass man Vaters Versteck vor den Russen zunächst selbst den Kindern verheimlicht hatte.

Also hieß es, Geduld haben – und was war schon Geduld gegenüber dem gefürchteten Abschied?!

Obgleich es fast unüberwindliche Schwierigkeiten zu bewältigen gab im Geschäftsbetrieb, so hatten sie doch ein Dach über dem Kopf, eine warme Wohnung und mussten nicht hungern, wenn sie auch oft genug von Wurst, Butter und Fleisch nur träumen konnten. Aus Hefe, Majoran, Salz und schwarzem Mehl wurde Brotaufstrich gezaubert, der bei hungriger Fantasie durchaus an Leberwurst erinnerte. Für dergleichen Illusionen eignete sich auch Senf sehr gut, der auf trockenes dunkles Brot gestrichen, einem Wurst vorgaukeln konnte.

Aber dies alles war nicht zu vergleichen mit dem großen Leid, das hilflose Mütter aus den Augen ihrer hungernden und frierenden Kinder anschaute, oder das besonders die bedauernswerten Kriegswaisen getroffen hatte! Da musste sie etwas tun; das stand bombenfest. In der kuschelig warmen Backstube traf sie sich nachmittags mit einigen Schulkameradinnen voller Eifer zu Proben für eine Benefizveranstaltung zugunsten der laufenden Aktion »Rettet die Kinder!«. Aus den unzähligen Liedern, die sie kannte, den kleinen Aufführungen, die sie während der Evakuierung gelernt hatte, den Gedichten, die sie und ihre Freundinnen vorschlugen, wurden die herausgesucht, die sich für eine vorweihnachtliche Feier eigneten.

Dank der wunderbaren kulturellen Führung ihres Schulleiters, Professor Levinstein, der alle Schüler der Jungen- und Mädchenoberschule jeden Montag zur Morgenfeier in der Aula versammelte, dazu die von ihm im Deutschunterricht herausgefischten jungen »Künstler« mit sanfter, aber sicherer Hand auf die Bühne brachte, hatte sie ein gutes Gefühl für solch eine Inszenierung erworben. Der Professor hatte sie bisher jeden Montag eingesetzt, mal am Klavier, mal als Rezitatorin und oft als Liederinterpretin. So konnten sie aus einem vollen Fundus schöpfen.

In den Schulpausen übte sie mit ihrer Klasse Kanons von Beethoven und Mozart ein, die in das Programm eingeschoben wurden. Heimlich mieteten sie die wunderschöne Aula ihrer ehemaligen Volksschule in der Prenzlauer Allee an, klebten die von allen selbstgefertigten Plakate rund um diese Gegend an Litfasssäulen, Mauern und Zäune und luden zum Schluss die Eltern und die neue Direktorin zum Festabend ein. Diese Frau

Dr. Best hatte kurz vorher den hochverehrten Professor ersetzt, da dieser die berühmte Schule im »Grauen Kloster« wiederbeleben sollte. Unter den wenigen Schülerinnen, die er bei diesem Wechsel mitnehmen wollte, war auch sie, aber die Eltern fürchteten Probleme, zumal die Schule in den französischen Sektor verlegt worden war. Da die Direktorin sich unter dieser Veranstaltung nichts vorzustellen vermochte, blieb sie fern und erfuhr erst durch einen begeisterten Zeitungsbericht von dem erfolgreichen, bejubelten Abend auf der mit zehn Weihnachtsbäumen geschmückten Bühne im überfüllten Saal. Zornig bestellte sie die Initiatorin ins Direktionszimmer und verfasste bittere Vorwürfe wegen ungehorsamer Eigenmächtigkeit, Nichtbeachtung von Feuerschutz, Versicherungen und dergleichen mehr. Den schüchternen Einwand von Überraschung und Freude machen überhörte sie mit hartem Blick. Just in dem Augenblick stürmten Reporter ins Zimmer, um die tüchtige Direktorin zu interviewen, ihr zu danken und zu gratulieren wegen der wunderbaren Idee, der Aktion »Rettet die Kinder« den Erlös vom Abend, hundertfünfzig Mark, zu spenden. Ohne den »Sündenbock« weiter zu beachten, gab die bereitwillig Antwort auf alle Fragen und war stolz auf ihr Konterfei, das am nächsten Tag vom Zeitungsblatt lächelte.
Das Mädchen störte sich nicht an diesen Begleiterscheinungen und hatte unbewusst das aufrechte Handeln der Eltern zum Vorbild:
Der Eine fragt: »Was kommt danach?«, der Andre: »Ist es recht?« – und also unterscheidet sich der Freie von dem Knecht!
Sie hatte spontan getan, was sie ihrer Meinung nach hatte tun müssen, basta!

Sie sang und trällerte weiterhin in jeder Situation vor sich hin, meistens ohne auf die Lautstärke zu achten.

Da sagte eine junge Kundin zur Mutter: »Wer singt denn da so schön?«

»Unsre Große«, war die Antwort. »Was heißt denn Große? Sie haben doch nur die Moni?«

»Nein, außer Ehrhardt haben wir auch noch eine große Tochter, und die singt für ihr Leben gern.«

»Ach ja«, ereiferte sich das junge Fräulein, »das sagen Sie jetzt wieder so wie damals, als Sie mich mit dem Klavierspielen aufs Kreuz gelegt haben!«

Sie besaßen ein schwarzlackiertes Klavier, auf dem man nicht nur normal spielen konnte, sondern auch allergrößte Klassik in edelster Qualität zaubern, indem man auf einen als Taste kaschierten Knopf drückte und dann, die Pedale als Blasebalg betätigend, die hinter einem ebenfalls schwarzlackierten Schiebefenster verborgene gelochte Papierrolle zum Rotieren brachte. Da hatte sich diese hellhörige musikalische Kundin wohl mal gewundert, wer denn so einen perfekten Chopin spielte, und Mutter hatte nach anfänglich gespieltem Zögern das Geheimnis gelüftet. »Nein, die da singt, ist aber wirklich unsere Tochter!« Sie wurde in den Laden gerufen und von der etwa Zwanzigjährigen gefragt, ob sie in einem großen Chor mitsingen wollte. Stumm nickte sie mit leuchtenden Augen. »Na gut, also morgen treffen wir uns zur Probe in der Mittelstraße!«

In der Nacht machte sie kein Auge zu, und nach einem fiebrigen Schultag stand sie am Flügel des Chorleiters. Nach einem schüchternen Angsträuspern gab es keinerlei Schwierigkeiten im Nachsingen immer komplizierterer Tonfolgen. »Ja, du kannst gleich hier bleiben. Erster

Sopran. Die Kinderchorprobe beginnt!« Die acht- bis vierzehnjährigen Jungen und Mädchen heiß bewundernd wegen ihrer Sicherheit, bemühte sie sich, nicht dahinter zurückzubleiben. Am Ende bat der Leiter ihre »Agentin «, die sich als seine Assistentin, Ursebi genannt, entpuppte, die Neue zum Bleiben aufzufordern. »Wir nehmen sie sofort in den Jugendchor«, sagte er, und nun erst erfuhr sie, wo sie sich da hineingesungen hatte. Das war einer von ihren so heiß bewunderten Chören, die sie per Radio kennen und lieben gelernt hatte, der »Berliner Mozartchor«, der sich unter der sowjetischen Besatzungsmacht »Jugendchor der Stadt Berlin« nennen musste. Ursebi war plötzlich leicht empört, dass es das doch nicht geben dürfe, und dass doch bisher schließlich alle die Ochsentour durch den Kinderchor machen mussten. Aber der Chef blieb bei seiner Meinung, und so sah sie abends etwas bang den fröhlich ankommenden »Großen« entgegen.

Da gab es kein hochmütiges Abschätzen, kein schamhaftes Stirnrunzeln bei den Jungen, wie sie es in Weißwasser oft gesehen hatte. Die Neue wurde sofort herzlich in die Mitte genommen. Die dem Chor bereits bekannten Lieder lernte sie per Gehör, die neuen aus Mangel an Notenmaterial entweder nach Handzeichen des Chorleiters oder ein andermal zu viert in die wenigen vorhandenen Notenblätter schauend. Der Chorleiter war bemüht, der Schar beste Dirigentenqualität zu bieten, denn die trauerte ihrem Mozartchorleiter nach, den die Sowjets in ein Konzentrationslager gesteckt hatten, weil er im Krieg – gezwungenermaßen – manchmal in der Senfuniform die Konzerte dirigiert hatte, bei denen niemals ein Nazilied gesungen worden war.

211

Wie in einem Märchenland vernahm sie trunken den vollen Zusammenklang der drei- bis achtstimmigen Chorwerke von Mozart, Beethoven, Bach und all den Schöpfern dieser großartigen Musik. Zweimal wöchentlich schlich sie sich mit schlechtem Gewissen von der häuslichen Arbeit zu den Proben.

Ihre ehemalige Vision wurde nun überstrahlt von der Freude, dazugehören zu dürfen. Wieder war einer ihrer utopischen Wünsche Wirklichkeit geworden! Sie wagte nicht, ihr Glück überall zu verkünden – war das Aberglaube? Bald durfte sie bei den vielen Konzerten mitsingen. Um all die großartigen Programme durchsetzen zu können, mussten sie es sich auch gefallen lassen, bei sogenannten Staatsakten eingesetzt zu werden, mussten am 1. Mai auf der gigantischen Bühne im Lustgarten Frühlingslieder singen. Teilweise wurden ihnen die zu singenden Lieder vorgeschrieben, vor allem für Funkaufnahmen im »Haus des Rundfunks« in der Masurenallee am Funkturm – einer Exklave der Sowjets. Da regte sich allmählich verhaltener Widerstand.

Nach dem harten Winter hatte man im Frühjahr so viele Klassenräume wieder hergerichtet, dass sie darin abwechselnd mit der Jungenschule mal vormittags, mal nachmittags Unterricht haben konnten.

Das Schulprogramm erwies sich für sie als einfacher Spaziergang. Aufgrund der straffen Lehrmethode in der Weißwasser-Volksschule und dem anschließenden Kadettenanstaltsunterricht war sie ihren Mitschülerinnen weit voraus, und so gab das Hauptschulamt den Lobhudeleien der Klassenlehrerin und der zahm gewordenen Direktorin nach und ließ sie ein Schuljahr überspringen, sodass sie bei den Gleichaltrigen landete, wo sie sich wesentlich wohler fühlte.

Da ihr der Stoff aller Fächer förmlich zuflog, reichte es meistens, wenn sie die Hausaufgaben in den Pausen ab- oder hinschmierte. So blieb glücklicherweise genügend Zeit, die Eltern bei vielfältigsten Erledigungen zu unterstützen. Wenn sie am Nachmittag Schule hatte, stand sie vormittags im Laden, nach Vormittagsunterricht waren Abrechnungen auf dem Ernährungsamt oder Bankgeschäfte und Mietekassieren zu erledigen. Nach wie vor mussten zentnerweise Backmaterialien mit dem Handwagen von weit hergeholt werden, oft vom Lager am Schlesischen Bahnhof; andererseits waren die Lieferungen an die Krankenhäuser ebenfalls mit dem »Luxusgefährt« auszufahren.

Zwischendurch half sie Monika bei den Schularbeiten. Geduldig erklärte sie ihr einen Mathevorgang, und da das Fräulein nicht verstanden hatte, wiederholte sie es noch einmal. In dem Augenblick rief Magda nach ihr. Ahnungslos folgte sie dem Ruf, fand Magda in der Küche und bekam eine schallende Ohrfeige mit den Worten: »Ich kann dein monotones Gerede nicht mehr hören!« Batsch!, aber sie war indessen erwachsen genug, um den ungerechten Schwachsinn richtig einzustufen.

Lange hatte sie an der Frage herumgeknabbert, warum die Mutter sich so wenig um die innere Befindlichkeit ihrer beiden Töchter kümmerte, und nach einem dadurch ausgelösten Weinkrampf hatte eine ihrer Tanten sie getröstet und versucht, ihr zu erklären, warum sie wohl nie so recht liebevolle Zärtlichkeit von Seiten der Mutter erwarten könne: Hanni, Mutters erste heißgeliebte Tochter, entzückend anzusehen und hochintelligent – sie konnte bereits Gedichte aufsagen – war Anfang ihres dritten Lebensjahres an Hirnhautentzündung verstorben. Niemand hatte derzeit die unglückliche Mutter davon abbringen können, sich selbst die Schuld an dem tragischen Tod der Kleinen zu geben. Sie drohte unter der Last ihrer Trauer zusammenzubrechen – nur die Geburt von Ehrhardt im gleichen Jahr hatte sie gerettet. Auf ihn hätte sie von da an all ihre Liebe gewandt und kein Verständnis dafür gezeigt, dass der Vater seine Trauer in den Wunsch nach einer Tochter umgewandelt hatte. Die war dann dennoch nach sechs Jahren in die Universitätsklinik am grünen Strand der Spree geflogen gekommen. Vater wäre überglücklich gewesen, aber der nie endende Vergleich mit Hanni ging wahrscheinlich immer zu ihren Ungunsten aus, und so blieb zumindest ein gewisser Abstand zu dem Ersatzkind.

Seit sie das, wenn auch nicht mit dem Herzen, so doch mit ihrem Verstand erfasst hatte, begann sie, damit leben zu können. Sie hatte tiefstes Mitleid mit der Mutter, aber die innere Entfernung blieb bei der »überflüssigen« Tochter voll trauriger Resignation.

Doch sie dachte an Lukas und sang schon wieder: »Mir ist wohl bei höchstem Schmerz, denn ich weiß ein treues Herz ...«

Allmählich trafen von überallher wieder Briefe ein, von Inga aus Niesky, von Gerda aus Bayern, von Tante Lenchen aus Jerusalem. Wie nach jedem Gewitter sich wieder alle ins Freie wagen, so zeigten sich die Überlebenden wieder ihrer Umgebung.

Nach dem Brief von Lukas' Mutter war nach Monaten endlich Post von ihm aus Kappeln an der Ostsee gekommen, wohin er geflohen war, nachdem die russische Geheimpolizei ihn als Kriegsverbrecher in Weißwasser hatte verhaften wollen. Zu dem Zeitpunkt war er fünfzehneinhalb Jahre alt gewesen. Während eines stundenlangen Verhörs hatte man versucht, ihn als »Wehrwolf« zu überführen. Die Russen hatten ihm vorgeworfen, dass seine fünf wesentlich älteren Stiefbrüder es vorzogen, im Westen zu bleiben, hatten ihn aber dann für eine Nacht heimgeschickt mit der Auflage, am nächsten Morgen wieder zu erscheinen. Das hatten seine Eltern als seine letzte Gelegenheit für die Flucht über Cottbus nach Drebkau erkannt, wo der gut erzogene Junge sich gar noch geärgert hatte, dass der ihm entgegenkommende Bürgermeister seinen höflichen Gruß wie absichtlich übersehen hatte. Bei seinem Schwager, der dort die derzeit einzige Fabrik für medizinisches Glas besaß, erfuhr er, dass dieser Bürgermeister ihn soeben aufgesucht hatte mit einem Haftbefehl für Lukas, den er gut kannte. Beide packten hastig das Nötigste zusammen und flohen im Morgengrauen nach Kappeln, wohin bereits Lukas' Schwester vom Arbeitsdienst aus geflüchtet war.

Im regen Briefwechsel, der nun zu ihrem unfassbaren Glück einsetzte, erfuhr sie, dass Lukas nach der Flucht seiner Eltern vor den Russen ganz allein in der riesigen Villa gewohnt hatte, wo er bald aufgrund der Gesellschaft eines kompletten Divisionsstabs nur noch sein Jungenzimmer benutzen durfte. Die Offiziere hatten alle Konserven, alle anderen Vorräte, die sie in Küche und Keller finden konnten, gegen amtliche Quittungen aufgebraucht. Als die Kampfgeräusche stärker geworden waren, hatten sie über Nacht und ohne Abschied das Haus verlassen. Seine HJ-Gruppe schickte ihn an jenem

Tag mit Waffen überversorgt und zehn unbewaffneten polnischen Zwangsarbeitern in den Wald, um die Stadt zu verteidigen. Dort hatte deren vernünftiger Sprecher ihm aus Dankbarkeit seinen gütigen Eltern gegenüber geraten, sich nicht zu rühren; dann würde ihm von ihnen nichts geschehen. Sie hatten ihn gleichsam »umzingelt«. Auch die deutschen Soldaten, die gleich darauf aus dem Dickicht gekrochen kamen, befahlen ihm: »Lass die Klamotten für uns. Hau ab und geh zur Mami!«

Atemlos durch die leere Stadt laufend, hatte er noch zwei Freunde getroffen, alle drei hatten sich Fahrräder aus ihren Häusern geholt und sich gemeinsam gen Norden auf den Weg gemacht, immer die Kampffront im Nacken. Bei Tieffliegerangriffen mussten sie dem einen Freund vom Fahrrad ab- und danach wieder aufhelfen, da dieser durch Kinderlähmung seit Jahren behindert war.

Die absurdesten Erlebnisse hatten sie, wenn sie bei Soldatenlagern um Unterkunft und Verpflegung baten. Es waren tatsächlich Abteilungen dabei, die »Grüßen« übten. Obgleich sie zum Dienst eingeteilt werden sollten, gelang ihnen mit der Ausrede, den kranken Freund in Sicherheit bringen zu müssen, immer wieder der Ausbruch. In Kiel war dann kein Entrinnen mehr: Die beiden gesunden Jungs wurden auf einem Schiff als Flakhelfer eingesetzt, das voller Ostpreußenflüchtlinge nach einem kleinen und mittschiffs einem großen Torpedotreffer langsam in der Ostsee versank.

Nachdem Lukas zuvor unermüdlich geholfen hatte, die Frauen und Kinder zu zwingen, die Strickleiter an der Schiffswand zu ergreifen und abwärts zu den Rettungsbooten zu klettern, musste er zu seinem Entsetzen lernen, dass all die Ängstlichen, die sich schreiend davor drücken wollten, von den Marinesoldaten in die Tiefe hinuntergeworfen werden mussten. Schließlich hatte auch ihm einer dieser Soldaten einen Stoß versetzt und gerufen: »Hast es gut gemacht! Viel Glück, Langer!« Schwimmend konnte er noch eine Frau und zwei kleine Kinder aus dem Wasser ziehen und mit Hilfe anderer Soldaten in ein Boot retten und war dann eilig an Land geschwommen, da das Meer eisig war. Dort hatte ihn eine mitleidige Frau in ihrem Hause mit trockner, natürlich viel zu knapper Kleidung versorgt.

So war er seinen Eltern nach abenteuerlicher Fahrerei in Lazarettzügen daheim in die Arme gefallen. Diese hatten ihre Flucht abgebrochen und waren nach Weißwasser zurückgekehrt, nachdem man ihnen alles, alles gestohlen hatte. Mit zwei voll beladenen, von kräftigen Ochsen gezogenen Wagen waren sie gestartet, nach hundert Kilometern hatten sich ihre polnischen Kutscher als hohe Offiziere zu erkennen gegeben und waren zu ihren Truppen gelaufen. Ihres Schutzes beraubt, hatten sie zusehen müssen, wie erst die Mitflüchtlinge und bald danach die Russen Gefallen an den Wertsachen gefunden hatten.

In dem zweiten Nachkriegsjahr hatte sich die Lage noch weiter verschlechtert. Da gab es so viele Probleme, die über den Erwachsenen wucherten. Zog man die warme Decke bis zu den Schultern hoch, lagen die Füße bloß. Menschen, die Jahrzehnte alle Schwierigkeiten gemeinsam tapfer durchgestanden hatten, sprachen nicht mehr die gleiche Sprache, die Nerven lagen blank.

Es sollte nicht lange dauern, bis sogar Ehrhardts großartiger Lazarettarzt zu den Eltern des Geretteten kam, um für sich und seine Angehörigen um eine Mehlsuppe und Brot zu bitten, nachdem er zunächst euphorisch am S-Bahnhof Prenzlauer Allee eine große Praxis eröffnet hatte in dem Glauben, es ginge aufwärts.

So gern hätten die Eltern allen Hungrigen geholfen, doch die Zuteilungen durch die Ernährungsämter wurden immer geringer. Backrezepte wurden vorgeschrieben, die aus weniger mehr machen sollten. Rundum gab es in den Bäckereien bereits klitschiges Brot. So wurde die Schlange vor ihrem Laden täglich länger, weil der Vater sich weigerte, nach den schlechten Vorschriften zu backen. Er sagte, er könne nicht Wunder wirken wie Jesus und habe nie gelernt, Vertrauen mit Betrug zu beantworten. Folglich entstanden Differenzen zwischen Mehllieferungen und dafür abgelieferte Mehlmarkenbögen. Gut befreundete Kollegen hatten untereinander bereits ein bestens funktionierendes Warnsystem eingerichtet für die gefürchteten Kontrollen. So schaffte ein eben Kontrollierter schnell die telefonisch erfragte Fehlmenge an Mehl per Handwagen zum nächsten Kollegen, die der während der Kontrolle sein eigen nannte und dann schnell wieder weitergab.

Die Mutter fuhr auf überfüllten Kohlenwaggons oder Güterwagen mit Massen von Hamsterern aufs Land, um gegen Kerzen für Stromsperrzeiten oder Salz, das den Bauern zum Fleischpökeln fehlte, Mehl einzutauschen.

Tante Ida fuhr mit, obgleich sie weder Kerzen noch Salz als Tauschgut anbieten konnte, und alle sonstigen wertvollen Dinge in Weißwasser verloren hatte. Listig legte sie den Bäuerinnen die Karten und bekam für ihren Hokuspokus ein paar Eier, Speck, Kartoffeln.

Leider waren Mutters Bemühungen nur ein Tropfen auf

den heißen Stein, denn solche armseligen Rucksäcke voll Mehl konnten das große Loch nicht füllen – und eines Tages wurde es trotz aller Tricks von der Kontrolle entdeckt. Wegen des Mankos sollte der Meister als »Wirtschaftsverbrecher« ins Gefängnis. Der gute Freund der Eltern, der indessen ebenfalls regelmäßig Überlebenshilfe bekommen hatte, war durch seine herausragende Verwaltungsstellung in der Lage, diese Strafe in eine Geldbuße von fünfzigtausend Mark zu verwandeln. Mutter küsste dessen Hände, Kredit wurde aufgenommen, der Vater gebettelt, seine aufrechten Prinzipien etwas den Notzeiten anzupassen; aber wer sollte die Kraft besitzen, diese gerade gewachsene Eiche zu verbiegen?!

Als eines Tages mal wieder eine Verwandte ausgehungert um Brot bitten kam, die Eltern ihr auch bereits eins eingepackt hatten, nahm Magda es ihr mit wilden Flüchen kurzerhand wieder ab, weil sie die Eltern vor den daraus entstehenden Konsequenzen schützen wollte. Daraufhin schrie diese verzweifelte Tante zu Magda in die Küche hinein: »Verdammtes Kommunistenweib!«

Die Mutter war vor Überanstrengung, Aufregung und Erschöpfungszuständen völlig abgemagert, und um den schmalgewordenen Vater schlotterten die Anzüge herum, als hätte er sie nur geliehen. Früher nie gekannte Auseinandersetzungen wurden hier und da recht temperamentvoll geführt. Auch Unsachlichkeiten ließen sich offensichtlich nicht vermeiden.

Andere Bäcker konnten nicht so viel minderwertige »Schlagcrème« aus Molke oder Wassereis mit chemischen Geschmacksessenzen herstellen, wie die Kundenanstürme erforderten – und machten gutes Geld damit.

Der Vater bestand auf seinem: »Ich mache echte Schlagsahne und Sahneeis oder gar nichts!« So mussten seine Lieben auf vielerlei verzichten, was andere Bäckerfamilien sich locker leisten konnten.

Die Eltern waren einfach zu ehrlich für diese Zeiten, in denen es genug Gewinnler, Schieber genannt, gegeben hat!

Fast täglich erschien ein gutmütiger, leicht klebriger Russe mit allerlei Auszeichnungen an der Uniform und einem freundlichen Grinsen auf dem breitflächigen Gesicht und kaufte Blechkuchen, zwanzig, dreißig dunkle, ziemlich trockene, aus weiter Ferne an Butterkuchen erinnernde Stückchen. Mit dicken Pranken holte er aus beiden speckigen Hosentaschen große Bündel zerknautschter Geldscheine heraus und knallte sie auf den Tisch im Wohnzimmer, wo dieser besondere Kunde heimlich bedient wurde. Dann nahm die Mutter einen Schein davon, gab ihm Kleingeld raus und packte ihm zum Entsetzen ihrer enttäuschten Kinder all das andere schöne Geld wieder in seine dreckigen Taschen. Täglich das gleiche Ritual, täglich der gleiche freundliche, aber vergebliche Widerstand des Russkis: »Nimm, Matka. Ich chab Geld. Da, da, da!«

Da jammerte die Mutter, dass der gesamte Schmuck gestohlen worden war, den sie im Ziegenstall vergraben hatte. – Im Krieg war zu den Garagenkaninchen wegen der Milchspende auch solch ein Meckerchen angeschafft worden. – Weil der Vater abgelehnt hatte, »solch einen Unsinn« zu machen, hatte der Wuja geholfen. Zu spät hatten sie dann entdeckt, dass wahrscheinlich liebe Seitenflügelmieter die Meisterin und deren Bruder mit

Spaten über den Hof gehen gesehen hatten – während kein einziger Russe auch nur ein einziges Schubfach in der Wohnung geöffnet hatte!

Puppen, Puppenwagen waren bereits in Fett und Fleisch getauscht worden, Mutters schwarzes Spitzenballkleid sicher schon in Moskau, Magda gab von ihrer sorgfältig gesammelten Aussteuer ein Stück nach dem anderen her, um ihr Teil zum Überleben beizutragen.

Sprach die Mutter den Vater wegen seiner Unnachgiebigkeit an, erwiderte der, er wisse auch nicht so recht, ob es sehr klug gewesen sei, alle Wertsachen im Stall vor den Russen zu verstecken und alle Verdienstkreuze wegzuwerfen. Letzteres ließ bei der Mutter alle Sicherungen durchbrennen. Sie klammerte sich an eine der hohen Türklinken und schrie mit sich überschlagender Stimme: »Dann lauf doch. Heirate deinen Hitler!« Vater verschwand kopfschüttelnd in Richtung Schlafzimmer. Dadurch hatte er nicht mehr bemerkt, dass seine Frau beim letzten Wort ohnmächtig geworden war. Weinend half die große Tochter Ehrhardt und Magda, die Arme im Herrenzimmer auf die Couch zu betten und warf sich über sie: »Mutti, wir haben dich doch lieb! Vati auch. Bitte, lass uns nicht allein!«

Lange lag sie wach in der folgenden Nacht und wurde sich nach quälendem Rätseln darüber klar, dass Kinder ihre Eltern lieben, achten, verehren und bewundern können, aber verstehen und sich in sie hineinversetzen wird ihnen immer unmöglich sein, selbst wenn sie das Glück haben sollten, dass diese ihre Kinder mit zärtlicher Liebe verwöhnen. Schweren Herzens beschloss sie, sich diese Erkenntnis zu ihrem eigenen Trost vergegenwärtigen zu wollen, wenn sie sich einmal vom Handeln eigener heißgeliebter Nachkommen enttäuscht fühlen würde.

Bevor der Streit zum Gewitter wird, warte ein bisschen Regen ab!

Auf jeden Regen folgt Sonne!

Die Mutter schien am folgenden Tag nichts mehr vom Abend zu wissen. Die Gesichter am Mittagstisch sahen aus wie immer, und ihre Jugend half, schnell unangenehme Erlebnisse zu vergessen.

Und dann, wenn der lange Tag mit dem letzten Markenkleben beendet worden war, kam ihre stille, ihre wertvollste Stunde. Dann ließ sie sich in ihrem Bett, das direkt dem Fenster gegenüberstand, das auf den Hof hinausging, berieseln von all den interessanten Volksstücken, die ihr aus den vielen Fenstern herüberwehten. Lachen mischte sich mit Streit, Poltern mit Radiomusik, schreiende Babys wurden von ihren Müttern lauthals getröstet. Und was war da nebenan schon wieder los? Das Kinderzimmer lag direkt neben der Küche von Sabine und ihrer Mutter, die Fenster stießen rechtwinklig zusammen. Sie hörte, wie beide heftig zankend in die Küche kamen. »Mann, doh. Ick hau da uff de Neese, dette rote Soße fließt, merk da det,« drohte Sabines Mutter. »Ach, Mänsch, Keile vajeht, icke bestehe!« Da klatschte es schon gewaltig, ein Stuhl krachte gegen die Wand, Sabine schluchzte. Das war nicht das erste Mal, dass sie ähnliche Szenen vernommen und am nächsten Tag mit Erstaunen beobachtet hatte, wie die beiden eng umschlungen »ums Karree« spazierten.

Sie selbst hatte auch einmal gewagt, zum Vater zu sagen: »Mensch, Vati, das habe ich doch nicht mit Absicht gemacht!«, woraufhin dieser mit erhobener Stimme geantwortet hatte: »Für dich bin ich noch lange kein Mensch!« Hastig hatte sie das Zimmer verlassen, bevor sie dank dieser absurden Aussage vor Lachen zu ersticken drohte. Als sie nach einer Stunde dem Vater wieder begegnet war, hatte dieser gefordert: »Ich warte immer noch auf deine Entschuldigung!«

»Ich entschuldige mich, dass ich zu dir Mensch gesagt habe!« hatte dann auch bei ihm zu herzhaftem Gelächter geführt.

Was für ein friedliches Nest hatte sie im Vergleich zu anderen! So ließ sie sich von ihren Träumen entführen. Begleitet wurden sie von den durch die inzwischen eingesetzte Stille dringenden Gesänge der in der Brauerei untergebrachten russischen Soldaten, mal schwermütig, mal weich melancholisch, plötzlich wild, erschreckend fröhlich, – ganz anders als damals die gefangenen Italiener, die in ihre Stimmen und ihre Musik verliebt waren, voller Sehnsucht nach ihrer schönen Heimat.

Besonders zauberhaft war ihre Traumstunde, wenn der Mond ihr dabei direkt auf das Gesicht schien; sie folgte seiner Himmelswanderung, bis sie halbschräg aus dem Bett hing.

Alle Träume hatten nur einen Mittelpunkt: Lukas.

Diesen Sommerferien fieberte sie ungeduldig entgegen, denn Lukas hatte geschrieben, dass er diese in Weißwasser verbringen würde. Langwieriges Bemühen der Mutter hatte ihr tatsächlich eine Reisegenehmigung des Sowjetkommandos für Weißwasser in Russisch und in Deutsch verschafft.

Zwei Tage vor der Abfahrt weckte Magda sie am frühen

Vormittag – es war abends wieder besonders spät geworden – aus tiefem Schlaf: »Komm mal schnell. Da sind zwei Riesen, die dich sprechen wollen. Der eine hat dir doch oft geschrieben.«
War eine Trommel in ihrem Kopf, oder sprang das Herz bis ins Gehirn? Genau so musste Kranken zumute sein, die ihre Nerven nicht mehr zu steuern vermochten! Alle die tausendfachen Träume der letzten eindreiviertel Jahre purzelten durcheinander. Lukas! Sie drehte den gewohnten Waschgang von vorn nach hinten, zog mehrmals Kleidungsstücke verkehrt herum an, wieder aus, wieder an, ging dann die Wendeltreppe halb hinunter, danach hinauf. Kein Film konnte irrer sein; und dann standen sie vor ihr: Lukas, groß, schmal geworden, mit ernstem Gesicht, leuchtenden dunklen Augen und sein Cousin Peter, dem sie fast die Hand zu geben versäumte. Der Blitz hatte sie getroffen – und dieses Feuer sollte nie wieder gelöscht werden! Die beiden Jungen wohnten bis zum Reiseantritt bei Onkel und Tante am Roseneck. Ehrhardt ließ es sich nicht nehmen, dann alle drei zum Görlitzer Bahnhof zu bringen. Peter hatte eine Rückfahrkarte, da er aus Weißwasser gekommen war, aber Lukas hatte seine Reise in die Heimat in Kappeln angetreten und nicht die geringste Aussicht auf eine Reisegenehmigung in die »Sowjetische Zone«. Mit einem Trick kam er durch die Sperre und im Zug an jedem Kontrolleur mit einer freundlichen Bemerkung vorbei auf das kleinste Abteilchen, bis sie endlich am Ziel waren.

Unterwegs hatte er ihr amerikanische Schlager von Gershwin leise ins Ohr gesungen, was sie recht verwegen fand, hatte ihr dann aber ernsthaft erzählt, wie man seine Eltern als verfemte »Kapitalisten« quälen würde. Gleich einen Tag nach seiner Flucht hatte man seine Mutter aufs Rathaus bestellt, das sie nach zögerlichem Viertelstundenfußweg mit unguten Gefühlen betreten hatte. Im Bürgermeisterzimmer hatte sie alle aus dem Herrenzimmer ihres Mannes gestohlenen Möbel wiedergesehen. Ihre schlechte gesundheitliche Verfassung hatte sie schwankend eine Sessellehne ergreifen lassen: »Bitte, darf ich mich in meinen Sessel setzen?« Danach sei alles um sie her für Sekunden schwarz geworden. Beim Erwachen hatte der Rathauschef, in dem sie einen ihrer ehemaligen Glasmacher erkannte, ihr ein Glas Wasser kredenzt und dann hinter dem vertrauten großen Schreibtisch geflüstert: »Sie waren immer gut zu uns. Ich bitte um Verzeihung. Ihr Junge ist also unbekannt verzogen!« In den Gang schrie er hinaus: »Die Unterredung ist beendet!« Noch leicht betäubt war sie daheim angekommen.

Tante Mariechen und Onkel Richard waren glücklich, ihre Nichte nach so langer trauriger Zeit gesund wiederzusehen. Es überraschte sie sehr, dass sie vom Jüngsten der prominenten Familie begleitet wurde.
Sie hatten zwei Wochen nach der damaligen Abreise der Mädchen dem Räumungsbefehl folgen müssen und waren per Fahrrad – die Tante hatte das zwangsläufig zurückgelassene neue des Bombenmädchens genommen – bis ins Riesengebirge gekommen. Nachdem dort die Reifen völlig zerschlissen waren, hatte der Onkel einen alten Kinderwagen organisiert und die Tante wieder nach Hause geschoben, wo sie ein ausgeplündertes Heim vorgefunden hatten.

Den Kopf hinter einem überdimensionalen Gladiolen-
strauß verborgen, stieg sie die Freitreppe zu der großen
Villa hinauf, und nach atemlosen Zögern klingelte sie an
der kunstvoll geschnitzten Tür, um der Einladung der
Dame des Hauses nachzukommen. Eine vornehme stattliche Frau mit hochgestecktem schwarzen Haar empfing sie lächelnd: »Ach, da ist mein lieber Gast, und die
herrlichen Blumen sollen gewiss für mich sein«. Damit
löste sie das dunkelrote Gesicht aus dem sicheren Versteck. Überwältigt von der zweistöckigen Eingangshalle
mit dem großen Kamin, vor dem die von Plünderern
mit Säbeln aufgeschlitzten Ledersessel mahnend standen,
sah sie staunend die vielen geschliffenen Kristallglastü-
ren, die geschnitzten hohen Eichentüren, den gewaltigen
flämischen Kronleuchter, der aus dem Himmel herabzu-
kommen schien und folgte Lukas' Mutter schüchtern die
breite Treppe in den ersten Stock hinauf, wo man der
Familie drei Zimmer bis auf Weiteres zugewiesen hatte.
Im Biedermeier-Damenzimmer saßen sie dann beide, in
hohen edlen Sektgläsern ein kakaofarbenes Stärkungs-
pulver, das der Arzt dem kranken Hausherrn verschrie-
ben hatte. Dies nippten sie von langen silbernen Löffeln.
Die Dame, die mit den rumänischen Königskindern in
einem Bukarester Internat erzogen worden war, hatte
den Hunger schmerzlich kennengelernt und dem Mädchen nichts anderes anzubieten, aber dieses Nichts zele-
brierte sie stilvoll und mit unnachahmlichem Charme!
Lukas war nicht zu entdecken, auch dann nicht, als der
Stiefvater in dem saalartigen Schlafzimmer sie anschließend matt lächelnd bat, neben seinem fürstlichen Bett
Platz zu nehmen, um sie in ein langes freundliches
Gespräch zu verwickeln. Seine Frau saß mit einer Hand-

226

arbeit etwas abseits in der eleganten Couchgruppe. Dass das alles eine eingehende Prüfung war, begriff sie in ihrer Unschuld nicht. War sie bestanden, als der Kranke ihre Hand nahm und flüsterte: »Bleib bei meinem Jungen!«?

Die neuen Herren der Nachkriegszeit hatten den Sechzigjährigen nach seiner Heimkehr von der kurzen Flucht sofort verhaftet, nach Spremberg verschleppt, zum Straßenfegen gezwungen und nach drei Wochen zu Fuß nach Weißwasser entlassen. Dort war er ermuntert worden, in unermüdlicher Arbeit und mit hohem finanziellen Einsatz die Glasfabrik wieder reibungslos in Gang zu setzen. Als er das geschafft hatte, wurde er »per Volksentscheid« enteignet. Das hatte dem Gesunden die Beine weggehauen. Seitdem war er bettlägerig, durfte keine Aufregungen haben – und wartete auf den Räumungsbefehl, der ihn aus seinem Haus treiben sollte.

Lukas kam herein, um sie abzuholen. Da erreichte ihn ein Donnerwetter ohnegleichen, weil sein Vater morgens erst erfahren hatte, dass Lukas ohne zu fragen, Bleikristallschalen und -vasen, von Peter nach Berlin geschmuggelt, in Dahlem bei der amerikanischen Tauschzentrale gegen Zigaretten getauscht hatte. Lukas wehrte sich: »Aber, Vater, Kristall haben wir doch mehr als genug, und gegen Zigaretten kann man die besten Lebensmittel eintauschen!«

»Erstens sind das Gegenstände aus unserem Musterlager, und zweitens hast du sie überteuert getauscht. Du hast die Amerikaner betrogen. Ich dulde keine Ganoven in meinem Haus!« Damit wies er dem armen Kerl die Tür, blinzelte ihr zu und sagte: »Nun tröste ihn mal ein bisschen!«

Er ahnte nicht, dass seine Frau bereits einen großen Teil der geretteten Bett- und Tischwäsche beim Fleischer oder beim Bauern gegen Überlebensmittel hergegeben hatte.

Ihre sonnige Jugend ließ sie Minuten später wieder lachend durch den Park springen, sich durch die Straßen jagen und fangen.

Dabei fand Lukas es außerordentlich notwendig, dass er ihr den Kaninchenberg im Park zeigen musste, und sie erkannte zu spät, dass das nur der Vorwand für den ersten Kussversuch unter dem dichten grünen Dach der schwerbehangenen Pflaumenbäume war. Doch ihre überrumpelte, schützende, verteidigende Hand knallte in Sekundenschnelle gegen seine linke Wange, bevor ihr die Empörung bewusst werden konnte, und beendete diesen kurzen Besichtigungsgang mit einer stummen Flucht vom Kaninchenberg und der Schmach. Es dauerte einen langen halben, gutmütigen Tag, bis herzklopfende Aufregung wieder in Fröhlichkeit tauchte.

Sie hatten das Geschenk freiwilligen Gebens und Nehmens, gegenseitiger Achtung und Verehrung erhalten, gepaart mit jugendlich leichter, beschwingter Verliebtheit. Was konnte es Größeres geben?

Am Abend trafen sie sich mit allen ehemaligen Schulkameraden, die aufzutreiben waren, im »Volkshaus«. Sie hatten das Inferno überlebt und tauschten in lebhaften Schilderungen ihre Erlebnisse aus.

Die alten Witze über die »Wenden« wurden aufgefrischt: »Maach schnell mit Fieße waschenn, brauch Schissel zu Salate machenn!« oder im Pralinenladen: »Chabenn Sie nicht solche welche von die Pfaffermienze nich?«

In eine Pause hinein fragte sie die Tischgesellschaft: »Ihr wisst doch noch, wie dieses Haus hier früher hieß?«

»Klar, ›Haus der deutschen Arbeit‹, besetzt von der ›Arbeitsfront‹ und für zivile Personen nicht zugänglich.«

»Stimmt, aber davor war es ein Hotel, und da hab ich als Fünfjährige mit Mutter und Geschwistern gewohnt, während in Berlin die Olympiade tobte, weil meine Mutter neugierig gewesen war, wie das kleine Nest aussehen mochte, in das ihre Schwägerin durch ihre späte Heirat geraten war. Nach dem Mittagessen in dem damals neueröffneten schicken Hotel ließ Mutter unseren elfjährigen Bruder allein zur Tante gehen, während Moni und ich ein Mittagsschläfchen machen mussten. Bestens ausgeruht hopsten wir danach vergnügt in das naheliegende Haus der Tante und fanden diese bei Radiolärm heftig schluchzend in einem Sessel. Mutter: ›Was ist denn los? Warum weinst du?‹

Das Schluchzen wurde stärker, Mutter begann zu schreien: ›Marie, was um Gottes willen ist passiert? Was ist mit dem Jungen? Wo ist mein Kind?‹ Für mich war es das erste Mal, solch ein Chaos zu erleben: Radioradau, Schreien, Schluchzen! Fest biss ich die Zähne in meinen Handrücken. Tante konnte vor Fassungslosigkeit nicht antworten. Erst als Mutter drohte, die Polizei holen zu wollen, zeigte diese stumm und nach Worten ringend mit dem Zeigefinger nach draußen. Wir rasten hinaus auf die Straße, wo wir unseren Bruder am Waldesrand friedlich Fußball spielend fanden. Mit ihm zurück: ›Bist du jeck, Marie, uns so zu erschrecken?‹ Da endlich hatte die ihre Sprache wiedergefunden und brachte mühsam heraus: ›Wir haben schon wieder eine Goldmedaille!‹«

Die Freude über die blödsinnige Geschichte aus der guten alten Vorkriegszeit war groß und »Wir haben schon wieder eine Goldmedaille« wurde bei allen möglichen Gelegenheiten als Erkennungsgruß angewandt.

Nach diesen herrlichen Ferientagen gab Lukas seine Zuflucht in Kappeln auf und zog mit Peter zu seinem ehemaligen Kindermädchen nach Cottbus. Das war insofern großartig, als er nun öfter mal nach Berlin kommen konnte.

Mit Erfolg hatten die von den Eltern während der Hitlerzeit Beschützten der Mutter geholfen, dem Vater die Unterschrift unter den »Entnazifizierungsantrag« abzubetteln, denn da er sich nichts vorzuwerfen hatte, konnte sein ausgeprägter Gerechtigkeitssinn nicht nachvollziehen, dass alle ehemaligen Parteimitglieder global verurteilt wurden, und nun jeder Einzelfall geprüft werden sollte. Die Einstufung lautete: hauptschuldig, belastet, minderbelastet, Mitläufer, Entlasteter. Widerstrebend sah er schließlich die Notwendigkeit für solch eine Untersuchung ein, da ihm ohne diese als »leichteste« Strafe Berufsverbot drohte; hohe Geldbußen, Vermögenseinzug und Schlimmeres konnten ebenfalls das Ergebnis des Prozesses sein. Um die Existenz der gesamten Familie nicht zu gefährden, hatte also der Vater seine Einwilligung gegeben, und dann verfolgten außer der überforderten Mutter alle, die ihm nahestanden, diesen Prozess, der filmreif ablief.

Der Vertreter der Anklage hatte die Personalien festgestellt und dann die beiden »Verbrechen« genannt: Parteimitglied und Hausblockwart. Danach hielt der Freund der Eltern, der sie schon seit Anfang der zwanziger Jahre begleitet, bis zur Hitlerzeit das Bezirksamt geleitet, danach eine kleine, aber erfolgreiche Mützenproduktion betrieben hatte und nun wieder seinen alten respektablen Posten übertragen bekommen hatte, sein Plädoyer als erster Entlastungszeuge. Ohne Verzierungen schilderte er den Angeklagten, wie er ihn in diesen langen Jahren als stets achtbaren Mann gekannt hatte. Die zweite Zeugin war Tante Lenchen, die glücklicherweise auf einem Kurzbesuch in Berlin weilte. Sie schilderte fast leidenschaftlich, wie dieser Mann, ohne einen Augenblick zu zögern und ohne Rücksicht auf die Gefahr, in die er seine gesamte Familie damit brachte, sie beschützt und ernährt hatte. Sie erweiterte dieses Bild um manche andere selbstlose Handlung des Vaters, von der sie Kenntnis hatte.

Eine nachdenkliche Stille folgte.

Belastungszeugen gab es nicht.

Nun sollte der hagere Mann, der die ganze Zeit über unbeweglich vor dem langen Richtertisch gestanden hatte, selbst zu der Anklage Stellung nehmen. Dass er Reden halten konnte ohne Konzept, ohne Stichwörterblatt, das wussten seine Kinder, die in der hintersten Reihe bangten, von unzähligen derartigen Auftritten, bei denen es ihnen je nach Lebensalter oft schwer genug gefallen war, geduldig auf das Ende zu warten.

So sprach nun der Vater von der Zeit der großen Reichstagssitzungen, die er als Besucher miterlebt hatte, wann immer es seine Zeit erlaubt hatte; wie er als ohnmächtiger Bürger mit Unverständnis die Leichtfertigkeit der Abgeordneten wahrgenommen hatte, die oft gerade bei den Reden der Nationalsozialisten den Saal verlassen hatten, um »Eisbein essen zu gehen«, weil sie deren Reden für unwichtig hielten. Dann waren die Nazis an der Regierung. Er hatte sie nicht gewählt; aber als der Vorstand der deutschen Bäckerinnung, dem er angehörte, erfahren hatte, dass man ihnen braune Funktionäre überordnen wollte, hätten sie geschlossen die Parteimitgliedschaft beantragt, damit den »Rabauken« der Zutritt verwehrt werden konnte. Das wäre in ihren Augen damals lediglich ein geschickter Schachzug gewesen. Der beabsichtigte Erfolg schien ihnen Recht zu geben. Wie sollten ehrbare Menschen damals ahnen, welche Verbrechen nachfolgen würden! Den Blockwartposten hätte er aus ähnlichem Grund übernommen und auf diese Weise die Bespitzelung seiner Mieter verhindert. »Jeder meiner Freunde dachte damals, dass diese arbeitsscheuen, großmäuligen Marschierer nach wenigen Monaten scheitern müssten. Wir haben uns schuldig gemacht, indem wir sie durch unsere kurzsichtige Fehleinschätzung unterstützt haben. Ich war nicht in der Lage, es rückgängig zu machen, deshalb weiß ich nicht, warum ich heute hier erscheinen muss!«, schloss er seine eigene Anklagerede.

»Ja, aber, Mann, Sie haben schließlich einen Entnazifizierungsantrag gestellt!«, polterte scharf der Vorsitzende.

»Das habe ich meiner Frau zuliebe nur unterschrieben, ausgefüllt hat sie diesen Antrag«, kam es bockig. Die Kinder seufzten. Da meldete sich noch einmal Tante Lenchen, die studierte Juristin, lachend zu Wort: »Das ist das klare Bild eines aufrechten Charakters. Er lügt oder verschleiert noch nicht einmal, wenn es ihm an den Kragen geht!« Das Präsidium flüsterte, und ohne dass es den Saal verlassen hatte, verkündete der Vorsitzende nach langwieriger Wiederholung der Personalien und der Anklage:

»Entlastet!«

Die hintere Reihe fasste sich an den Händen, sie drückten sie fest, bis die ersten Zuhörer aufstanden, und sie eilig den Saal verließen.

Daheim nahmen alle drei Kinder die Mutter in die Arme; sie weinte stundenlang.

Gern wollte sie auch mal etwas richtig Gutes zum Wohlbefinden der Familie beitragen. Lukas, der zu ihrem Glück wirklich öfter in Berlin auftauchte, hatte ihr geschildert, wie es in der amerikanischen Tauschzentrale zuging, und so nahm sie mit leichter Wehmut die zierlichen blitzenden Schlittschuhstiefel, die sie von der Busia schon vor Jahren geerbt hatte, steckte sie in eine Aktentasche und fuhr bei bitterer Kälte mit der U-Bahn bis Oskar-Helene-Heim. Dort lief sie schnell zu der Barackensiedlung am Rande des Grunewalds, in der sie das ganz große Ding abziehen wollte. Obgleich es erst elf Uhr war, stand da schon eine lange Menschenschlange in Viererreihen. Freundlich um sich herum grüßend, stellte sie sich hinten an. Junge und Alte, Frauen und Männer, vornehme Schweiger und übersprudelnde Komiker waren dabei. Die nächsten Umstehenden bildeten jeweils eine kameradschaftliche Gruppe. Jede Stunde wurden acht Personen in die gegenüberliegende kleine Waldgaststätte zum Aufwärmen geschickt. Zweimal wurde »die Kleine« den Glücklichen zugeteilt, aber nur beim ersten Mal konnte sie sich eine Tasse Ersatzkaffee leisten. Kräftig trampelten sie sich die eiskalten Füße warm, lieferten sich eine bewegungsreiche Schneeballschlacht, denn es ging sehr langsam voran, und nach endlosen Stunden brach die Dunkelheit herein. Nervös klärten die »alten Hasen« die Erstlinge auf, dass nach siebzehn Uhr das Spiel zu Ende war. Jedes Teilchen der noch draußen stehenden Schlange fürchtete, nicht mehr hineingelassen zu werden.

Zwei Reihen hinter ihr erging es den armen Leuten tatsächlich so. Drinnen gab es auch noch eine lange Reihe vor ihr, aber es umfing sie eine wohlige Wärme, duftete nach guter Seife und Parfum, denn auch dies gehörte zu den Wunderdingen, die man für seine Tauschgegenstände bekommen konnte.

Regale bis zur Decke beherbergten funkelndes Silber, alte Buchkostbarkeiten, Pelze, Schuhe, Krokoledertaschen. Ihr wurde leicht schwindelig von dem plötzlichen Temperaturwechsel, dem Geruch, dem Durcheinandergerede der deutschen Zivilisten und den zackigen Anweisungen der weiblichen und männlichen Uniformierten, dem Gewirr von Gängen, Vitrinen und Regalen.

Schüchtern fragte sie in ihrem besten Englisch, wo sie Schlittschuhe tauschen könne und schlängelte sich der in gutem Deutsch gegebenen Auskunft entgegen. Hinter einem langen Ladentisch standen zwei junge Amerikanerinnen und wiesen mit liebenswürdigem Kopfschütteln auf die völlig überfüllten Regale hinter sich, Schlittschuhe mit und ohne Stiefel, in allen Größen, in den verschiedensten Formen und Qualitäten. Mit verzweifeltem Kampfesmut zeigte sie trotzdem ihren fehlerfreien Schatz, erntete ein letztes Hochziehen der Schultern und stand schon wieder in der eisigen Dunkelheit. Heulend lief sie den Waldweg entlang, die U-Bahntreppe hinunter, und nach fast einer Stunde Fahrt rannte sie durch die stille Straße und wurde mit: »Mein Gott, Kind, wo bleibst du nur? Wir hatten solche Angst um dich!« empfangen.

Bei Magdas Verwandten auf einem kleinen Dorf hinter Strausberg warteten Kartoffeln auf die vielköpfige Gastgeber- und Flüchtlingsfamilie. Magda erkor sie als begleitende Trägerin, und nach einem paradiesischen Nachmittag mit Speckkartoffeln und frischem Salat bestiegen sie leuchtenden Auges und mit einem kleinen Zehnkilosack voller goldgelber faustgroßer Kartoffeln die Kleinbahn, die sie bis Strausberg zurück zuckelte, wo das gefürchtete Umsteigen in den Zug nach Berlin bevorstand.

Trillerpfeifen und Kommandos brachten alle »Hamsterer« in eine lange Schlange, seitlich und am Ende bewacht von Uniformierten mit sturem Gesichtsausdruck, während vorn Reihe für Reihe durch die Vopos von ihren Schätzen befreit wurde.

Mit unbarmherzigem Ruck riss der eine Magda den Sack aus der Hand, warf ihn hinter sich auf den ansehnlichen Beutehaufen, während der andere dem zitternden Mädchen eine Quittung reichte. »Verdammt, steckt euch den Wisch sonstwohin«, schrie die Bestohlene und schob hastig ihre schluchzende Begleiterin in den wartenden Zug, ohne sich um die Beschimpfungen der Staatsmacht zu kümmern. Lange mussten sie sich am Fenster stehend gedulden, bis die Abfertigung an die Letzten kam.

Ein schmächtiger Mann mit schütterem Haar hielt krampfhaft ein Eimerchen an seine Brust gedrückt. »Her damit! Deckel auf!«, schnauzte der Hüter der Ordnung. Gehorsam lüftete der Gescholtene den Eimer, ging wie in Trance zu dem großen Haufen und ließ, begleitet vom Beifallsgemurmel der Umstehenden, ganz langsam seinen kostbaren braunen Sirup auf die Kohlköpfe, die Mohrrüben, Speckseiten und Kartoffeln rieseln – bis kein Tropfen mehr kam.

Durch ihren Tränenschleier musste sie mitansehen, wie zwei Volkspolizisten den armen Mann mit rauen Griffen packten und abführten – in eine grausame Ungewissheit. Das verbeulte Eimerchen rollte unbeachtet bis zur Bahnsteigkante.

Die lange Fahrt über mit dem Umsteigen in S- und U-Bahn hatten sie einen Kloß im Hals und sprachen kein einziges Wort. Ihre Gedanken gingen zu der utopischen Köstlichkeit, die sie den daheim Wartenden hatten bieten wollen nach den erfrorenen süßlichen Matschkartoffeln der letzten Wochen!

Erst auf dem Weg vom Senefelder Platz – vorbei am Denkmal des Österreichers Alois Senefeld, dem Erfinder des Steindrucks – zum Elternhaus fasste Magda die linke Hand des traurigen Hamsterlehrlings – hilfesuchend, tröstend.

Da war ja aber noch die große Überraschung, die der Familie durch ihren Schulaufsatz am Horizont winkte. Sie hatten zum Thema »Freunde, das Leben ist lebenswert« ihre Gedanken niederschreiben sollen, und da sie von natürlichem, fröhlichen Optimismus und von ihrem heimlichen Lukasglück sonnig durchdrungen war, sah sie alles durch eine rosige Brille, hatte sich längst mit dem schmutzigen Grau der Schuttberge, den Ruinen und beschädigten Fassaden als naturgegeben abgefunden und schrieb sich ihr echtes Wohlbefinden und die frohlockendsten Zukunftsfantasien von der Seele. Wie immer »sehr gut«; aber diesmal mit Folgen! Die begeisterte Deutschlehrerin schickte diesen Aufsatz an Freunde in Amerika, die ihn in einer deutschsprachigen Zeitung veröffentlichen ließen.

Als Honorar hatten sie ein Care-Paket versprochen. Als die Schreiberin das am Mittagstisch verkündete, gab es ein »Ah« und »Oh« und lauter leuchtende Gesichter. Sie alle hatten noch nie ein solches Paket gesehen, aber alle hatten bereits Wunderdinge davon gehört; und so wurden große Pläne geschmiedet, wie sie damit feiern und leben würden.

Es kam wirklich! Die Lehrerin stellte es auf ihr hohes Pult und fünfundzwanzig junge ausgehungerte Schülerinnen standen drumherum. Das Wunder wurde geöffnet, der Inhalt fein säuberlich daneben aufgereiht: Kekse, Schokolade, kleine und mittlere Dosen mit Spargel, Leberpastete und Cornedbeef. Von jedem ein bisschen; aber das nahm sie gar nicht mehr wahr. Die Lehrerin hatte ihr als »nichthungernde« Bäckerstochter, aber als Aufsatzschreiberin immerhin als Erster, eine kleine Dose Leberpastete überreicht und den Rest weiter gerecht verteilt. An diesem Tag ging sie sehr langsam den weiten Heimweg, und dann, als keiner mehr in der Tischrunde fehlte, legte sie stumm das winzige Döschen in die Mitte – die anderen sagten auch nichts.

Mehr Erfolg hatte sie mit ihrer Singerei. Die kam aus vollem Herzen, die machte ihr nicht die geringste Mühe, die erfüllte sie mit größter Freude – und die konnte ihr auch niemand durch bösartigen Neid zerreden.

Es hatte sich indessen eingebürgert, dass sie nicht nur in der eigenen, sondern auch in verschiedenen anderen Oberschulen bei Feiern und Festlichkeiten Gedichte vortragen oder Lieder schmettern musste.

»Da geht se, die Flamme«, sagten die Jungs hinter ihrem Rücken nach ihrem temperamentvollen »Hymnus« von

Heine. Bei einer »Kulturolympiade« der »Sowjetischen Militärregierung« brachte ihr die »Forelle« eine Urkunde und als damit verbundenen Preis einen mittelblauen, leichten Wollstoff, der – o Wunder – für ein modernes knöchellanges »New Look«-Kleid reichte. Sie raste durch die Geschäfte und fand tatsächlich ein Schnittmusterheft, das ihr Traumkleid zeigte: langärmeliges, enganliegendes Oberteil mit kleinem ovalen Halsausschnitt und Glockenrock, das die Mutter in gewohnter Qualität zum Leben erweckte. Diese opferte jede freie Minute, sich selbst und ihre Mädel zu benähen, hielt aber unerbittlich ihr Verbot aufrecht, dass ihre Töchter nähen lernen durften. Sie war der Meinung, dass das wie bei ihr dazu führen würde, die »Prudelei« der Konfektionsware nicht ertragen zu können. »Eure Männer sollen ruhig eine Zigarre weniger rauchen«, sagte sie, auf Vaters »Laster« anspielend. Das zum Maschinennähen parallel laufende Kunsthandwerk jedoch zeigte sie ihrer Großen akribisch und bestand auf sorgfältigster Ausführung. So musste sie stundenlang kleine Samtschleifchen herstellen, die sie in Abständen von drei Zentimetern rund auf den unteren Rand dieser nicht endenwollenden blauen Glocke aufzunähen hatte. Es sah zum Schluss bezaubernd aus.

Aus dem einfachsten Stückchen Stoff ein Haute-Couture-Gebilde zu machen, darauf verstand sich die Mutter aus ihren Jugendtagen. Alles, was sie schuf, war ein Solitär. So schwebte auf einem Frühlingsball im halbzerstörten »Krollgarten« ein verzaubertes Mädchen im Walzertakt, geführt von ihrem Ritter, in einem lindgrünen kniekurzen Satin-Ballettkleid über das Parkett, das die Mutter nach dem Fertignähen zu einem traumhaften Modell verwandeln ließ, indem sie der Tänzerin gezeigt hatte, wie man das weite Rockende mit einem weißen Kaninchenpelzrand zu Hermelin machte durch winzige schwarze Kaninchenpelzteile, die ziemlich mühsam dazwischengenäht werden mussten. Oberhalb des »Hermelins« kam noch eine drei Zentimeter breite ZickZack-Girlande aus schwarzen winzigen Perlen als dezenter Übergang zum hellen Satin.

Mitten in dieser eigentlich düsteren Nachkriegszeit ohne verlässliches Gesetz, ohne überschaubare Ordnung, in der Behörden und Verwaltungen zwischen Hü und Hott der verschiedensten Befehlshaber wankten, konnte man als junger Mensch auch viele Sonnenstrahlen genießen.

Unterdrückte Aufregung lösten zwei Herren aus, die bei einer Chorprobe im Berliner Rundfunk erschienen und den Chor engagierten, in einem DEFA-Film mitzuwirken, ohne Gage selbstverständlich. Das war immer so. Sie bekamen außer der Freude nie etwas für ihre Auftritte. Deshalb hielten die Jugendlichen den Atem an, als der Chorleiter nach Abschluss der Verhandlungen tief Luft holte und den beiden, die schon die Türklinke in der Hand hatten, hinterrief: »Ach, bitte, geben Sie eine warme Suppe!«

Niemand hatte eine Antwort vernommen, aber ab sofort interessierten sich die meisten nur noch am Rande für die Filmaufnahmen in Babelsberg, sondern viel mehr für die in Aussicht gestellte Suppe.

Lukas hatte einen sehr schönen hellen Bariton, konnte aber leider die Stimme nicht halten. Außer der Melodie war nichts zu machen, leider. Aber er war indessen gern gesehener Freund der Männerstimmen, saß bei den Jungs, schloss Wetten ab, dass er Stimmgabeln verbiegen konnte und gewann stets zum Erstaunen aller, die sich freuten, wenn er mal in Berlin war. Da das gerade zur Zeit der Filmerei der Fall war, kam er natürlich mit zur Traumwelt, stellte sich nach dem Schminken als Statist in die letzte Reihe und täuschte das Singen nur vor. Viele benahmen sich recht auffällig in der verwegenen Hoffnung, für den Film entdeckt zu werden. Plötzlich unterbrach der Regisseur die Aufnahme, ruderte sich durch die Mitte der Choristen geradewegs auf Lukas zu, der mit seinem kurzgeschnittenen dunkelbraunen Lockenschopf alle anderen überragte, nahm ihn zur Seite, vertiefte sich in ein angeregtes Gespräch mit ihm und ließ den Chor warten. Rätselhaft! – Statt Suppe gab es für jeden eine Tasse Muckefuck, wie der Kaffee-Ersatz liebevoll verhöhnt wurde.

Vier Tage später saß sie während der Mittagspause über ihren Schularbeiten. Sie hörte es an der Wohnungstür klopfen, Magda die Tür öffnen und kurz danach wieder zuknallen. Danach erschien diese wütend und meldete: »Da waren zwei Männer von der DEFA, die deinen Lukas sprechen wollten wegen eines Films über Jugend in Berlin, aber ich habe sie davon gejagt und gesagt, dass der in Cottbus wohnt.« Lukas hatte also der Einfachheit halber dem an ihm interessierten Regisseur ihre Berliner Anschrift gegeben; weil es ihm peinlich war, aber nichts davon gesagt, und die professionelle Schicksalsspielerin hatte seinen Werdegang kurzerhand in eine andere Richtung gelenkt!

Im folgenden Vorfrühling durfte sie mit weiteren vierundzwanzig »Auserwählten« ihre erste Konzertreise antreten, für die sie sogar für vier Tage vom Schulunterricht befreit wurde.

Diese unverhoffte Reise machte es erforderlich, dass der zu klein gewordene Wintermantel durch einen neuen ersetzt werden musste. Von Vaters Mänteln wurde schnellstens einer in seine Einzelteile zerlegt; das war gutes dunkelgraues Stichelhaarwolltuch, und sie bettelte um das schickste Modell aus Mutters Heften, dessen breiter Kutscherkragen über dem enganliegenden Oberteil von der vorderen Mitte schräg über die Schultern geführt wurde. Zuschneiden und Heften war eine Sache, die Anprobe des von der engen Taille allmählich ausgestellten Unterteils eine andere. Auf einem Tischchen im Kinderzimmer hampelte sie bereits ungeduldig von einem Fuß auf den anderen. Mutter hatte den Mund voller Stecknadeln und schüttelte verzweifelt den Kopf, nahm schließlich die Nadeln heraus: »Steh doch still, Mädel, das wird sonst nichts.« Dann rief sie aber so laut, dass es durch die Wohnung bis in Wujas Zimmer schallte: »Wadek, Wadek, bitte komm doch mal!«, und als der Herrenschneidermeister a.D. genervt erschien, bat sie ihn: »Bitte hilf mir, ich habe alles ganz genau gemacht, aber irgendwie stimmt was nicht.«

»Nu, wärd ich dir sagen, was nicht stimmt. Schief ist sie. Nu, wärd ich dir sagen, wie sie gäht. Gäht sie so, gäht sie so!« Zu der Melodie hatte er sich einen Atlas, der in der Nähe lag, unter den rechten Arm geklemmt, stapfte um den Tisch herum und versuchte, den Atlas auf der nicht vorhandenen Mädchenhüfte aufzusetzen. Dabei probierte er auch noch, seine dürren Knochen kokett zu schwingen, was der Bohnenstange, die Lukas indessen von »Wassifloh« in »Scrooge« nach Charles Dickens' »Christmas Carol« umgetauft hatte, nicht so recht gelingen wollte. Mutter lachte und lachte. Bei der dritten

Runde hielt sie ihn an: »Ist ja schon gut, Wadek. Ist ja alles halb so schlimm. Jetzt weiß ich Bescheid. Kleinigkeit!« Das Schulmädchen lachte vorsichtshalber nur nach innen und beschloss, die Schultasche ab sofort nur noch links zu schleppen.

Links und rechts vorn wurde der Kutscherkragen mit je drei großen schwarzen Pelzknöpfen geschmückt. Nähte innen versäubern, den Saum mit winzigen Stichen befestigen, die Knöpfe mit Kaninchenfell beziehen und aufnähen, solche Hilfsarbeiten musste die Auftraggeberin selbst ausführen. Das wurde schon seit Jahren so praktiziert, schließlich hatte sie bereits als Fünfjährige ihr erstes Puppenkleidchen gehäkelt und von da an für alle Tanten Topflappen und Untersetzer, Untersetzer und Topflappen für alle Geburtstage und andere Festtage. Viel lieber war sie klopfenden Herzens zum Stöbern in dem kleinen Textilkaufhaus in ihrer Straße gewesen als im Bonbon- oder Spielwarenladen. Jetzt gab es weder das Eine noch das Andere. Bunte Wollknäuel, Filet- und Spitzengarn nur noch Erinnerung. Jetzt trennten sie alte Pullover auf und schufen aus der Wolle von zweien einen neuen; sie ribbelten Zuckersäcke aus Jute auf und strickten in kunstvollen Mustern herrliche Kniestrümpfe, die leider ständig rutschten, da an ganz normales Gummibändchen nicht zu denken war. So entstanden im Laufe der Jahre unter Mutters Anleitung ungezählte Handarbeiten. Das waren die wenigen stillen Stunden, in denen man einen bedeutend beschäftigten Eindruck machte, aber wunderbar ungestört träumen konnte, wie sonst fast nie.

Zwei Tage später schleppte sie im neuen bewunderten Mantel gemeinsam mit Ursebi ihr Gepäck durch finsteres Morgendunkel zum U-Bahnhof, von wo aus sie den Fernbahnhof erreichten.

Einem guten Stern hatte sie es zu verdanken gehabt, dass sie vom Schweizer Roten Kreuz ein Paar hübsche feste Schuhe bekommen hatte, sodass sie ihre leichten Konfirmationspumps jetzt nur noch zum Tanzen und für Theaterbesuche benutzen konnte. Nun kam sie sich vollends wie eine Prinzessin vor.

Reservierte Bahnabteile und Busse erlebten überschäumende Fröhlichkeit und wunderschöne Gesänge während der Fahrt durch Sachsen. In Halle, Wittenberge, Coswig und kleineren Orten jubelten ihnen die Besucher in überfüllten Konzertsälen und die Aufnahmeleiter in den Funkstudios zu.

Ehrhardt hatte ihr noch einen Schieberauftrag für diese Reise erteilt, indem er ihr einen Handkoffer voller russischer »Drug«-Zigaretten vertrauensvoll übergeben hatte mit dem Versprechen, ihr nach Verkauf eine gute Provision auszuzahlen. Nur einem Mädchen hatte sie von der verrückten Idee erzählt, und noch kurz bevor der Zug losgefahren war, stand schon eine mittlere Interessentenschlange vor ihrem Köfferchen. Es dauerte keine zwei Tage, bis das Warenlager restlos geräumt war, weil etliche sich damit betäuben mussten, denn natürlich hatte diese Bande unablässig Hunger. Die Verpflegung bestand mehr aus gutem Willen als aus Substanz. Rund um Coswig wurden sie einmal je zu zweit zu einer Mahlzeit auf Bauernhöfe verteilt. Der Tisch voller Pellkartoffeln, die Riesenschüssel mit der Specksauce und die damit verbundene Verzückung bleiben unvergessen. Mancher hatte abends beim Konzert ziemliche Schwierigkeiten, mit vorschriftsmäßigem Atmen zu singen.

Am nächsten Morgen wunderte sie sich, dass ihre Freundin bereits das Hotelzimmer verlassen hatte, rannte ins Bad, und erst, als sie bereits fertig zum »Abflug« war, schaute sie auf die Uhr. Noch reichlich Zeit! Verträumt schaute sie aus dem Fenster und dachte mit dieser leisen, aber immer vorhandenen Sehnsucht an Lukas, der an dem für sie besonderen Tag so weit entfernt war. Die Morgensonne flutete in das kleine Zimmer, und deshalb glaubte sie an Verzauberung, als sie diese überirdischen Töne vernahm: »Wach auf, meins Herzens Schöne ...« Übten die schon? Hellwach war sie wie vom Blitz getroffen. War also die Uhr stehengeblieben! Sie öffnete die Tür – und da standen sie alle, strahlten und sangen immer weiter; und sie weinte, konnte die Erschütterung nicht steuern – an ihrem sechzehnten Geburtstag.

Man hörte keine Berliner Schlaksigkeit mehr. Die gesamte Chormannschaft sächselte perfekt. Sie saßen in Wittenberge nach anstrengenden Tagen in einem großen Restaurant, wo man ihnen ein Essen versprochen hatte, enttäuscht und erschöpft vor leeren Tischen. Plötzlich klopfte einer von ihnen an einen leeren Aschenbecher und sprach: »Mir sitzen hier an diesem Disch un sin munter wie en mieder Fisch.« Jeder Satz wurde zu einem sächsischen Witz umgewandelt, bis nach Tagen die Mädchen mit gefalteten Händen bettelten, nicht mehr zu sprechen, da ihnen der Kiefer vor unkontrolliertem Lachen auszurenken drohte. Selbstkritisch mussten die Berliner aber feststellen, dass man in der Heimat der »fünften Besatzungsmacht« – die meisten Ostberliner Volkspolizisten kamen aus Sachsen – ein fehlerfreies Deutsch sprach, wenn auch mit einem nervtötenden Klang.

Als die Familie nach dem Abendessen am Tag ihrer Heimkehr noch beim Handarbeiten und Markenkleben beisammensaß, erzählte sie den Neugierigen die gesamten Reiseerlebnisse in dieser Heimatsprache so vieler herausragender Deutscher, bis alle durch ihr lautes Gelächter manchen Satz verpassten. Der Vater wischte sich dicke Lachkullertränen aus den Augen. Sie war überhaupt der Verbalclown, der in dieser schweren, sorgenvollen Zeit immer wieder den gequälten Erwachsenen mit ihrem vielen Blödsinn, der in der Luft hängenden Situationskomik ein befreiendes Lachen bescherte.

Dann schaute die Mutter auf die Uhr und seufzte gespielt: »Aha, es ist neun, die Mimmsche spielt verrückt!«

Die Pfingstferien verbrachten die Freunde noch einmal in Weißwasser, sogar Monika kam diesmal mit.

Lukas' Eltern hatten ihr schönes Anwesen verlassen müssen und Asyl gefunden in dem großen Haus im Villenviertel, das guten Freunden gehörte, die wegen holländischer Betriebsbeteiligung nicht durch Enteignung bedroht waren.

Nach dem freudigen Wiedersehen in den hellen neuen Räumen erzählte ihnen Lukas' Mutter heimlich, dass sie den kranken Vater immer wieder am Fenster stehend überraschte, der von dort aus seine Glashüttenschornsteine erblicken könne. Er konnte einfach nicht begreifen, dass diese Enteignung ein unumstößlicher politischer Akt war. Er gab sich selbst die Schuld daran, in der dritten Generation nicht stark genug gewesen zu sein, sich dagegen zu wehren; und so ließ er sich von teils gutmeinenden, teils schurkischen Dresdner Rechtsanwälten seiner allerletzten Wertsachen berauben, weil die

Juristen Hilfe versprachen gegen diesen fremden diktatorischen Staat. Jedes Kind dagegen hatte in den letzten zwei Jahren gelernt, dass gegen derlei Beschlüsse nichts zu machen war. Der Ausspruch stimmte hier traurig genau: »Welt gegen Gott, Augenblick gegen Unendlichkeit, Körper gegen Geist; es ist stets derselbe Kampf!«
In diesen Pfingsttagen geschah es, dass sie über den Bürgersteig liefen, auf dem immer noch mit riesigen weißen Buchstaben aufgemalt war »Volksentscheid – Enteignung ⊠ JA«, und ein ehemaliger Schulkamerad von Lukas sie beide anpöbelte: »Macht, dass ihr vom Gehweg kommt, ihr Kapitalistenschweine!«

Einen Monat später schloss der Stiefvater ganz still die Augen, ohnmächtig den aussichtslosen Kampf endgültig aufgebend.
Lukas' Mutter zog traurig in ihr Cottbuser Haus zurück, das sie als junge Witwe vorher vierzehn Jahre lang mit ihren beiden Kindern und der Haushälterin bewohnt hatte, jetzt aber mit zwangseingewiesenen Mietern teilen musste. Peter zog von Cottbus wieder zurück nach Weißwasser zu seinen Eltern – und bei allem Leid öffnete sich für sie der Himmel:
Lukas wurde von Tante und Onkel in ihrem Heim am Berliner Roseneck aufgenommen.
Da war der Jubel angesagt,
Jener großartige, mitreißende Gefühlsstrom,
Der am stärksten ist,
Wenn ihn der Schmerz geboren hat!

Der Wuja war wieder in seine Heimatstadt Posen zurückgekehrt, worüber die Jugendlichen nur schmunzelten, denn er hatte seinen feindlichen Abstand auch auf Lukas ausgeweitet, da er es wahrscheinlich höchst unschicklich fand, seine Nichte so oft mit diesem jungen Mann zu sehen. Wenn sie im Herrenzimmer in Gespräche oder Schularbeiten versunken gewesen waren, war der Hagestolz trotz freundlichen Grußes ihrerseits nur stumm an ihnen vorbeigestelzt, um in sein Zimmer zu gelangen. Dabei hatte er stets zwei steile Falten aufgestellt zwischen den Brauen unterhalb der hohen Stirn, die sich bis zum hinteren Halsansatz erstreckte.

So war sie also äußerst einverstanden gewesen über Lukas' neue Namensgebung für den Wuja Wadek, Wassifloh, Wladislaus mit seinem griesgrämigen Paten »Scrooge«, dessen Geschichte Lukas in seiner neuen Schule las, dem Grunewald-Gymnasium »Walther Rathenau«. Dort hatte er sich für die Oberprima angemeldet.

Alle diese Umzüge kosteten die Beteiligten die letzte Kraft, denn die Versorgungslage verschlechterte sich weiter.

Sie hatte im Pavillon des Botanischen Gartens bei dreißig Grad Hitze ein kleines Solokonzert gegeben, und bei der Rückfahrt erlebte sie, wie eine etwa Vierzigjährige im Abteil ohnmächtig wurde. Am Bahnhof Heidelberger Platz hatte sie die Frau soweit ins Bewusstsein zurückgestreichelt, dass diese in der Lage war, vorsichtig mit ihr auszusteigen und sich auf eine Bahnhofsbank zu legen. Sie bettelte den Stationsvorsteher, einen Arzt anzurufen. Fehlanzeige. Dann rannte sie die U-Bahntreppe hinauf und zur Rettungsstelle, aber da war niemand. Erst im nächsten Krankenhaus war man nach langem Bitten bereit, der Frau durch eine Schwester Hilfe zukommen zu lassen.

Alles befand sich noch in einem führungslosen Chaos. Jeder musste ganz allein sehen, dass er nicht unterging.

Zur Schule bekam sie zwei kleine trockene Roggenbrötchen mit und täglich, wenn sie die ausgezehrten, zerlumpten Heimkehrer sah, die auf der Promenade vor ihrem ehemaligen Schulgebäude erschöpft an Bäumen lehnten oder im leisen Gespräch mit Kameraden auf dem Rinnstein saßen, drehte sich ihr das Herz um, und sie wollte gern den armen Männern ihre Brötchen geben; aber sie schämte sich jedes Mal, diese möglicherweise damit zu demütigen. ›Jetzt, dem da‹, dachte sie und ging oder rannte schließlich doch an diesem Elend vorbei. Um ihr Gewissen zu erleichtern, verschenkte sie ihre Pausenration an ihre Klassenkameradinnen, die wahrscheinlich auch schon darauf warteten.

Obgleich sie nicht gerade Hunger leiden musste, übermannte sie schon hier und da mal der Wunsch, etwas anderes zu essen als ewig Mehlsuppe oder Roggenbrötchen. Süssstoff brachte ihren Magen auf, also gab sie sich nur eine Prise Salz dazu, auf die schwarzen Brötchen etwas Senf. Monika bekam zum Frühstück und zur Schule weiße Brötchen. Das hatten die ihr wohlgesonnenen Ostpreußen ihr berichtet. Da sie umschichtig Unterricht hatten, frühstückten sie nie gemeinsam. Monilein bot ihr sogar an, für sich um eine weiße Schrippe zu bitten, um sie an ihre große Schwester weiterzugeben; aber ihr Stolz hätte sie lieber verhungern lassen, als in einem solchen Schmierenstück mitzuspielen!

In der Schule war sie als Einzige von Anfang an von der Schulspeisung ausgeschlossen – und hätte doch so gern mal gekostet. Die Speisung kam vom Internationalen Roten Kreuz und roch manchmal köstlich, vor allem exotisch, denn sie kannte weder amerikanische Kekssuppen noch wusste sie, wie dies sagenhafte Cornedbeef schmeckte. Reisgerichte mit Fleischeinlagen und getrocknete Bananen waren auch Bezeichnungen aus dem Wunderland.

Während einer Schulstunde sollte sie ein Schriftstück ins Lehrerzimmer bringen. Da sah sie am Ende eines Ganges ein Paar Herrenschuhe mit Hosenbeinen ohne Oberkörper, schlich sich leise daran vorbei und sauste dann die breite Treppe hinunter. Der fehlende Körper hatte in der großen Schulspeisungskanne gehangen und dem Biologiepauker gehört, der da die letzten Reste auszukratzen versuchte, denn auch die Lehrer waren offiziell von den milden Gaben ausgeschlossen.

Einer aus der Familie befand sich immer auf einer Hamsterfahrt, um etwas Gemüse oder Kartoffeln zu ergattern. Ehrhardt versuchte im Herbst, Pflaumen aus Werder zu beschaffen; er hatte sich vom Bezirksamt sogar eine Fahrt-Genehmigung für eine »dringende Familienangelegenheit« ausstellen lassen – in beiden Sprachen. Bereits in Potsdam wurde er am Bahnhof von russischen Soldaten empfangen, die dabei waren, alle aus der Berliner S-Bahn aussteigenden Leute – außer Kindern und Alten – auf Lastwagen zu jagen. Ehrhardt zeigte stolz sein wunderbares Papier. »Dokument Chaiße«, sagte der Posten und mit Maschinengewehr im Rücken fuhr der Junge per Lastwagen zu einem ganztätigen Ernteeinsatz, von dem er halbtot und ohne Pflaumen zurückkehrte.

Die Mutter war tagelang unterwegs, um Blaubeeren zu sammeln, da es kein anderes Obst für Blechkuchen gab. So waren ihre Schulferien ausgefüllt mit Ladendienst und Markenkleben. Monika hatte mit all dem nichts zu tun, besuchte Freundinnen, die Gärten hatten – ging mit ihnen baden.

Im Gegenteil! Wenn während der Schulzeit Mutter und Magda besonders liebenswürdig wurden, wusste sie schon, dass da auf Vaters Schreibtisch neben einer kleinen Süßigkeit alles schön zurechtgelegt war, damit sie Monikas Schularbeiten machen konnte, mit denen die regelmäßig erst am Abend winselnd rausrückte. Nicht mal erklären ließ sich die großartige Schülerin, worum es ging. Die Klassenlehrerin kannte sicher bereits den Schriftunterschied, bekam aber ab und zu mal eine Tüte Schrippen.

Wie Märchen aus dem Orient wirkten da Tante Lenchens Briefe, in denen sie ausführlich aus ihrer neuen Heimat New York berichtete.

Bald nach dem Krieg war sie einer Einladung von Freunden gefolgt, sich von ihnen in Israel verwöhnen zu lassen. Eine schneeweiße Villa in einem weitläufigen gepflegten Park hatte sie dort empfangen und an einen Traum glauben lassen; aber als sie dann allmählich begriffen hatte, dass es solch ein Leben jeweils nur hinter streng bewachten Mauern geben konnte, dass vor den Zäunen unsägliches Leid nach Hilfe schrie, hatte sie sich in ihrer Hilflosigkeit nicht stark genug gefühlt, solche eklatanten Differenzen ertragen zu können – und war zu entfernten Verwandten nach Amerika weitergezogen, wo sie Ruhe zu finden schien. Sie beschrieb für Nachkriegsdeutsche schier Unglaubliches: Junge Damen mit wehenden langen, rotgefärbten Haaren würden, eine Hand am Steuer, in der anderen eine Zigarette haltend, riesige Cabrioschlitten durch brausenden, unübersichtlichen Verkehr lenken, – und alles, alles könnte man zu Kleinstpreisen kaufen, für gesunde, tüchtige Menschen der Himmel auf Erden, die Straßen mit Gold gepflastert. Sie verglich diese Berichte mit Mutters armseligen Versuchen, ihrer Kundschaft Blechkuchen mit Blaubeeren zu verschaffen. Wo waren die goldenen Zeiten, als der Vater in seinem vorbildlichen Betrieb die Meisterkurse für Konfekt und Pfefferkuchen abgehalten hatte, und sie sich kindlich schwärmerisch stets in einen der jungen Meister verliebt hatte? Das musste Jahrhunderte her sein!

Die einstige Englischschülerin schrieb der Neuamerikanerin einen Brief in englischer Sprache, der gewiss ganz Amerika mehrere Kabarettveranstaltungen ersparte. Zumindest antwortete Tante Lenchen mit einem lieben Paket, dessen vorgeschriebener Inhaltsdeklaration man entnehmen konnte, dass aus dem geöffneten Karton die Schokolade geklaut worden war!

Lukas hatte bei seinen hilflosen Verwandten in Berlin echte Not zu leiden. Dieser baumlange Jugendliche hungerte und fror. Dabei hatte er sich auf sein Abitur vorzubereiten.

Im Schutz der Nacht machte er sich mit seinem Onkel daran, die Grunewaldvillen von ihren herrlichen Pergolen zu befreien, um wenigstens das Kanonenöfchen heizen zu können, das seine Tante organisiert und auf dem kostbaren Orientteppich neben der kalten Zentralheizung installiert hatte. Wenn Magda gut gelaunt war, gab sie ihm eine Aktentasche voller Briketts oder ein paar Schrippen mit. Von Letzteren war nach der U-Bahnheimfahrt kein Krümel mehr vorhanden. Beim Blick in sein mageres tapferes Gesicht litt sie Qualen. Seine Mutter hatte ihrem Bruder ein letztes Collier von sehr hohem Wert anvertraut, das dieser verkaufen sollte, um Lukas' Studienkosten damit bestreiten zu können – allein der Onkel wurde betrogen, sah den Schmuck nie wieder, und die letzte Hoffnung auf ein »normales« Leben war dahin. Gemeinsam mit dem Onkel kletterte auch er regelmäßig mit den Massen Gleichgesinnter auf die Kohlenzüge, um auf dem Land ein paar Pfund Kartoffeln zu erwischen.

Ihre Schulerfolge und vielseitigen Bühnenauftritte ließen in der Deutschlehrerin den Gedanken reifen, mit der musikalischen Schulklasse Webers »Freischütz« aufzuführen. Nach ein paar Monaten intensiver Probenarbeit während der knappen Freizeit neben Schule, Chor, Hilfe im Familienverband konnte man darangehen, das Unternehmen auf die »Bretter, die die Welt bedeuten« zu bringen. Sie borgte sich bei den verschiedensten Stellen Stiefel, Reithose, Jägerjacke, Hemdbluse und Hütchen mit Feder zusammen, schlief vor jeder Vorstellung eine gute Stunde und stand abends in sechs Aufführungen – verteilt auf zwei Monate – als Mezzosopran singender und strahlender »Max« neben seiner »Agathe«. Eine reichlich aufregende Zeit war das; das Einstudieren, das Inszenieren, das Zusammenspiel mit dem schwebendleichten Sopran der »Agathe«, der koketten, neckisch-klaren Stimme vom »Ännchen«, das allen eigene Lampenfieber, auf höchster Stufe verkörpert durch ihre beste Freundin, die einen »Kaspar« großartigster Schauspielkunst darstellte, die von der gesamten Klasse frisch und begeistert gestalteten Chöre, die per Klavierauszug begleitende Kunstlehrerin. Ein Laienkunstwerk, das begeisterte Zeitungsartikler schreiben ließ, dass hier wirklich »ein schlanker Bursch gegangen kommt, blond von Locken, hell von Aug und rot von Wangen.« Sie hoben ab ob der klaren schönen Stimmen und dergleichen mehr.

Interviews fanden statt mit dem kuriosen Ergebnis, dass in der Zeitung fälschlich stand, die Interpretin des »Max« wolle sehr gern Pianistin werden. Also nahm sie diese Hymnen recht gelassen hin und glaubte das alles nicht so ganz. Sie sang voller Leichtigkeit, Freude und Glück vor allem nur für den Einen, der jedes Mal mit glänzenden Augen in der ersten Reihe saß, den viel zu großen Rosenstrauß auf dem Schoß.

Die Familie zeigte sich ziemlich verhalten. Man schüttelte höchstens mit dem Kopf angesichts der Verwirrung, den ihre Hosenrolle unter den jüngeren Schülerinnen offensichtlich angerichtet haben musste, denn Tag für Tag lagen auf den mit Mühe erreichbaren Hochparterrefensterbrettern, auf den Stufen zum Geschäft, vor der Haustür ebenso wie vor der Wohnungstür Blumen, Briefe, Pakete; es nahm gigantische Ausmaße an.

Da dichteten und bastelten sie für ihren »Star«, schenkten ihr Theaterkarten, stibitzten vermutlich Bücher aus den Schränken der Eltern für sie. So war auch ein »antikes« wildledergebundenes »Buch der Lieder« von Heine dabei, das während der Hitlerzeit verflixt gut versteckt gewesen sein musste, da damals streng verboten. Etwa acht bis zehn Mädel holten sie morgens zur Schule ab. Das hieß für die Geister, eine Stunde früher aufstehen als gewöhnlich, da die meisten ganz woanders wohnten. Sie zankten sich, wer ihre Schultasche tragen durfte, rannten ihr am Abend zum Chor bis nach Charlottenburg nach. Eine von ihnen blieb danach eine sehr gute Chorsängerin.

Monatelang gab es nicht genug Vasen für den Blumenreichtum, obgleich man großes Glück haben musste, in den Geschäften überhaupt welche gekauft zu bekommen. In der Schule begann diese goldige Hysterie zu einem handfesten Problem zu werden. Die Direktorin befahl dem »Max«, die Anhängerinnen abzuwimmeln, ohne Rezept, wie das zu erreichen sei. Obgleich das Ganze die Schulkasse klingeln ließ, verbot sie sogar allen Schülerinnen der Käthe-Kollwitz-Schule, die letzte Aufführung zu besuchen; aber an dem Abend kamen sie untergehakt in einer geschlossenen Reihe in die große Aula in der Prenzlauer Allee, – und es dauerte Monate, bis sie sich einigermaßen beruhigt hatten. Wenn ihre Klassentür offen stand, bildete sich ein Auflauf aufgeregter junger Mädchen, die versuchten, den Raum zu stürmen. Der Lateinlehrer, für seine »passenden« Bemerkungen bekannt, meinte einmal: »So, meine kleinen Frolleins, nu kieken Se se sich noch mal an, und denn is Schluss!« Damit schloss er energisch die Tür und tönte drinnen weiter: »Wat is'n nu los? Sie ham ja lauter Zettel uff'n Tisch. Sie ham doch nich etwa wat jemacht? Nu lejen Se ma los, Sie singender Schtar! Na, dit war ja nich doll! Wecken Se mal Ihre Nachbarin! Vielleicht hat die wat jemacht!«

Im Grunde interessierten ihn die Arbeiten der Mädchen nicht allzusehr. Er war im Ersten Weltkrieg ein hoher Offizier gewesen und dann Privatdozent für alte Sprachen, aber wegen der Lebensmittelkarten versah er nun diesen Schuldienst. Ihm machte es Spaß, die Reaktionen der Halbwüchsigen auf seine Erzählungen von dem lockeren Leben der Griechen und vor allem der Römer zu kommentieren: »Wat kichern Se denn dahinten so? Ham Se wat nich verstanden oder wolln Se dis nich glauben? Aba jefalln tutit Ihnen, wie ich sehe!«

Sie bildete mit ihren drei liebsten Schulfreundinnen während der gesamten Schulzeit ein unzertrennliches Kleeblatt, das stets die ersten zwei Bänke der Fensterreihe einnahm. Das war sehr gut, weil die meisten Pauker die Angewohnheit hatten, zwischen den dritten Reihen zu stehen, um die Klasse zu überblicken. Dann hatten die Vier vorne ausgesorgt. Blieb der Lehrer auf dem Katheder sitzen, konnte man bequem den von ihm angefangenen Satz zu Ende formulieren. Das machte immer großen Eindruck!

Das rechte vordere Kleeblatt besorgte aus Leipzig alle Übersetzungen von Vergil und Genossen im Kleinstformat. Ein solches Minibüchlein auf den Knien, übersetzte sie eine kniffige Stelle leicht stockend als »ihre Hausarbeit«. Da reißt den Lateinwissenschaftler sein Temperament hoch: »Mann Gottes, wo ham Se denn dis her? Die Version kenn ich ja noch janich! Zeign Se dit ma her!« Unter dem Gewieher der Kameradinnen trug sie das Büchlein nach vorn, und er versenkte sich für den Rest der Stunde in die Übersetzung. Die Klasse hatte Freistunde!

Obgleich sie sich stets – Zeitmangel vorschiebend – erfolgreich davor gedrückt hatte, Klassensprecherin zu sein, bettelten die anderen öfter: »Du kannst das so gut und unschuldig aussehend. Dir frisst doch jeder aus der Hand. Verwickle doch die ›alte Hexe‹ oder den ›Ollen‹ in eine ›wichtige‹ Fragestellung. Wir müssen nämlich in der Stunde noch das und das erledigen!« Die Lehrer tappten immer in die Falle und fühlten sich sehr angesprochen von den Problemstellungen. Ebenso wusste sie sich meistens nicht zurückzuhalten, zu allem eine hämische oder witzige Bemerkung zu machen. Manchmal konnte sie ihren Gedanken vor Albernheit gar nicht aussprechen, und die Lachtränen liefen ihr bereits über die Wangen, – was sie geschickt hinter der hellen Wellensträhne verbarg, die das rechte Viertel ihres Gesichts bedeckte. Stiegen sie hochwissenschaftlich am Äquator herum, sagte sie urplötzlich:»Verdammt, jetzt habe ich bei der Hitze vergessen, da unten meine Tomaten zu gießen!« Manchmal kam auch etwas Intelligenteres. Dann lachten natürlich zuerst die drei Kleeblätter; die hinter ihrer Nachbarin tippten diese an:»Was hat se gesagt?« So gingen die armen verreckten Tomaten von Bank zu Bank, bis alle kicherten und der jeweilige Pauker tobte. Dann stand sie auf, um sich schuldig zu bekennen; aber der oder die sagte nur:»Meine Liebe, Sie haben ja ganz rote Flecken im Gesicht und gar Tränen! Ist Ihnen nicht gut? Gehen Sie ein bisschen an die Luft.« So verließ sie, ihre Mähne werfend, schmerzgebeugt und grinsend den Raum.

In Biologie durfte sie bereits in Weißwasser den Unterricht verlassen, da ihr wirklich schlecht wurde, wenn Mensch oder Tier verbal auseinandergenommen wurden. Das später abzuschreiben, ging dann einigermaßen gut. Ebenso Bioarbeiten waren nicht so schlimm wie das gesprochene Wort oder gar Arbeit am lebendigen Wesen, wie Mäusen oder Regenwürmern. Grün und blau im Gesicht wankte sie hinaus, begleitet von den Wünschen der anderen:»Besorg mir dies, bring mir jenes mit!«

Sie ruhte sich immer noch auf den in der Kadettenanstalt erworbenen Lorbeeren aus, und die Lehrer waren auf irgendeine seltsame Weise fasziniert, sahen in ihr unentwegt freundliches Wesen Können und Wissen hinein. Nur eine der Mathelehrerinnen meinte, sie »durchschaut« zu haben. Als die einmal dazukam, wie sie dem Umschlag ihrer naturledernen Tasche mit der Nagelschere ein neues Aussehen verlieh und die Schnipsel in dem Wassertöpfchen der zuvor ausgeführten Aquarellmalerei einweichte, wobei die halbe Klasse amüsiert zusah, begab sie sich auf ihren erhöhten Sitz und verkündete: »Guck nicht so treuselig und unschuldig. Dass du nicht so ein Engelchen bist, wie du aussiehst, weiß ich schon lange!« Solch eine giftige Kanonade für ein bisschen Quatsch; das traf sie zwar ins Mark, aber sie wusste, dass dieses etwa sechzigjährige Fräulein, dessen uralter Vater in der Käthe-Kollwitz-Straße, früher Weißenburger Straße, also kurz vor dem Senefelder Platz, ein Bestattungsinstitut betrieb, nicht viel mehr Böses über sie ausschütten durfte, da sie stets sehr dankbar unzählige Bleche voll geschnitzelten Gemüses in der Bäckerei zum Trocknen abgab und von der Mutter in schneeweißen Jutesäckchen zurückbekam. Einen liebevollen Kanthaken versetzte die Sargtante ihr dann doch noch bei der nächsten Mathearbeit, als sie drunterschrieb mit roter Tinte: ›Null Fehler, fünf!, da über den Rand geschrieben.‹ Die hatte einfach keine Ahnung, was manch fromm dasitzendes Mädel an weit Schlimmerem hinter den Ohren hatte! Eine bezaubernde Verkörperung der Bizet-Carmen traf sich in jeder Pause oder Zwischenfreistunde auf dem verwinkelten Speicher mit einem der Gymnasiasten aus dem anderen Gebäudeteil und musste sich vor der nachfolgenden Stunde von der hinter ihr sitzenden Zwillingsschwester die langen schwarzen Locken wieder einigermaßen in Ordnung bringen lassen.

Andere begaben sich gar in die westlichen Sektoren, suchten die Kasernen auf und küssten schwarze Soldaten durch die Drahtzäune für eine Tafel Schokolade.

Für ihre harmlosen Koboldgeschichten gescholten zu werden, konnte ihre übermütige Fröhlichkeit nicht um Haaresbreite schmälern. Auch wenn die Mutter sagte: »Du hast von dem vielen Lachen Falten wie eine alte Hexe. Am vielen Lachen erkennt man einen Narren!«, lachte sie nur.

Vor einer Lateinstunde sah sie zufällig den Pauker heranschlurfen und hielt ihm mit einem tiefen Hofknicks die Tür auf. Dabei renkte sie, wie so oft bei einer unbedachten Bewegung, ihr seinerzeit beschädigtes Knie mit bösartigem Schmerz aus. Der Lehrer konnte sie gerade noch auffangen. Nach der Stunde rief er sie nach vorn und belehrte sie, dass sie unbedingt das Knie reparieren lassen müsse, falls sie mal später mehr körperliche Last zu tragen haben würde. Warum er zuletzt mit den Augen gezwinkert hatte, wurde ihr erst Jahre später klar!

Jetzt fand sie es viel klüger, ihre Schmerzen wegzuklatschen im Cancan-Takt zu der Darbietung, die Kathie auf dem Kathedertisch darbot, nachdem die Klasse lehrerfrei war.

Es war für die Jugend so dringend nötig, wenigstens in der Schule mal herzhaft lachen zu können, denn außerhalb war wenig Grund dazu. In den meisten Familien gab es neben Kummer und Trauer den Kampf um das tägliche Brot, Kleidung und Schuhwerk – und in der großen Politik nur Hass und Streit, sodass friedliches Arbeiten in der Bevölkerung unablässig behindert wurde. Angeregt durch das Vorbild des Geschreis zwischen den ehemaligen alliierten Siegern, – Russen gegen die bösen Amerikaner und umgekehrt, befeindeten sich die Deutschen bei jeder Gelegenheit untereinander. Die Bayern unterstellten den »Saupreißen« alle Schuld am Krieg und den Gräueltaten, die Berliner warfen den Münchnern vor, Hitler nicht beizeiten für immer unschädlich gemacht zu haben. Die Kommunisten verurteilten die Sozialdemokraten im westlichen Teil Berlins, diese hatten nur Spott und Hohn für ihre Kritiker. Der SPD-Führer Dr. Schumacher sagte: »Kommunist oder Sozialdemokrat sein, heißt Russe oder Deutscher zu sein!« War das die Welt der Erwachsenen – ehrenhaft, tadellos, vornehm –, in die aufgenommen zu werden, sie sich als kleines Kind immer so gewünscht hatte? Sie konnte sich nicht mehr erinnern an all das Schöne und Gute, das es damals gegeben haben sollte, und ungläubig staunend lauschte sie auf die Schilderungen der Älteren, die den für sie amerikanischen Traum schon erlebt hatten.

Wenn sie durch die Straßen oder in der zauberhaften Umgebung ihrer Heimatstadt herumspazierten, hatte Lukas stets einen kleinen Hammer bei sich, denn ihre selbstgebastelten Sommer-Holzsandalen lösten sich immer wieder in ihre Einzelteile auf. Die Holzsohle war einfach nicht hart und fest genug, um die Nägelchen zu halten, mit denen die oberen Stoffriemen befestigt waren. Entweder leierten die Nagellöcher aus oder der Stoff zerriss, also setzte der geduldige Junge dicht neben das Loch einen neuen Nagel. »Neuer Versuch, neues Glück!«, rief er fröhlich, und sie erzählte ihm indessen, wie sie als Kind das »Klick, Klack« von Magdas kostbaren Lederpumps genossen hatte. Er trug immer noch sommers wie winters seine einst wunderschönen Maßstiefel. Das erwies sich dann als besonders schwierig, wenn sie mit ihrer Clique an den Stößensee oder sonstwo zum Baden fuhren, und zwei Leute ihn stöhnend von dem indessen zu eng gewordenen Schuhwerk befreien mussten; aber niemals tat das ihrer aller Lustigkeit Abbruch.

Es gab rund um Berlin kaum einen Fleck, den sie mit Chorfreunden und natürlich mit ihrem nörgelnden Aufpasser Moni noch nicht voller Freude und Dankbarkeit ihrem Freund gezeigt hatte.

Die Mutter hatte die Treffen mit Lukas streng auf sonntags begrenzt. Das war nur dadurch zu umgehen, dass dieser sie zweimal in der Woche von der Schule abholte und zum Chor brachte. Die Fahrt dauerte insgesamt eine gute Stunde. Das war herrliche Zeit zum Reden, aber es trieb ihr Tränen des Mitleids in die Augen, wenn sie daran dachte, dass er dafür vorher vom Grunewald angereist war. Wenn sie es wirklich mal schafften, sonntags allein ins Grüne fahren zu dürfen, wählten sie ihr geliebtes Sanssouci mit diesen herrlichen, fürstlichen Gärten, die sie schon als Kind so gern besucht hatte. Sie machte ihren Freund darauf aufmerksam, dass dieses sogenannte »Sanssouci« eine ziemlich gedankenlose Interpretation des wahren Schlossnamens war. Alle Welt sagte, das heißt »Ohne Sorge«, dabei steht in großen goldenen Buchstaben über dem Hauptportal des Schlosses SANS, SOUCI. Man weiß, dass Friedrich II die deutsche Sprache nicht sonderlich geliebt, aber auch die französische nicht perfekt beherrscht hatte. Als verschmitzter, vor Intelligenz sprühender Monarch jedoch liebte er es, mit beiden Sprachen Wortspielereien zu machen. Niemals ist ihm in den Sinn gekommen, dass er auf seinem ungeliebten Posten jemals irgendwo ohne Sorge sein könnte. Außerdem gab es an seinem Schloss nichts, was dem

Zufall oder einem Fehler überlassen blieb. Alles war aufs Sorgfältigste geplant. Also auch der Name. So wollte er sagen, dass er dort ohne wie mit Sorgen leben müsse: SANS, SOUCI gleich SANS COMME À SOUCI. Die seinerzeit lebende Bevölkerung sprach durch die Zuwanderung der Hugenotten recht gut französisch und hat ihren König wahrscheinlich schmunzelnd verstanden.

Die unterschiedlichsten Erlebnisse hatten sie, die oft fast unglaubwürdig erschienen: Als sie einmal den letzten S-Bahnzug in der östlichen Umgebung verpasst hatten, stellte sich Lukas einfach an die Autobahn und erreichte, dass sie dort ein Pferdewagen(!) bis an die Stadtgrenze mitnahm.

Indessen hatte sich der »alte« Mozartchor wegen der ungeliebten Vorschriften vom »Jugendchor der Stadt Berlin« gelöst und war nach Westberlin gewandert. Neuer Probensaal hinterm Reichskanzlerplatz, neuer Chorleiter, viele »Ehemalige« und einige Neulinge schafften es, den alten Namen mit dem alten Glanz neu zu beleben. Viele ausverkaufte Konzerte, in denen auch große Schauspieler Rezitationseinlagen brachten, führten sie in namhaften Häusern auf. Sonnwendfeiern an romantisch mondbeschienenen Seeufern gestalteten sie ebenso begeistert wie Weihnachtskonzerte in Krankenhäusern und Altersheimen. Die Funkhäuser der Stadt wurden ihnen zu gewohnten Arbeitsplätzen. Für die »Künstler-Auftrittsgenehmigung« im RIAS – Rundfunk im amerikanischen Sektor – musste jedes Chormitglied auf einem mehrseitigen Bogen einhundertzweiunddreißig Fragen beantworten. Da machte der Witz die Runde: ›Waren Sie in der NSDAP? Wenn nein, warum nicht?‹ Nicht gefragt wurde, inwieweit Kinder an dem Unrecht der Hitlerzeit Schuld tragen konnten.

Stundenlange Funkaufnahmen leisteten sie »ehrenhalber« ab. Wie die ausgehungerten Jugendlichen das oft bis Mitternacht durchzustehen vermochten, interessierte die Etablierten wenig.

Viele kostbare kulturelle Veranstaltungen konnten sie zu recht erschwinglichen Entgelten genießen, denn auch die größten Künstler jagten der Hunger, der Mangel von Bühne zu Bühne.

Manchmal wurde für den Kartenerwerb das Mitbringen von Kohlen vorgeschrieben, da sonst das Theater nicht geheizt werden konnte.

Lukas freute sich über seine brandneue khakifarbene Ami-Uniformhose, die er nach einem geglückten Zigarettengeschäft für siebenhundert Mark erstanden hatte.

Seiner Tante war es gelungen, einen schwarzen Blazer dazu aufzutreiben, und da besaß er nun einen feudalen Theateranzug.

So saß er neben ihren Eltern und ihr, die zum tausendsten Mal ihr Konfirmationskleid ausführte, im Admiralspalast, der als Ersatz für die zerstörte Staatsoper diente. Sie erlebten eine großartige Aufführung von »Hoffmanns Erzählungen« und gaben sich voll ihrer Begeisterung hin, bis direkt vor ihnen in der ersten Reihe im ersten Rang zwei elegante Damen mit gedämpftem Stanniolpapierknistern eine große Tafel Schokolade verzehrten, was bei der Mutter, die eine notorische Schokoanbeterin war, eine leichte Ohnmacht hervorrief. Jedenfalls war es mit der Konzentration vorbei. Die musikliebende Mutter, die als junge Frau mit ihrer Schwägerin Mariechen in den Vorkriegszeiten das Abonnement für die Philharmonie treu genutzt hatte, war in dieser Mangelzeit durch ein Stückchen Schokolade restlos abzulenken!

Ein andermal saß sie mit Magda im Schiffbauerdammtheater, wo in einer Komödie eine Hofgesellschaft an einer langen Tafel fürstlich zu speisen hatte. Sie wussten, dass das alles nur Attrappen waren, dass die Schauspieler auch hungrig waren. Dennoch erweckte deren Spiel bei den beiden einen entsetzlichen Bärenhunger, der unterschwellig eben immer vorhanden war. »Jetzt 'ne Schmalzstulle, was, Magda?«

»Sei still, mir geht's genau so!«

»Schnittfeste Tomaten?«

Nach fünf Minuten Magda: »Du, ich halt das einfach nicht aus. Ich muss jetzt unbedingt etwas zu essen bekommen, oder ich falle vom Sessel!« Ganz leise standen sie auf und verließen während des zweiten Aktes das Theater.

Das alles war schon recht unangenehm, aber die Erinnerung an all diese hervorragenden Theater-, Opern- und Konzerterlebnisse würde ihr niemand mehr nehmen können. Aribert Wäscher, Horst Kasper im Deutschen Theater, das Weihnachtsoratorium von Bach, Mozarts Requiem in der Marienkirche, Mary Wigmans Tanz, das ließ sie das Böse vergessen und viel Unangenehmes leichter hinnehmen.

Mit ihrem laienhaften Gesang versuchte sie, all das erlebte Schöne ein klein wenig weiterzugeben. Auf den unterschiedlichsten Veranstaltungen sang sie aus der »Schönen Müllerin«, da waren die Zigeuner- und Liebeslieder von Brahms, und dem Vater zuliebe immer wieder das »Largo« von Händel, im traumhaften Kerzenschimmerambiente in der Eichengalerie des Charlottenburger Schlosses mit Chorkameraden im Doppelquintett das »Quodlibet« von Bach. Im Sommergarten am Funkturm, ja selbst auf ihren langen U-Bahnfahrten sangen sie ihre vielstimmigen klassischen Lieder zum Entzücken der meisten Fahrgäste.

Sie selbst fand beim Klavierspiel Trost und Einkehr. Nach dem Krieg hatte auch Monika bei ihrem Klavierlehrer angefangen, Unterricht zu nehmen; aber als der nach einigen Stunden den Eltern gesagt hatte, dass er da keinen Erfolg absehen könnte, durfte die Große auch keinen Unterricht mehr haben. Da sie selbstkritisch empfand, dass sie auch nicht mit Supertalent ausgestattet war, fand sie es ganz in Ordnung, dass nicht unnötig Geld rausgeworfen wurde.

Ihr selbstgeformter Wahlspruch lautete: Ich liebe alles Schöne und habe Verständnis für alles andere!

Die Hausmusik innerhalb der Familie wollte ohnehin nicht mehr auferstehen; Vaters Mandoline erklang nach dem Krieg nie wieder. Sie hatte schon oft gehört, dass irgendein Schockerlebnis bei einem Menschen zu zerstören vermag, woran sein Herz zuvor gehangen hat. Mutters Stimme sollte vor Hannis Tod einst strahlend schön gewesen sein!

Ein Elternabend, bei dem ihre Eltern in der ersten Reihe saßen, zeugte von deren sorgenvoller Stimmung, als der brausende Beifall ihrer Tochter galt, die den »Musensohn« gesungen hatte. Die Direktorin sprang auf, drückte den Eltern herzlich die Hände, gratulierte ihnen zu diesem »großartigen« Talent. Sie überschlug sich fast, während die Mutter ungläubig die Stirn in Falten legte, der Vater aufstand und sich verlegen bedankte.

Lukas hatte ohne große Aufregung und Schwierigkeiten sein Abitur bestanden. In sämtlichen naturwissenschaftlichen Fächern war er unschlagbar, Sprachen überbrückte er mit geschickten Zügen, in Musik hatte er für sein »Freischütz«-Referat eine Zwei bekommen, und für alle drei durchgesickerten Deutschthemen hatte ihm die Freundin die drei Aufsätze auf winzige Zettelchen, jeweils zu Büchlein zusammengeklebt, geschrieben, wovon er einen mit »gut« bewertet bekam.

Stolz und traurig zugleich machte sie auf seinem guten Zeugnis die Charakterbeurteilung, dass er ›aufgrund schwerer Erlebnisse weit über sein Alter hinaus gereift‹ sei!

All die inneren und äußeren Aufregungen gingen auch an ihr nicht spurlos vorüber; heftiger wurden die Schmerzen in der Herzgegend, und der nach langem Zögern aufgesuchte Arzt verschrieb ihr scheußliche Tropfen, nachdem er Blutarmut, Untergewicht und ein angegriffenes Herz vorgefunden hatte. Vor allem mahnte er mehr Schlaf an. Wie sollte der Gute auch Butter und Schlagsahne verschreiben? Was wusste er vom täglichen Markenkleben bis in die Nacht?

Der politische Riss zwischen den westlichen und östlichen Alliierten war nicht mehr zu kitten gewesen, und so wurde ganz Westdeutschland mit den Westberliner Sektoren zu einer Einheit zusammengefasst und bekam über Nacht eine gute stabile Währung.

Das sollte das Ende aller Versorgungsnot mit sich bringen. Da aber wurden alle drei West-Sektoren der Stadt durch die Russen sofort und lückenlos einer empfindlichen Blockade ausgesetzt. Gerade an diesem denkwürdigen Tag war sie mit der Familie und Lukas auf einer fröhlichen Müggelseedampferfahrt mit den Bäckerkollegen. Wie in der großen Politik kam es nach reichlichem Alkoholkonsum zu einem heftigen Streitgespräch über diese neue Westwährung und schließlich zu einer Keilerei zwischen Kapitän und Fahrgästen. Weinend stand sie an der Reling und hatte Angst vor der Zukunft.

Die Freude der Westberliner verflog sehr, sehr schnell, denn nun waren sogar die spärlichen Zuteilungen gefährdet. Keinerlei Warenlieferungen durften per Schiene oder Autobahn aus Westdeutschland angeliefert werden.

Da geschah das Wunder!

Die Ausführung einer genialen Idee bescherte den Westlern die Versorgung durch die alle paar Minuten landenden Transportflugzeuge des amerikanischen, englischen und französischen Militärs!

Lukas' Onkel, der in seinem alten Beruf immer noch keine Arbeit gefunden hatte und wegen des Beherrschens von fünf europäischen Sprachen die ersten drei Nachkriegsjahre bei der amerikanischen Militärregierung beschäftigt gewesen war, meldete sich sofort zur Arbeit bei dieser Luftbrücke.

Im Herbst bekamen auch die »Ostdeutschen« ihre Währungsreform. Zehn zu eins wurde das Geld auf den Konten abgewertet; allerdings blieben die Schulden eins zu eins bestehen!

Jede Menge Demonstrationen gegen die Westmächte wurden auf die Straße gejagt, wofür sogar die Schüler schulfrei bekamen; und obgleich es kleine Geschenke oder pro Teilnehmer zweihundert Gramm Bonbons gab, hat kein einziger Aufmarsch sie zu sehen bekommen. Sie hatte mit ihren Freundinnen einfach ganz gemütlich frei!

Dennoch verursachte ihr das gesamte Treiben auf den Straßen Magenschmerzen.

Lukas musste zu seiner großen Enttäuschung erfahren, dass knapp neunzehnjährige Abiturienten keine Chancen auf ein Ingenieurstudium an der Berliner Technischen Universität hatten. Zuerst mussten alle Plätze den heimgekehrten Soldaten zugeteilt werden, danach kamen die dran, die schon die Zwanzig weit überschritten hatten. So musste ein anderer Weg gefunden werden.

Vergeblich versuchte er an verschiedenen einschlägigen Stellen als Praktikant arbeiten zu dürfen, aber die Blockade hatte viele Unternehmen, auch städtische, verstärkt zu Entlassungen gezwungen.

Wo sollte er ein paar Mark verdienen? Woher eine Lebensmittelkarte bekommen, da er doch kein Schüler mehr war?

Da warf sein Onkel einen Rettungsring mit einer Stelle als Transportarbeiter bei der Luftbrücke auf dem Tempelhofer Feld. In der ersten Nachtschicht einer bereits gut eingespielten Gruppe zum Kohlenentladen zugeteilt, fragte Lukas nach ein paar Stunden einen Kumpel, wo er in dieser Dunkelheit und dem ohrenbetäubenden Lärm die Toiletten finden könne. »Drüben«, zeigte der quer übers Rollfeld. Also machte sich der Neue auf, im Galopp »da drüben« anzukommen, als ihn ein Jeep der Military-Police einholte, ein Soldat ihn in das Fahrzeug zerrte, und er in einer Baracke fünf Minuten später die Entlassungspapiere in der Hand hielt. Sein allerbestes Englisch konnte den Offizier nicht von seiner Unschuld überzeugen. Sein Onkel, einer anderen Schicht angehörend, brachte die Sache am nächsten Tag dank seiner geschickten Verhandlungsweise wieder in Ordnung und nun hieß es, in verschiedenen Schichten rund um die Uhr bei Wind und Wetter, Regen, Sturm oder eiskaltem Sonnenwetter ohne Schutzkleidung die Zentner- und Doppelzentnersäcke mit Kohle, Mehl, Zucker, Haferflocken und allem, allem, was die zwei Millionen Menschen so dringend brauchten, aus den Flugzeugen zu holen und auf Lastwagen zu laden.

Neben dieser schweren Arbeit gab er nicht die Hoffnung auf, einen Studienplatz zu ergattern. Die Hochschule für Bildende Künste hatte Totalsperre für Architektursemester. An der neuen Freien Universität hatte er eine Prüfung für Jura abgelegt – wollte es als »Warteschleife« anfangen –, erfuhr aber dann nach Wochen, dass er leider nur mit »Zwei« bestanden habe, so junge Studenten aber nur mit »sehr gut« aufgenommen werden könnten.

Nach drei Monaten Luftbrücke wurde er glücklicherweise zu einem halbjährigen Baupraktikum an der TU zugelassen, was man ihm später auf die Studienzeit anrechnen wollte. Ohne Entgelt mussten die jungen Leute die Enttrümmerung zerstörter Unigebäude zwecks späteren Wiederaufbaus vornehmen! Außerdem feierte die TU vier Jahre nach Kriegsende den 150. Geburtstag – genau mit ihrem achtzehnten zusammen – und wollte ordentlich aussehen.

Todmüde war er, wenn sie ihn manchmal abholte. Setzten sie sich an einem Bächlein im Tiergarten auf die Wiese, um ein wenig Grün und Luft zu tanken, schlief er sofort ein. – Ihre Gedanken wanderten derweil zurück zu den ersten Wochen nach Kriegsende, als dieser Tiergarten von ungezählten Spaten umgepflügt worden war zu ängstlich mit alten Bettgestellen abgegrenzten Gemüse- und Tomatenbeeten. Kein Baum hatte den Krieg ohne Schaden überstanden; nun wurden sie in Brennholz verwandelt. Jemand hatte ihnen damals erzählt, dass es da direkt am Brandenburger Tor einen riesigen Schwarzmarkt gäbe, auf dem die Soldaten für die seltsamsten Dinge Interesse zeigten gegen Konserven, Würste und Zigaretten. Die Mutter hatte noch einen Fotofilm, der nicht einmal ausgepackt war, in einer Schublade gefunden. Also hatten die drei jüngeren Ostpreußinnen sie in die Mitte genommen, um mit ihrem Englisch ein tolles Geschäft zu machen. Vor Angst zitternd hatte sie dann am Tiergartenrand den dreifachen Schutz verlassen und war todesmutig auf einen Engländer zugegangen. Ihr »wundervolles« Oxfordenglisch verfehlte seine Wirkung. Der sah sich das Filmpäckchen an und sagte lakonisch: »Too old!« Aus war's wieder mal. Vor Traurigkeit »Unter den Linden« herumalbernd waren sie zurückgewandert. Indessen sah es hier schon wieder besser aus. Schüchtern versprachen junge Anpflanzungen eine grüne Zukunft.

Schnell war das halbe Jahr um und Lukas' Praktikum mit einem glänzenden Zeugnis abgeschlossen; aber das erhoffte Anschlussstudium gab es nicht. Rat und Tat von Älteren auch nicht!
Ehemalige Schulkameraden, die ähnlich trübe Erfahrungen gemacht hatten, wählten den von Lukas verachteten Weg: Sie hörten auf die verlockenden Angebote der östlichen neuen Machthaber, traten in die SED ein und hatten schnell einen Studienplatz, der allerdings meistens nicht ihren Wünschen entsprach. Sie war stolz auf ihn, der sich nicht dahin treiben ließ, wo seine Seele

nicht wohnte, und wo man seine Eltern vernichtet hatte. Da kam sie als Tochter eines Innungs-Handwerksmeisters auf den Gedanken, sich bei den zuständigen Stellen des Bauhandwerks kundig zu machen. Selig traten sie den Heimweg mit der Lösung des Problems an: Halb Lehrbauhof Ost, halb Lehrbauhof West, aufgrund Abiturs halbe Lehrzeit und mit deren Abschluss garantierter Zugang zur Hochschule für Ingenieurwesen in Westberlin. Das war ein guter Weg, den man schön geradeaus gehen konnte!

Neben ihrer recht harten Arbeit begaben sich Vater, Ehrhardt und auch Lukas immer wieder auf Landfahrten, um in der Stadt nicht mehr aufzutreibende Backzutaten zu bekommen. Sie schleppten Raps zu den Ölmühlen für ein paar Flaschen Öl, oder Zuckerrüben, für die sie im einschlägigen Betrieb Zucker und Sirup bekamen. Auf diese Weise ging es mal auf diesem, mal auf jenem Gebiet ein kleines Stückchen weiter.
Lukas' Onkel war es gelungen, bei einem Jugendfreund in der Lausitz einige Zentner Braunkohle zu besorgen, die aber nur in den Ostsektor geschickt werden durften; also lagerten sie in der Metzer Straße. Die beiden Männer luden sich den berühmten Lebensretterhandwagen mehrmals voll und legten den dreistündigen Weg mühsam schiebend zurück: über den Alex, die Linden, durchs Brandenburger Tor, die Ost-West-Achse schön an der Siegessäule vorbei, Charlottenburger Tor, Knie, Kaiserdamm, Berliner, Heidelberger Platz, Hohenzollerndamm, Roseneck. Zu schämen brauchten sie sich nicht bei ihrer ungelernten Arbeit; sie wurden gar von manchen Passanten heiß beneidet. Der Onkel hat herzhaft gesungen auf

dem Weg, denn er hatte eine besonders schöne, in jungen Jahren ausgebildete Tenorstimme. Diese Angewohnheit, gepaart mit seiner eleganten und interessanten, hochgewachsenen Erscheinung – die selbst den großen Regisseur Barlog in die Verlegenheit gebracht hatte, ihn mit einem bekannten Filmschauspieler zu verwechseln –, hatte ihm auf dem Kurfürstendamm das Wiedersehen mit seinem Jugendfreund, jenem jüdischen Porzellanfabrikanten aus Weißwasser, verschafft, der ihm in der von ihm geleiteten Behörde eine Lebensstellung bot. Drum singe, wem Gesang gegeben!

Die Hartnäckigkeit ihrer Deutschlehrerin und der Direktorin hatte tatsächlich dazu geführt, dass sie von einer Lehrerin für Gesang geprüft worden war, und kurz danach blinkte ein Juwel am Horizont: Sie bekam ein Stipendium in westlicher Währung und durfte in Charlottenburg bei einer Kammersängerin als Mezzosopran ausgebildet werden.
Später kam »Agathe« dazu, Flüchtling aus »Schläsiennobber«, roter Zopfkranz über sommersprossigem Gesicht, gesegnet mit federleichtem Koloratursopran.
Diese bis zum Kriegsbeginn renommierte Musikschule bestand nur noch aus zwei zierlichen kleinen Schwestern, die ihr knapp bis zur Schulter reichten und aussahen wie Zwillinge, obgleich die eine einen dunklen und die andere einen blonden Bubikopf hatte, was natürlich auch künstlich geschaffen sein mochte, da die Natur aufgrund ihrer etwa sechzig Jahre auch schon farblos sein konnte. Es waren ganz besonders reizende Puppen, die untereinander jedoch stets einen leicht gereizten, aber überaus höflichen Ton anschlugen. Die Dunkle spielte

überirdisch schön auf ihrem Flügel, begleitete auf liebe-
vollstes Bitten mit Grandezza die Gesangsschüler; die
Blonde hatte immer noch einen makellosen Sopran, den
sie benutzte, einen hochinteressanten, lebendigen Unterricht zu erteilen.

Dass diese, ehemals vom Vater der Schwestern gegrün-
dete Schule eine ganz besondere Qualität vorzuweisen
hatte, erfuhr sie durch eine Gefälligkeit, die sie der Pianistin gemacht hatte: In der Presse hatten sie von einer
großartigen Ehrung des berühmten chilenischen Pianis-
ten Claudio Arrau in Amerika erfahren und die junge
Schülerin gebeten, für sie bei der Post ein Telegramm
an ihn aufzugeben mit dem Text: »Du bist der Größte«.
Die liebenswürdige Antwort: »Das verdanke ich nur Dir,
meine Liebe«, sprach Bände.

Ach, herrliche Stunden waren das! Ungeahnte Schönheit holte die Lehrerin aus den Stimmen heraus, indem
sie energisch und unerbittlich auf der Anwendung ihrer
Technik bestand. Mit »Agathe« die großen Duetti der
Musikliteratur zu singen, war eine Freude, für die es
keine Beschreibung gab! In vielen kleinen Konzerten
konnte man sie fortan hören, immer abgeholt, heimgebracht, beschützt, gelobt, mit Lächeln und Blumen
beschenkt von ihrem treuesten Zuhörer, für den allein
sie jubelte. Hier hatte sie zudem um beider ungetrübter
Zukunft willen leise, sanfte und unmerkliche Stärke auf-
zubringen, denn die Knospen wollten schon den Sommer
sehn, und es sollte doch noch lange Frühling sein!

Ihre Gesanglehrerin, die in einschlägigen Kreisen wohlbe-
kannt war, schickte sie sogar als ihre Vertretung für Solo-
partien, die bei Einweihungen von mittlerweile sanierten
Orgeln oder Konzertsälen in der Stadtmitte zu singen

waren, denn eine Gage in Ostmark lohnte für diese die Anfahrt nicht, weil man indessen für neun Ostmark nur eine Westmark bekam! Ihre Schülerin dagegen freute sich über jede Anerkennung dieser Art, denn nach wie vor bekam sie daheim kein Taschengeld außer dem abgezählten Fahrgeld. Da sie merkte, dass die Eltern allmählich ungeduldig wurden, weil sie mit knapp achtzehn Jahren immer noch zur Schule ging, verzichtete sie freiwillig auf jedes Extra, um nur ihr Ziel, das Abitur, erreichen zu können.

Für die ersten fünfzig Mark Gage kaufte sie sich einen schwarzen »Luxushut« mit breitem Rand! So etwas gab es eher zu kaufen als einen dringend notwendigen Mantel, ein Paar Schuhe, ausreichende Lebensmittel.

Durch Ablieferung von »Lumpen« hatte sie allmählich soviel Punkte angesammelt, dass es für einen Kostümstoff reichte. Vier Monate musste sie von Konsum zu Konsum laufen, oft vier und mehr Stationen mit der Bahn fahren, bis sie endlich den ersehnten Stoff bekam. – Überall leere Regale und genervte Verkäuferinnen!

Nach der monatelangen Blockade, die trotz Luftbrücke viele Menschen an den Rand ihrer Lebenskraft gebracht hatte, gab es alle Herrlichkeiten der Erde in den Westsektoren; allerdings fehlte nun den meisten das nötige Geld dafür!

Lukas verkaufte Buntmetall aus Abriss von Hotels oder eleganten Wohnungen: Messingstangen, Kupferleitungen und -abdeckungen.

Im Sommer entdeckte er eine neue Nebenverdienstquelle: Er borgte sich von ihrer Mutter Ostgeld, um in Werder viele Kilo Kirschen, später Pflaumen einzukaufen. Von Werder nach Potsdam per Eisenbahn, von dort mit der

S-Bahn bis Wannsee, wo er sein Obst – wegen der Kontrollen im Reisekoffer – von Villa zu Villa schleppend, zu günstigsten Preisen den Hausfrauen pfundweise verkaufte. Einen kleinen Teil des erzielten Westgeldes musste er dann wieder in Ostgeld umtauschen in einer der unzähligen »Wechselstuben«, um bei Mutter seine Schulden zu bezahlen. Der große Rest war sein verdienter Reinerlös. Niemals hat dieser im größten Wohlstand aufgewachsene Junge seine Stirn krausgezogen, sondern stattdessen strahlend lächelnd von seinen Abenteuern und Erlebnissen erzählt! Sie bebte während seiner Schmuggeltouren voller Angst, denn so viele Gefahren lauerten da auf ihren Freund! Wenn ihn in Potsdam die Ostpolizei erwischt hätte, wäre er im schlimmsten Fall ohne Prozess im Osten eingesperrt worden; aber es hätte schon für eine Katastrophe gereicht, wenn sie ihm die Ware abgenommen hätten, und er sein geborgtes Kapital der sowieso zögernden Mutter nicht hätte wiedergeben können!

Von Schule, Chorproben und Gesangunterricht abgesehen, gab es keine Freizeit für sie. Sowie sie daheim war, gehörte sie voll dem Geschäftsbetrieb an, wurde überall da eingesetzt, wo Hilfe gebraucht wurde, meistens als Verkäuferin im Laden. Das machte sie auch am liebsten, weil man da neben flotter Arbeit – besonders hart, wenn man die Menschenschlangen mit einer unverhofften »Sonderzuteilung« von zweihundert oder vierhundert Gramm Mehl zu beglücken hatte – auch wunderbar »dem Volk aufs Maul schauen« konnte, wie der Vater so gern zitierte.
Kam wieder mal eine Kundin herein mit verzweifelter Miene, fragte die Mutter, ob diese Kummer hätte, und

ob sie helfen könne: »Ach, da kann mir keena helfen. Ich brauch jetz'n Lebenslauf, und dit kannick nich!«

»Keine Bange, Frau Schüler!«, wurde sie getröstet, »da kann Ihnen meine Große helfen. Die schüttelt so was aus dem Ärmel. Geht ruhig beide rauf. Ich schaff das hier allein!«

Die Hände im Schoß nervös auf und zu faltend, saß dann die Frau ihr gegenüber am Tisch. »Also ick vasteh det nich! Die müssen bekloppt jeworden sein! Noch nie habick sowat jebraucht, und is imma allet jut jejan.«

»Frau Schüler, Ihre Arbeitgeber wollen nur kurz ihren bisherigen Lebenslauf wissen!«

»Na, wat denn? Wenn ick inne U-Bahn so janz lansam und konzentriert feje und denn mal Jlücke hab und wat finde? Mann doh, letztet Mal habick zwanzich Mark jefunden! Dit jet die doch nischt an!«

»Nein, die interessieren sich für Ihren Werdegang!«

»Na, jut: Ick hab jearbeet un jearbeet un jearbeet. Det kannste die schreiben. Mehr jibtet nich ßu berichten von meine Person! Vasteste?«

Geduldig und behutsam erfragte sie dann die gewünschten Auskünfte über diese verängstigte Frau, schrieb ihr das schnell – und siehe da! Nachdem die »Schülern« sich das einmal laut und zweimal leise durchgelesen hatte, ging sie voller Stolz auf ihren schriftlichen Lebenslauf hocherhobenen Hauptes davon, ohne sich zu verabschieden.

Es gab andere Kunden, vornehme und vornehm tuende. Walterchen, der »Seelentröster«, der wieder im Theater am Nollendorfplatz seine Revuen und Bälle für »einsame Herzen« veranstaltete, kaufte seine Backwaren im eleganten schwarzen Umhang, den weißen Seidenschal locker um den Hals geschmissen. »Wissen Sie, ich hatte jetzt zwei süße Mädchen als Tanzduo, die sehr großen Erfolg hatten; schwarzhaarig, temperamentvoll. Jetzt würde ich gern zwei Blonde auftreten lassen; hübsch, jung, schlank, lange Beine, fast wie Zwillinge wirkend. Da habe ich an Ihre Töchter gedacht!« Mutter war zuerst sprachlos, und die »Tanzpuppe« verzog sich mit rotem Kopf in den angrenzenden Frühstücksraum, ließ aber die Spiegeltür so weit offen, dass sie hören konnte, wie die Mutter ihre Sprache wiedergefunden hatte: »Wir sind Ihnen sehr dankbar, dass Sie über so viele Jahre ein so treuer Kunde sind; aber meine Mädels, nein! Die können überhaupt nicht tanzen und wollen das auch gar nicht!« Walterchen hatte kapiert, schwieg und blieb ein treuer Kunde – bis auch er eines Tages im Westen verschwand. Keine Ahnung von den dazugehörigen Gefahren – hätte sie ganz gern ein paar Westmark verdient!

Ärzte, Anwälte, Wissenschaftler; jeder, der es irgendwie ermöglichen konnte und durch seinen Weggang keine Angehörigen gefährdete, wechselte seinen Wohnsitz in Richtung Gedankenfreiheit.
Auch Vaters Freund, der ihm stets so treue Hilfe geleistet hatte, und der sofort nach Kriegsende auf den Schultern jubelnder Menschen in sein Bezirksamt getragen worden war, hatte nach einer Warnung eines Nachts Ostberlin verlassen. Er hatte sein gesamtes Gut mit auf den – genehmigten – Umzugswagen der Praxis von Ehrhardts Lazarettarzt geladen. Hier hielt ihn ohnehin kaum noch etwas; er hatte in den letzten Kriegstagen seinen neunzehnjährigen Sohn verloren.
Mit dieser Massenflucht der Besten veränderte sich ganz allmählich das gesellschaftliche Niveau.

Selbst im Gesangverein des Vaters wechselte die Zusammensetzung der Mitglieder. Hatte es noch in den ersten Nachkriegsjahren keine Trennung zwischen Ost und West gegeben, so blieb jetzt ein Westberliner nach dem anderen weg. Jedes Lied, das sie einstudieren wollten, musste erst genehmigt werden. Die festlichen Bälle durften nur noch in östlichen Sälen stattfinden, die selbst im »Casino des Nordens« einen recht dürftigen Rahmen bildeten. Die Sängerlücken wurden ausgefüllt mit Leuten, die früher keinen Zugang gefunden hätten. Die brachten ihre Jugendlichen mit, die als stramme Blauhemden ein ungeliebtes Bild abgaben, sodass ihre Familie weitgehend auf die Vergnügungen verzichtete. Lediglich der Vater konnte als »Vorsitzender« seine Freunde nicht im Stich lassen.

Allzu deutlich durfte man seine Abneigung auch nicht zeigen. Als Andersdenkende mussten sie vor den neuen Systemtreuen auf der Hut sein, selbst wenn sie nicht mehr verbrochen hatten, als Selbstständige zu sein; das hieß bei denen gleich Kapitalist, und die hatten sie zu ihren Feinden erklärt!
Die Käthe-Kollwitz-Schülerinnen hatten das große Glück, dass diese roten Wellen zwar an das Schulgebäude heranschwappten, aber noch nicht in das Innere eingedrungen waren.

Der Schnee war in schmutzigen Matsch übergegangen, als die Primanerinnen einen »Bildungsausflug« machten: Besichtigung der »Veltener Keramikfabriken«. Also lange Fahrt und danach schier endloses Marschieren durch Feld und Flur bei entsetzlichem Regensturm. Mit ihren Freundinnen war sie ausgelassen – und hungrig; aber statt darüber zu lamentieren, alberten sie übermütig herum und machten Wortspiele mit utopischen Fantasien, um den knurrenden Magen zu übertönen. Sie sangen: »Ich weiß, es wird einmal ein Wunder geschehn, und dann esse ich Weibohmispé!« Das war eine Hymne an weiße Bohnen mit Speck! Leid tat ihnen ihre viel zu schmale Lehrerin, die nur dank ihrer unnatürlichen preußischen Disziplin wie immer keinerlei Gefühlsregungen zeigte. Sie war ein Freifräulein der Jahrhundertwende, deren Vater Adjutant bei Kaiser Wilhelm II gewesen war und mit seiner Familie in der Wilhelmstraße gewohnt hatte. Von dort war sie als junge Studentin während der Unruhen nach dem ersten Weltkrieg im Zickzack zur Uni Unter den Linden gesprungen, – seit damals in schwarzer Kleidung, denn sie trauerte immer noch um ihren in jenem Weltkrieg gefallenen Verlobten.

Jetzt lebte sie mit einem kunstmalenden Bruder in ihrer Dahlemer Villa und arbeitete als Studienrätin für Naturwissenschaften. Tapfer führte sie, die albernen Schülerinnen mit ihren großen blauen Augen streng im Blick haltend, durch die Fabrikräume und erklärte den gesamten Ablauf, obgleich ihre zu dünne Kleidung klitschnass war und aus dem zum straffen Haarknoten gesteckten grauen Haar dicke Wassertropfen über ihr feines, faltenloses, rosiges Gesicht rannen. Was für eine vorbildliche Haltung!

Anschließend konnte jede in einer rauchigen Kneipe eine hauchdünne Gemüsebrühe bestellen, die den Hunger noch ankurbelte, bevor sie lustlos die Heimreise antraten. »Tschüss«, rief sie einem ihrer Kleeblätter zu und wurde prompt von dem Freifräulein herangewinkt: »Darf ich fragen, was Sie sich bei dieser Blasphemie denken?«

Stotternd versuchte sie, sich herauszureden, dass sie sich dessen nicht bewusst gewesen sei, dass hier der Gruß »À Dieu« verunziert werde und bat mit einem Knicks um Verzeihung; konnte aber nur eine wegwerfende Handbewegung verbuchen.

Ehrhardt hatte an den S-Bahnhöfen Kioske ausgemacht, die mit Pfannkuchen zu beliefern waren. Ein gutes Geschäft! Und so schob sie ihren ›Sportwagen‹ – Mutter hatte ihn HW getauft – geduldig zu den Empfängern.
Wie vor allen Feiertagen gab es auch am Karfreitag übermäßig viel zu tun, denn dieser Feiertag war zum Abbacken der Hausfrauenkuchen umgestaltet worden. Armselig waren die Zutaten, die manche liebevoll zusammengemischt hatte. Die Gesellen mussten den meisten Hefekuchen kräftig nachhelfen, damit sie aufgingen. Trotzdem gab es tatsächlich Kundinnen, die fest behaupteten, die Bäcker hätten Teig aus ihrer Form entwendet; der spärliche Erfolg ihrer Backerei enttäuschte sie zu sehr!
Die Kollektivarbeit der Familie wurde dann Ostern belohnt mit einem knusprigen Garagenhasen. Der erste Ostertag gehörte allerdings streng der niemals unterbrochenen Tradition des polnischen Osteressens »Swinzsunka«: harte Eier zerdrückt mit Essig, Öl, Pfeffer und Salz; dazu kalter Braten vom Schwein, Rind und Kalb, sowie selbstgemachte Kochwurst. Polnische Väter pflegten die Güte ihrer potentiellen Schwiegersöhne an der Anzahl der verzehrten Eier zu testen. Lukas' vier wurden von Ehrhardts sechs übertrumpft. Na, ja, so ganz echt konnte es in diesen Zeiten sowieso nicht berechnet werden, da das Fleisch durch dunkles Brot und die Wurst

durch gekaufte »gewöhnliche« Bratwurst in kleinen Portionen ersetzt worden war.

Beim Osterspaziergang rund um den Grunewaldsee in großer Familienbesetzung war von den kleinen Einschränkungen nichts mehr zu merken.

Geheimnisvolles Prickeln lag in der Frühlingsluft, die Sonne blinzelte noch zögerlich durch den Morgennebel, als fünfundzwanzig achtzehnjährige Mädchen mit Lateinpauker und Französischlehrerin die Fahrt ins Landschulheim antraten.

Die Vorbereitungen waren ganz und gar nicht einfach gewesen. Die Lehrer hatten in Ferch nahe Werder eine einst sicher wunderschöne Jugendstilvilla ausfindig gemacht, die so rigoros »ausgeräubert« worden war, dass ein saalartiger Wohnraum allen Mädchen als Einheitsschlafsaal dienen konnte, in dem heu- und strohgefüllte Schlafsäcke ausgelegt wurden. Alles dies musste von Berlin aus geregelt und beschafft werden. Köchinnen fanden sich vor Ort, die die Lebensmittelmarken, die die Schülerinnen nach genauester Vorschrift mitzubringen hatten, aufgebessert mit Gartengemüse, in einigermaßen sättigende Mahlzeiten verwandelten. Auch das Besorgen der Fahrkarten und die Bereitschaft der begleitenden Lehrer waren nicht reibungslos verlaufen.

Aber nun hatten sie es geschafft und genossen dankbar diese Fontane-Landschaft am See, die fliederduftend Erwachen, Jungsein, Frieden und Hoffnung verkörperte. Der stets so muntere Sprüche klopfende Lateiner, mit dem sie leichtes Spiel zu haben geglaubt hatten, entpuppte sich als preußisch-unerbittlicher Befehlsgeber, als er an einem Sonnabend nach dem Abendbrot urplötzlich in dem Schlafsaal erschien, der einem außer Kontrolle geratenen Bienenstock glich. Sie hatten sich vorgenommen, zum angekündigten Dorftanz zu gehen, den »Deppen« dort mal vorzuführen, was für unwahrscheinlich aufregende Mädchen da aus der Stadt gekommen waren. Untereinander hatten sie ihre schönsten Kleidungsstücke getauscht, beurteilt, ausprobiert. Einige wenige hatten gewagt, heimlich Lippen- und Brauenstifte mitzubringen und eine aufgeregte Malerei in Gang gesetzt. In dieses Bienengesumm hinein tönte die hämisch-gemütliche Stimme: »Also, meine Damen, jetz intrissiert mich mal, wer von ihnen wirklich jeglaubt hat, dassa da hin jehen dürfte!«

Eine Tannennadel hätte man in der folgenden Stille fallen hören können, die die »Mutigste«, von Gerechtigkeitssinn Durchdrungene unterbrach: »Aber, Herr Studienrat, wir wollten doch, dass Sie und Frau Harder mitkommen. Wir tun doch da nicht Böses, wollen eben bloß ein bisschen Spaß haben!«

»Ach, nee, und wie solln wir zwei vahindern, dass eena von meinen Schmetterlingen da an de Wand jedrückt wird? Nu ziehn Se sich ma ihre Festkleidung wieda aus und jehn Se schlafen! Übrigens, von Ihnen hättick dis am wenigsten erwartet!«, wandte er sich kopfschüttelnd an die verwegene Anwältin und verschwand, ein fröhliches Liedchen pfeifend.

Zwei Tage später hieß es, sich bereits um vier Uhr früh vom Strohlager zu erheben. Völlig verwirrt versuchte sie, sich wiederzufinden, denn der Traum wollte nicht weichen. Ihre drei Freundinnen neckten sie und vermuteten Lukasgedanken hinter ihrer Verstörtheit. »Nee, Kinder, ich hatte sone Art Alptraum. Ich musste auf einer hochgelegenen Empore das ›Ave verum‹ singen und bekam nach dem vierten Takt keinen Ton mehr heraus. Auch heftigstes Bemühen brachte nur ein unverständliches Stammeln des Textes. Im Kopf hatte ich dabei starke Schmerzen!«

»Na, nu reg dich mal wieder ab. Wir müssen uns beeilen!«, lachten die Mädel.

Viele Kilometer hoher Kiefernwälder, weiter Felder, zu einem Mosaik stiller Naturschönheit zusammengesetzt, hatten sie gegen Mittag mit flotten Schritten kichernd und schnatternd hinter sich gebracht, auch die kessen Löns-Heidelieder hatten sie zum leichteren Laufen angestimmt, als es die vierte Rast gab. Da der Antreiber vorher die lateinische Sprache verballhornt hatte mit dem Ausruf: »Falls eine zurückbleiben muss, cacandi causa, mir Bescheid sagen!«, kommentierte sie nun den Befehl zum Aufbruch: »Auf lasst uns brechen und auf den Weg machen!« Eine Granate hätte bei ihm nichts Schlimmeres anrichten können. Voller Verachtung schnarrte er: »Verdammt. Sie enttäuschen mich schon wieda!« Quod licet jovie non licet bovi! Es wurde eben stets mit zweierlei Maß gemessen!

Mittlerweile war ihr Gesicht derart verbrannt, dass es ihr schier unmöglich war, weitere Sonnenstrahlen ertragen zu können. Sie war gezwungen, sich ein Chiffontuch, mit dem eines der Mädchen sich geschmückt hatte, davorzuspannen, was großes Hallo bei den Kinderscharen hervorrief, deren Dörfer sie durchwanderten. »Kiekt mal, da is ne Hexe dabei«, schrien sie begeistert.

In zwölf Schuljahren erlangt man ja bekanntlich allergrößte Meisterschaft im Weghören, wenn irgendwelche Ansagen gemacht werden, und deshalb erfuhr sie erst unterwegs, dass sie bei dieser endlosen Wanderung das Kloster Lehnin zum Ziel hatten.

Schon gingen die Witze in Richtung »Brüder« und »Schwestern«, die sie dort vermuteten. Als sie jedoch endlich, endlich die weitläufige imposante Anlage erreicht hatten, durften sie lediglich die Kirche besichtigen, da die Klostergebäude gesperrt waren. Immer schön hinten bleiben, war ihre Devise wegen des freieren Unterhaltungswerts. Sie teilte ihren Freundinnen gerade eine höchst absurde Version der Tatsache mit, weshalb diese überdimensionale Kirche um einen Baumstumpf herum gebaut worden war, als sie abrupt aus ihrem Lachkrampf gerissen wurden: »So, meine Damen, Sie sind doch alle so musikalisch. Nu springn Se mal da hoch und singn was!« Im Gänsemarsch also die unglaublich schmale, mehrfach gewendelte Treppe hinauf; lachend versuchten sie sich vorzustellen, wie dicke Mönche diese Schwierigkeit bewältigt haben mochten. An der kostbar ausgearbeiteten Balustrade hoch oben im Kirchenschiff aufgereiht, sangen sie das »Ave verum«, das sie den Mädchen mal im Original eingeübt hatte. Der Lehrer hatte unten neben der Französischlehrerin Platz genommen und rief nun hinauf: »Sehr jut, nu komm Se mal wieder runter. Ihre Vorsängerin bleibt oben und singt noch wat alleine!«

Ein kleiner Anflug von Übelkeit, das Lampenfieber verging nach den ersten Takten ihres Lieblingsliedes von Schubert »Der du von dem Himmel bist«. »Weiter« bedeutete die Geste des Lehrers da tief unter ihr – um den herum nun alle anderen Schülerinnen saßen – als sie geendet hatte. »Locus iste« von Bruckner folgte. Es war eine überwältigende Akustik. Aus allen Ecken schien ihre Stimme zu ertönen, vom Gewölbe wieder auf sie niederzuströmen. Kam es von vorn, von oben, begann es sich zu vermischen? Oben, unten, ihre Stimme tausendfach aus Himmelssphären! Fest umklammerte sie mit beiden Händen das Geländer, hatte plötzlich die Qual wie im Traum, kein Ton mehr?

Ganz langsam schlug sie die Augen auf, fand sich im Klostergarten auf der Wiese unter einem schattenspendenden Baum liegend, fern die Mädel in kleinen Gruppen sitzend – und über sie geneigt das erschütterte Gesicht des Lehrers: »Das war der schönste Gottesdienst meines Lebens. Ich danke Ihnen!«, und das im gepflegtesten Salondeutsch.

Die Freundinnen hatten die kurzzeitig Bewusstlose von der Empore herunterführen müssen und den Lehrern voller Schrecken von deren Traum erzählt. Alle hatten die Befürchtung gehabt, dass die eben erst »Hexe« Genannte nicht mehr aufwachen würde!

Die zwanzig Kilometer des Heimwegs wurden ihren weichen Knien fast zum Verhängnis.

Am Sonntag kamen mit dem schon heiß erwarteten Dampfer die Eltern, Monika und Lukas zu Besuch. Gemeinsam mit ihren Freundinnen und deren Besuchern verspeisten sie im Gartencafé am Landungssteg den mitgebrachten Kuchen. Alle Erlebnisse wurden freudig und temperamentvoll berichtet. Die unheimliche Geschichte von der Klosterkirche glaubte ihr trotz Zeuginnen außer Lukas von der Familie niemand; aber über den in reichlichen Mengen besorgten Spargel freuten sich alle sehr.

Der Zoobunker wurde gesprengt, und somit gab es einen Zeugen weniger von unendlichem Leid, von Abschied, Tränen und Bombenterror.

Der in Westdeutschland gewählte Bundestag bildete die erste deutsche Nachkriegsregierung und wählte einen Monat später Konrad Adenauer zum Bundeskanzler, was im Osten wieder Massendemonstrationen hervorbrachte. Schulfrei haben und »Pustekuchen« sagen, war der Beitrag ihrer Schulklasse dazu. Weitere vier Wochen später brachte das westdeutsche Vorbild im Osten die »Deutsche Demokratische Republik« hervor und Wilhelm III, wie Wilhelm Pieck voller Spott genannt wurde, als Präsident.

Der »Mozartchor«-Leiter hatte sich überfordert gefühlt, und nach verzweifeltem Suchen hatte der Chorvorstand den ganz großen Meister gefunden: Professor an der Westberliner Musikhochschule und Leiter der klassischen RIAS-Chöre! Unter dem Namen »Berliner Motettenchor« wehte nun ein neuer kräftiger Wind, der die Qualität auf ein hohes Niveau hob. Sie durften in dem evangelischen Gemeindezentrum der Amerikaner im Villenviertel hinter dem Reichkanzlerplatz einen großen Saal mit Foyer für ihre Proben benutzen unter der Voraussetzung, dass sie sonntags als »The American Youth Choir« im Gottesdienst der amerikanischen Kirche in der Dahlemer Clayallee singen. Dem kamen sie voller Idealismus gern nach, übten in der Woche für ihre großen Konzerte Oratorien, Messen, Requien und Symphonien und fanden sich am Sonntag schon früh in Charlottenburg ein, um im Schnellgang das vorgeschriebene Kirchenprogramm einzustudieren. Nach der U-Bahnfahrt zum Oskar-Helene-Heim genossen sie die feierliche Sonntagsstille, die über dem vornehmen Wohngebiet im Grunewald lag und hatten ihre jugendliche Freude an Gospels und Spirituals, die sie da zwischen ihren alten Meistern zu singen hatten.

Weniger belustigt waren sie, wenn die Amis über die Motettenchor-Plakate diagonal ihre Leuchtschriftstreifen mit dem amerikanischen Namen klebten, was die Choristen dann, wie Ameisen ausschwärmend, wieder beseitigten. Besprechungen und Entschuldigungen folgten ebenso regelmäßig wie Wiederholungen des Vorgangs.

Versöhnt waren dann die jungen hungrigen Sänger, wenn am Sonntagmorgen das Silbertablett mit den Bonbonhäuflein durchgereicht wurde; die meisten griffen da gern zu und waren Monate später zutiefst getroffen, als sie erfahren mussten, dass das amerikanische Zahnpastatabs gewesen waren!

In kleineren Gruppen durften sie auch in den alliierten Clubhäusern singen, wonach sich so mancher wegen der eventuellen Verpflegung riss; doch beispielsweise in den englischen und französischen Häusern ging es auch nicht sehr rosig zu. Sie gehörten zwar zu den Siegern, waren aber durch den mörderischen Krieg ausgeblutet worden, boten nach begeistertem Applaus den deutschen Jugendlichen Tee bis zum Abwinken, aber nur ein halbes Brötchen pro Person.

Ihr großartiger Chorleiter schwenkte eines Tages eine Zeitung mit der Konzertkritik, in der es hieß, die Mädchenstimmen wären von knabenhaftem Schmelz. »Weißt du, wer das ist? Das bist du!«, strahlte er sie an, ohne zu ahnen, dass die Gesanglehrerin ihr das »Chorgeplärre« verboten hatte. Gelassen versuchte sie, mit dem Lob umzugehen, denn sie wusste, dass es ihr niemals gelingen würde, ihren Lebenstraum in Lebenswirken zu verwandeln. Mit dem nahen Schulabschluss würde automatisch das großzügige Westmarkstipendium des Ostschulamts versiegen. Erwachsene Helfer gab es nicht mehr für sie,

seit ihre liebevolle Deutschlehrerin, ihre rasenden Kopf-
schmerzen nicht mehr ertragend, ihrem Leben ein Ende
gemacht hatte. Zuvor hatte die Arme noch versucht, ihre
Lieblingsschülerin zu adoptieren, was sich natürlich als
unmöglicher Wunsch erwiesen hatte. Berater fanden
sich auch nicht, und letztlich scheiterte das Ganze an
den nicht vorhandenen finanziellen Mitteln, nach denen
die Eltern zu fragen sie nicht einmal wagte – und das
war auch schon das Haupthindernis: Ihr fehlte es an
Selbstbewusstsein, ihr fehlte der Glaube an die Begeis-
terungshymnen, – ihr fehlten die dringend benötigten
Ellenbogen! Nie würde sie in den Vordergrund treten,
ohne dazu aufgefordert zu werden; optimistisch und fröhlich – ja, aber niemals kess genug, um neben der Musik
auch noch Kämpfe auszutragen.
Als sie der kleinen Gesangspädagogin ihre bürgerlichen
Ausstiegsabsichten andeutete, bekam die einen Schreian-
fall: »Ich war immer zu klein für eine Bühnenlaufbahn.
Jetzt bist du meine Kreation. Du wirst alles erfüllen, was
mir versagt blieb. Aber es ist immer wieder dasselbe: Die
Kerle verderben alles, alles!« Sie hatte Lukas im Konzert gesehen, hatte sicher am Fenster gestanden, wenn
er sie abgeholt hatte. Dem Unschuldigsten galt ihr Hass,
weil sie nicht wissen konnte, wie er durch den Krieg
und dessen politische Folgen ganz allein auf sich, seinen
Kopf, seiner Hände Arbeit angewiesen war, und dass er
der Letzte gewesen wäre, der ihr eine solche Laufbahn
ausgeredet hätte. Sein tapferes Motto war: Nach einem
Sturz aufstehen, bevor bis neun gezählt wurde!
Bescheidenheit war dieser Nachkriegsjugend ins Blut
übergegangen. Sie kam sich wie eine Auserwählte vor,
als sie zum Weihnachtsfest soviel Geld geschenkt bekam,

dass sie sich nach Umtausch auf dem riesigen Buden-
markt am Potsdamer Platz ein »westliches« Kopftuch mit
für Ostaugen exotischem Paisleymuster kaufen konnte.

»Dank sei Dir, Herr! Du gabst uns Kraft zu unserm Tun.
Hilf uns auch fürderhin!«, sang sie zu den majestätischen
Orgeltönen von Händel, als Ehrhardt in der Immanuelkirche mit seiner Jugendfreundin getraut wurde. Diese
Worte entsprachen ihrem Fühlen, weiteten ihre Brust
und trugen ihre Stimme klar und leicht durch den hohen
Raum. Sie sang es für das Brautpaar, für Lukas und für
sich, für alle, die da versammelt waren, darüber hinaus
für alle, denen das Leben geschenkt, im Chaos erhalten
geblieben und dann so schwer gemacht worden war. Sie
konnte dem jungen Paar nichts anderes schenken, aber
dieses Geschenk haben viele Anwesende jahrelang nicht
vergessen!

In der Oberprima debattierten sie in einer Pause die viel-
fältigen Verbote, die ihnen das Schulleben nicht gerade
erleichterten. Immerhin waren sie achtzehn, neunzehn
Jahre alt, mussten aber damit rechnen, von der Schule
gewiesen zu werden, wenn sie Lippenstift oder ähnliche
Schminke benutzten, wenn sie mit Jungs angetroffen
wurden, weshalb die Pausen so versetzt wurden, dass sie
auch nicht gleichzeitig mit den Schülern auf dem Schulhof herumspazierten. Wenn Lukas sie von der Schule
abholte, wartete er stets weit entfernt wie ein harmloser
Fahrgast an der Straßenbahnhaltestelle.
Etwa sechs Mädchen standen um das Kleeblatt herum
und redeten empört durcheinander. Sie drehte bei der
munteren Diskussion ihr Tintenfass immer rund herum,

rund herum. »Wie olle Luther, wa?«»Traust dich nich!«
Krach! Da lief die blaue Tinte an der vor kurzem sorgfältig weißgestrichenen Wand neben der Tafel herunter, um sich auf dem Holzfußboden mit der großen Tintenlache und dem zerbrochenen Fässchen zu einem blauen Glassplittersee zu vereinen.

Kein Laut war sekundenlang zu vernehmen, bevor sich alle überschlugen: »Mensch, bist du jetzt total verrückt?«

»Sollte doch nur Spaß sein, musste nich gleich machen!«

»Wie konntest du nur? Gerade ist der Kasten renoviert!«

Der vernünftigste Ausspruch lautete: »Und was nun?«

Ja, was nun?! Kreide drüber, aber die war äußerst knapp. Viele Lehrer nahmen ihr Kreidestückchen sogar von Klasse zu Klasse mit.

Ohne einen Augenblick Zeit zu verlieren, verrieb sie die in der Klasse vorhandene Kreide an dem vorher mit einem Lappen trockengetupften länglichen Riesenfleck, während ihre Freundinnen mit zusammengebissenen Zähnen – ihre Flüche verschluckend – die Scherben wegräumten und mit dem Tafelschwamm den See auszutrocknen versuchten. Der Rest schwärmte aus, um in anderen Klassenräumen Kreide zu klauen. Gottlob hatten sie – in Naturwissenschaftler und Sprachler getrennt – in der nächsten Stunde in Parallel-Klassen Unterricht. Mit einer »glaubhaften« Entschuldigung blieb sie also der Physikarbeitsgemeinschaft fern und rubbelte mit den erstaunlich vielen großen und kleinen Kreidestückchen an dem strahlenden Blau; es wurde mit nur wenig Erfolg belohnt.

Mit tiefem Seufzer schob sie den Schrank näher an die Tafel, damit vor allem den Bodensee verdeckend.

In der darauffolgenden Mathestunde stand das Freifräulein die ganze Zeit mit dem Rücken zur Katastrophe, sie merkte nichts! Dabei hätte sie das Knistern der Gedanken einer ganzen Oberprima spüren müssen!

Dies war einer der seltenen Tage, an denen Lukas sie schon am Nachmittag besuchte, um sie dann zum Chor zu bringen. Beichte! »Die schmeißen mich raus wegen geistiger Unreife. Sie haben im vergangenen Jahr sogar am Tag der mündlichen Prüfung ein Mädchen vom Abitur ausgeschlossen, weil sie als Talisman ihren kleinen Hund mitgebracht hatte!«

»Klackssache für'n Seemann«, lachte Lukas, fuhr eineinhalb Stunden mit U- und Straßenbahn hin und zurück, um auf seiner Baustelle einen Eimer Schlämmkreide zu »organisieren«. Damit schlichen sie wie Einbrecher in das Schulgebäude und mit geübter Hand pinselte der Freund über den Fleck.

Nach dem Trocknen blieb nur noch für Eingeweihte eine Ahnung von zartestem Himmelblau, das der Schrank in einen milden Schatten tauchte. Für den Boden musste sie noch manch freiwillige Nachsitzung mit Schrankschieben und Farblöser verbringen; aber immer singend und heimlich lachend ob so viel Dämlichkeit gerade wegen der so heiß erörterten Schulverweise!

Daheim durfte das niemand erfahren; eine Untersuchung beim Nervenarzt wäre ihr sicher gewesen. Grinsend dachte sie daran, dass die Mutter in solch einem Fall möglicherweise zum Heiligen Antonius gelaufen wäre, um ihm mit einer Kerze oder fünf Mark Hilfe abzubetteln. Das war der Einzige, der Mutter noch in ihrer Kirche zu sehen bekam. Tante Gula, die seit Jahren bei ihrer Tochter in Charlottenburg wohnte, kam extra zum Senefelderplatz, um in der katholischen Kirche ihren großen Helfer um dies oder jenes zu bitten, weil der auch Ostgeld nahm.

Mit Riesenschritten ging es nun dem Schulabschluss entgegen.

Latepauker sagte in gewohnter Gelassenheit: »Ich verstehe überhaupt nich, warum Sie so aufjerecht sind. Nachdem Sie hier ihre zwölf Jahre abgesessen ham, kriejn Se dis Abi doch förmlich nachjeschmissen!« – sprachs und verpasste einer Schülerin eine »ruhije, runde Sechs«. Das war ungemein lustig für ihre wunden Nerven!

Lukas, der ihr vor zwei Jahren geraten hatte, wegen der besseren Berufsaussichten Französisch aufzugeben und den naturwissenschaftlichen Zweig zu wählen, paukte Chemie mit ihr, dass es nur so krachte, denn der Chemielehrer war der Meinung, dass Mädchen sowieso nichts davon verstehen und löste all seine Formeln voller Eifer selbst an der Tafel ohne ein erklärendes Wort an das Auditorium. Mathe und Physikunterricht dagegen war bei dem strengen schwarzgewandeten Fräulein so hervorragend, dass sie da keinerlei Schwierigkeiten kannte. Als der Lateinkobold die von ihm beabsichtigten Vorzensuren bekannt gab, musste sie die Enttäuschung ihrer Banknachbarin miterleben, die nur eine Drei bekommen sollte. Da ihr Nachname weiter hinten lag, kam also kurz danach heraus, dass ihrer alten Zwei nichts im Wege stand. Das ging nicht an, schließlich hatte sie mit ihrem Nebenkleeblatt jahrelang zusammengearbeitet, hatten sie voneinander abgeschrieben. Wie von der Tarantel gebissen sprang sie auf: »Das ist nicht gerecht, Herr Studienrat. Kathie ist genau so gut wie ich!«

»Na jut, denn kriejn Sie och ne Drei«, sprach er genüsslich, ohne von seinem Blatt aufzusehen, und dabei blieb
es.

Kurz vor den schriftlichen Arbeiten bat die neue, etwas
weltfremde Deutschlehrerin sie und zwei Kleeblätter in
ein Café in der Greifswalder Straße, in dem es »naturge-
mäß« Ersatzkaffee und so trockenen Kuchen gab, wie in
allen derartigen Lokalen, die nicht der staatlichen Han-
dels-Organisation angehörten. Sie versuchte, die Mädel
mit allerlei guten Ratschlägen moralisch aufzurüsten,
empfahl ihnen Lektüre und zum Schluss, nun so viel
wie möglich Schlagsahne zu essen, weil das die Nerven
besonders gut stärken würde. Die wohnte im Westen, wie
fast alle ihre Pauker, und hatte keine Ahnung, dass die
Schülerinnen sich kaum noch an Sahne erinnern konnten und schallend lachten, nachdem die Straßenbahn
mit der Guten abgefahren war.

Ostberlin rüstete sich zum ersten »Pfingsttreffen der
Freien Deutschen Jugend«. Unablässig marschierten die
Blauhemden, ihre Aufbaulieder schmetternd, durch die
Straßen. Während sie über ihren letzten Aufgaben brütete,
lernte sie gleichzeitig die Ohrwürmer. Dass da ursprüng-
lich ein Sturm auf Westberlin geplant war, sickerte später
langsam durch.

Das »Schriftliche« brachte nur die eine Schwierigkeit mit
sich, dass sie Einsteins »Relativitätstheorie« mit einer
Eins benotet bekommen hatte und nun vorschriftsmäßig
mündlich von Zwei auf Eins geprüft werden musste. Mit
Geschicklichkeit und freundlichem Gesicht hatte sie ja

immer ihre Zwei »nachjeschmissen« bekommen; aber eine mündliche Abiprüfung fühlte zutiefst auf den Zahn! Lukas erwies sich als systematisch vorgehender, geduldigster Lehrer aller Zeiten und ließ sie alle jemals besprochenen Gebiete wiederholen. Schließlich konnte sie in dem Fach alles auswendig.

Ausnahmsweise pünktlich und klammen Herzens, aber dennoch beschwingt lief sie ihrer Prüfung entgegen. Auf der Greifswalder Promenade hatte sie den fast unwiderstehlichen Wunsch, kehrtzumachen und auf alles zu verzichten.

In der Aula wurden die Mädchen darüber unterrichtet, dass wegen der zu großen Anzahl der zu Prüfenden ein Tag vermutlich nicht ausreichen würde, aber alle dableiben müssten; es gehe in einer bestimmten Reihenfolge jedenfalls gerecht zu.

Ein temperamentvolles Kleeblatt bekam einen mittleren Schreikrampf, dass sie das auf keinen Fall aushalten könne, wurde sofort herangenommen, hatte bestanden und verbreitete Fröhlichkeit; sie aber schlich am Nachmittag kopflos heim, wo sie mit Schüttelfrost von Monika in Decken gehüllt wurde. Dieses zermürbende unerfüllte Warten hatte sie ihrer vorletzten Nerven beraubt! Mit den letzten trat sie am nächsten Tag nach kurzer Vorbereitung auf das vorgegebene Thema vor die Jury. Einschließlich Schulrat hatte wohl außer ihrer Physiklehrerin keiner viel Ahnung von dem Fach. Letztere leitete das Ganze ein mit dem Vorschlag, der Kandidatin ihre alte Zwei ohne Prüfung zu geben, was auf gelangweiltes Schweigen der anderen Pauker, aber auf heftigen Widerspruch ihrer Direktorin stieß: »Nein, sie hat doch so eine hervorragende schriftliche Leistung gezeigt. Nun wollen wir doch sehen, ob wir die Eins geben können!« Sie überzeugte alle als perfekte Glühkathodenexpertin, aber das Freifräulein als ihre langjährige Klassenlehrerin kannte sie wohl besser und gab sich nicht zufrieden mit dem einen Thema. Sie verlangte ein Gebiet nach dem anderen in kurzer Zusammenfassung und wurde dank Training einwandfrei beliefert. Die Folter ging selbst gegen den Widerstand von Direktorin und Schulrat bis zur letzten Schikane; aber die kannte Lukas nicht und musste schließlich mit einer Eins kapitulieren.

Bei der am Ende folgenden Fotoaufnahme ebenso wie bei der von der Prima traditionsgemäß ausgerichteten Kaffeetafel bestanden Klassenlehrerin und Direktorin darauf, links und rechts neben ihr zu sitzen zum schadenfrohen Gekicher ihrer Freundinnen, bei denen sie während dieser Zeremonien viel lieber ein bisschen herumgealbert hätte.

Glücklich und gelöst nippte sie an ihrer Kaffeetasse, als die Physiklehrerin sie süßlich lächelnd am linken Ellenbogen zupfte: »Nicht wahr, wir beide wissen, dass Sie in Physik keine Eins verdient haben!« Diese Liebenswürdigkeit regte sie nun gar nicht ein bisschen auf, denn der Zug war abgefahren. Anstelle einer Antwort fragte sie: »Warum bin ich erst heute drangekommen? Ich war gestern abend halbtot vor Angst!«

»Ach, wissen Sie, wir haben für den zweiten Prüfungstag sehr sorgfältig alle die Mädchen ausgesucht, die besonders ruhig und gefasst sind.« So wenig kannte die Frau sich in der Psyche einer Schülerin aus, die sie drei Jahre lang begleitet hatte! Doch bevor sie einen Kommentar dazu abgeben konnte, wurde sie von der anderen

Nachbarin am rechten Ärmel gezogen. Sie wandte sich der eifersüchtigen Direktorin zu: »Bitte, Frau Doktor, warum haben Sie mir die Fassung rauben wollen, indem Sie mich während der Prüfung unablässig angeschaut haben?«

»Aber, meine Liebe, ich konnte den Blick nicht von Ihnen lassen, weil Sie so bezaubernd aussahen! Die blonden Locken, das schwarze Moirébolero über dem weißen Blüschen zu dem New-Look-Glockenrock in Schwarz. Wo um Himmelswillen haben Sie die Sachen her? Ich habe überhaupt nicht zugehört!« Frau Doktor liebten sich zu schmücken!

So profan konnte das Leben sein! Wozu die Angst! – Die Deutschlehrerin hatte wahrhaftig bei der Verabschiedung Tränen in den Augen! Viele Referate hatte sie unter deren Führung halten müssen: über Thomas Manns »Buddenbrooks« und »Zauberberg«, Hauptmann-Dramen, Büchner, Heine ebenso wie Goethe, welcher außer mit »Prometheus« meist ihre Wellenlänge nicht getroffen hatte, Lessing und Schiller. Sie war angeleitet worden, wie man sich in den bemerkenswerten Pressearchiven zurechtfindet, die in unterirdischen Gewölben weitgehend die Bomben überlebt hatten. Mit der Übertragung der »Leben-Jesu-Forschung« als Oberprima-Jahresarbeit hatte diese Frau den Grundstein gelegt für ihr kritisches, selbstständiges Denken, das ihr in der Zukunft Kraft verlieh für Entscheidungen und Stärke bei Unglück und Niederlagen. Die Lehrerin hatte statt des vorgeschriebenen evangelischen Religionsunterrichts – nur zwei Klassenkameradinnen waren katholisch – aus einem reichen Wissensfond schöpfend, den Mädchen die großen Philosophen, vor allem die der Aufklärungszeit,

nahegebracht. Wie auch manch andere ihrer Nachkriegs-
lehrer war sie aus der freien, teilweise linksintellektuel-
len Studentenbewegung der Zeit vor der Hitlerdiktatur
hervorgegangen, die während jener Jahre entweder im
Untergrund gearbeitet oder zu den schweigenden Über-
lebenskünstlern gehört hatte.

Es war nach dem Krieg nicht leicht gewesen, alle Schulen mit sogenannten unbelasteten »Antifaschisten« zu
besetzen. Die in der Hitlerzeit beamteten Lehrer hatten
keine Chance, denn in irgendeiner Weise hatten sich alle
anpassen müssen und gar in Uniform vor der Klasse
gestanden.

Die »Philosophin« hatte gespürt, dass sie hier ein heißes
Herz mit einem wissensdurstigen Kopf angetroffen hatte,
und nun tat es ihr leid, dass das Ende dieser Zusammenarbeit gekommen war; verstohlen drückte sie ihrer Schülerin einen Zettel in die Hand.

Lautstarkes Verabschieden, Rufe, Gelächter – und mit
diesen hinter sich leiser werdenden Geräuschen fand
sie sich in Gedanken versunken auf der Platanenprome-
nade.

Wie in einem Zeitraffer rauschten die letzten Schuljahre
vorüber. Kein Fach war ihr wirklich schwer gefallen;
aber Deutsch, Philosophie und natürlich Musik hatte sie
am liebsten gehabt. Wenn sie ein Aufsatzthema gewusst
oder geahnt hatte, war während ihrer nächtlichen Wach-
träume kurz vorher ein komplettes Konzept entstanden.
Sie hatte dann ruhig dreiviertel der Klausurzeit dummes
Zeug machen können, Quatschen oder ein aktuelles Buch
wie die »Forsyth-Saga« lesen. In der verbleibenden Zeit
schrieb sie in olympischer Geschwindigkeit ihre Nacht-
gedanken auf und konnte sicher sein, dass die Lehrerin

hochzufrieden war, selbst wenn sie völlig kontroverse Gedanken geäußert hatte, wenn sie zum Beispiel nicht bereit war, Ibsens »Nora« als verwöhntes Puppenkind völlig von der Verantwortung für ihr Handeln freizusprechen. Niemand war in ihren Augen berechtigt, die eigene Schuld auf andere abzuwälzen.

Ach, ja, der Zettel! Sie wurde gebeten, sich in jenem Café einzufinden, wo ihnen vor dem Abitur Mut zugesprochen worden war. Da saß die treue Seele bereits an einem der kärglichen Tischchen. Freudig erregt teilte diese der frischgebackenen Abiturientin mit, dass es ihr gelungen war, ihr einen Studienplatz bei einem befreundeten Professor der Humboldt-Universität »Unter den Linden« zu verschaffen, ohne dass sie in die »Freie Deutsche Jugend« oder in die SED eintreten müsse. Strahlend dankend verkürzte die »Studentin« das Gespräch, denn den Kloß im Hals konnte sie nicht länger verbergen. Mit diesem Tag war für sie nämlich das Kapitel Studieren, waren die großen Themen abgeschlossen. Das hatte sie tapfer ziemlich erfolgreich geheimgehalten, um ihr Image nicht zu zerstören.

Wieder auf der Straße, zerriss sie noch vor der Café-Tür die Karte mit dem Professorennamen, dessen Fakultätssitz und der Terminangabe für ein Gespräch in so kleine Schnipselchen, dass sie sie wie Konfetti über ihren Kopf regnen lassen konnte.

Als sie rechts in die Heinrich-Roller-Straße einbog, wurden ihr langsam die Knie weich, und sie war froh, dass ihr da Monika entgegenkam. Ihre Lieben daheim hatten die Schwester losgeschickt, weil die Zeit schon fortgeschritten, und sie Angst hegten, dass mit der Prüfung etwas schiefgelaufen war. Noch im Freien musste

sie Monis Geschenk auspacken: vier entzückende Mokka-
tässchen in verschiedenen Farben, goldrandgeschmückt.
Danke! Danke auch für Monikas ungewöhnliche Für-
sorge in den letzten Wochen!

Die skeptischen Gesichter der Familie verwandelten sich
bei ihrem Anblick in lächelnde. Die Kernfamilie, alle
Onkel und Tanten, Cousinen, Vetter Fred – vor einem
Jahr aus seinem Versteck in Westdeutschland nach Neu-
kölln übergesiedelt, lächelte nun nur noch für seine glückliche Ruth –, sogar Lukas und seine Verwandten hatten
die Eltern als Überraschung eingeladen.

Dankbar nahm sie noch eben die lange festliche Tafel
wahr, die für die Abiturfeier gedeckt war – dann knickte
sie weg, und Lukas trug sie ins Herrenzimmer, ließ sie
dort auf die Couch betten. Schüttelfrost und nachfolgend
hohes Fieber sprachen eine deutliche Sprache von all
dem, was diese »besonders ruhige« Schülerin in sich
reingefressen hatte. Das Fest war sehr fröhlich, und als
sie nach Mutters »erster Hilfe« fest eingeschlafen war,
konnte auch Lukas mitfeiern.

Kurz darauf wurden in einer Feierstunde die Zeugnisse
ausgegeben. Obwohl es für die erste Klasse – sehr gut –
gereicht hätte, gab es nur eine Stufe tiefer aufgrund
der politischen Anordnung, dass eine Drei in »Gesell-
schaftskunde« die Gesamtnote nach unten zu verändern
habe! Die winzige lebhafte Geschichtslehrerin mit dem
schlesischen Akzent, kurz vor der Pensionierung, hatte
sich mutig vor der Klasse entschuldigt, dass sie statt
Geschichte das Rotfrontprogramm »Völker, hört die Sig-
nale« abspulen müsse. Sie sollten sich nicht weiter drum
kümmern, wenn kein Interesse vorhanden. Ohne mit

einem einzigen Gesichtsmuskel in dem kleinen Gesicht zu zucken, hatte sie kurz vor den Prüfungen nach jedem einzelnen Namen in alphabetischer Reihenfolge »drei« gesagt, obwohl die Schülerinnen während ihres Unterrichts nicht einmal hingehört hatten, wenn sie da fast flüsternd vom Blatt gelesen hatte.

Die Feier endete mit dem Schulchor »Nun zu guter Letzt, geben wir euch jetzt auf die Wandrung das Geleite« – erstmalig ohne sie und dann stürmten sie aus der »Penne«.

Am gleichen Tag folgten sie der Einladung des Hauptschulamts zu der großartigen Abschlussfeier für alle Ostberliner Abiturienten, die im »Ersatz-Metropoltheater« in der Schönhauser Allee stattfinden sollte. Festlich gekleidete junge Menschen und die sie begleitenden Lehrer plauderten erwartungsvoll in dem theaterartigen großen Kinosaal, der sich prall gefüllt hatte, als mit zackigem Schritt und kerzengerader Haltung etwa zehn respektheischende Herren – Schulräte, Hauptschulrat, Kulturbeauftragte, Parteifunktionäre – die Bühne betraten. Die Abiturienten erhoben sich, klatschten Beifall, klatschten und klatschten. Der sich am wichtigsten vorkommende Darsteller trat ans Rednerpult. Der Beifall wurde lauter, wofür er sich mit mehreren Verbeugungen bedankte. »Setzen«, brüllte er schließlich ins Mikrophon. Sie klatschten begeistert! Unabgesprochen herrschte Einigkeit, nicht mehr aufzuhören mit dem infernalischen Klatschen. Nach zehn Minuten leerte sich langsam die Bühne, nach weiteren fünf Minuten Beifall schrie der letzte Redner entnervt, dass die Veranstaltung beendet sei und nach einem anerkennenden »Oh« des Publikums verkündete er in überschäumender Wut, das Mikro in sich überschla-

gende Lautstärke gestellt, dass dies der letzte Abituri-
entenjahrgang sein werde, der sich erlaube, sich dem
Arbeiter- und Bauernstaat entgegenzustellen, und dass
es Kapitalisten, Faschisten und Landesverrätern niemals
mehr gelingen würde, die erfolgreiche Aufbauarbeit des
jungen Staates zu sabotieren. Dabei gab er die Haupt-
schuld den Lehrern, warf ihnen große Versäumnisse vor
und versprach für die Zukunft strengste Maßnahmen und
deren Kontrollen.
Das war wieder verstärktes tosendes Klatschen wert –
und war den gerade noch Durchgerutschten vollkommen
egal!
Alle in Westberlin wohnenden Lehrer wurden in den
nachfolgenden Sommerferien entlassen!

Zuerst war da ein tiefes schwarzes Loch, in das sie fiel.
Das zeitliche Reglement der Schule war plötzlich fort,
und so ganz ohne konkrete Vorstellung von einem prak-
tischen Beruf war kein richtiges Ziel auszumachen. Sie
hatte im Berliner Rundfunk versucht, als Praktikantin
angenommen zu werden, um danach eine Ausbildung
zum Toningenieur anschließen zu können, doch da sie
keinem roten Club angehörte, hatte es sich als aussichts-
los erwiesen.
In Westberlin machten sie ihr in den angefragten Film-
und Funkhäusern aufgrund ihrer Zeugnisse und Choran-
gehörigkeit allerbeste Aussichten, sobald sie nachweisen
könnte, dass sie ein Jahr im Westen gearbeitet habe.
Man fürchtete offensichtlich politische Unterwanderung
durch Ostspione, und das nicht ohne Grund!
Ihr war zumute, als spiele man mit ihr ein fröhliches
Gesellschaftsspiel.

Ein kleiner SED-Funktionär, der in ihr Elternhaus eingewiesen worden war – man durfte sich die Mieter nicht
mehr selbst aussuchen –, gutmütig und einfach gestrickt,
hörte beim Mietebezahlen von ihren Problemen:»Musste
dir nischt draus machen. Weeßte, wenn ick son Bukker
vor mir habe, nehm ickn Anlauf und denn schwupp drüber.
Habick noch allet geschafft, wattick wollte. Und wenn
de übahaupt nischt findest, kommste bei mir als meine
Sekretärin!« Schallendes dankbares Gelächter, und bald
siegte ihr freundlicher Optimismus. Im letzten Jahr hatte
sie nebenbei einen selbstbezahlten Steno- und Schreib-
maschinenkurs mit »summa cum laude« abgeschlossen,
der ihr auch den Weg an einen Bürotisch ermöglichte.
Nun war sie frei, offen für jeden, der ihr einen einigermaßen erfolgversprechenden Arbeitsplatz anbieten würde!

An einem sonnenglänzenden Frühsommertag wartete
sie am Hohenzollernplatz auf die Straßenbahn zum
Roseneck, dachte, dass es doch das größte Wunder des
Menschseins sei, lachen, sprechen, weinen, singen und
denken zu können, strahlte achselzuckend wegschau-
ende wildfremde Menschen sommersonnig an und hätte
am liebsten die Arme ausgebreitet, um in diese herrliche
Welt hinauszuschreien:
»ZUKUNFT, ICH GEHÖRE DIR!«